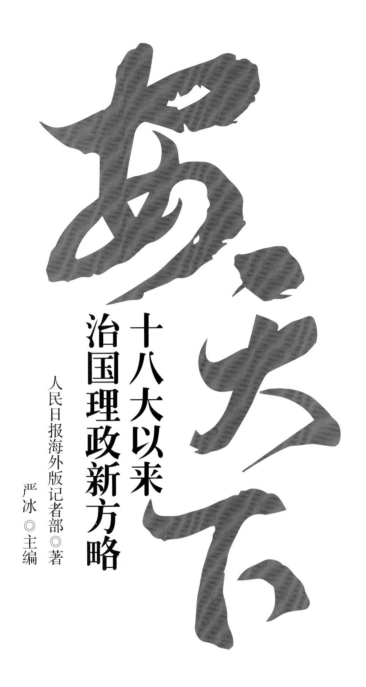

十八大以来
治国理政新方略

人民日报海外版记者部 ◎ 著

严冰 ◎ 主编

人民出版社

研究出版社

中央领导的思路

权力运行的方式

政治制度的革新

省级政权的实践

后记

中央领导的思路

七个方面阐释习近平讲话

导语

　　中央领导的讲话，无疑透露出最权威的治国方略。改革、反腐、军事与外交、理念、民生、学习、党建这七个方面，能够比较全面地阐释习近平治国理政的思路。

　　党的十八大以来，习近平总书记发表了一系列重要讲话，涉及政治、经济、文化、社会、生态、外交、军事等领域，提出了许多新思想、新观点、新概括、新论断、新要求。

　　对于世界，读懂中国治国理政思路，最便捷的途径，莫过于洞悉最高领导人的历次讲话；对于中国民众，"共同享有同祖国和时代一起成长与进步的机会"，同样需要认清国情，理解国家发展方向，与国家一起进步，共同担当。

　　习近平历次讲话都讲了什么？本报记者从其在党的十八大以来的大量讲话中，摘编改革、反腐、民生等七个方面的精要语句，以飨读者。

谈改革

成熟持久

我们全面深化改革，是要使中国特色社会主义制度更好；我们说坚定制度自信，不是要故步自封，而是要不断革除体制机制弊端，让我们的制度成熟而持久。

——在省部级主要领导干部学习贯彻十八届三中全会精神全面深化改革专题研讨班开班式上的讲话，2014 年 2 月 17 日

蹄疾步稳

对改革进程中已经出现和可能出现的问题，困难要一个一个克服，问题要一个一个解决，既敢于出招又善于应招，做到"蹄疾而步稳"。

——在中央全面深化改革领导小组第一次会议上的讲话，

2014 年 1 月 22 日

善作善成

我们的事业是一点一滴干出来的，我们的道路是一步一个脚印走出来的。我们要坚持一切从实际出发，凝聚广大人民群众智慧和力量，善作善成，努力把全面深化改革的蓝图变为现实。

——在全国政协新年茶话会上的讲话，2013 年 12 月 31 日

一张蓝图

一张蓝图绘就后，就要一任接着一任干。过去确定的东西，正确的，就要坚持下去。当然随着认识加深，不正确、考虑不到位的，也要与时俱进。关键是实干苦干，稳扎稳打，最后总会出成效。

——在山东菏泽调研时的讲话，2013 年 11 月 26 日

突破藩篱

必须以更大的政治勇气和智慧，不失时机深化重要领域改革，攻克体制机制上的顽瘴痼疾，突破利益固化的藩篱，进一步解放和发展社会生产力，进一步激发和凝聚社会创造力。

——在武汉召开的部分省市负责人座谈会上发表重要讲话，

2013 年 7 月 23 日

脚踏实地

实现我们的奋斗目标，开创我们的美好未来，必须紧紧依靠人民、始终

为了人民，必须依靠辛勤劳动、诚实劳动、创造性劳动。我们说"空谈误国，实干兴邦"，实干首先就要脚踏实地劳动。

——在同全国劳动模范代表座谈时的讲话，2013 年 4 月 28 日

谈反腐

壮士断腕

全党同志要深刻认识反腐败斗争的长期性、复杂性、艰巨性，以猛药去疴、重典治乱的决心，以刮骨疗毒、壮士断腕的勇气，坚决把党风廉政建设和反腐败斗争进行到底。

——在十八届中央纪委三次全会上的讲话，2014 年 1 月 14 日

决不允许

要重点解决好损害群众权益的突出问题，决不允许对群众的报警求助置之不理，决不允许让普通群众打不起官司，决不允许滥用权力侵犯群众合法权益，决不允许执法犯法造成冤假错案。

——在中央政法工作会议上的讲话，2014 年 1 月 7 日

从严治党

面对复杂多变的国际形势和艰巨繁重的改革发展稳定任务，实现"两个一百年"奋斗目标，实现中华民族伟大复兴的中国梦，必须坚持党要管党、从严治党。

——在中共中央政治局集体学习时的讲话，2013 年 4 月 19 日

抓铁有痕

八项规定既不是最高标准，更不是最终目的，只是我们改进作风的第一步……还是那句话，要以踏石留印、抓铁有痕的劲头抓下去，决不能搞一阵风、一阵子。

——在党的十八届二中全会第二次全体会议上的讲话，2013 年 2 月 28 日

"老虎""苍蝇"一起打

要坚持"老虎""苍蝇"一起打，既坚决查处领导干部违纪违法案件，又切实解决发生在群众身边的不正之风和腐败问题。要坚持党纪国法面前没有例外，不管涉及到谁，都要一查到底，决不姑息。

——在十八届中央纪委二次全会上的讲话，2013 年 1 月 22 日

谈军事与外交

命运共同体

要对外介绍好我国的内外方针政策，讲好中国故事，传播好中国声音，把中国梦同周边各国人民过上美好生活的愿望、同地区发展前景对接起来，让命运共同体意识在周边国家落地生根。

——在周边外交工作座谈会上的讲话，2013 年 10 月 24 日

和平如阳光

和平是人民的永恒期望。和平犹如空气和阳光，受益而不觉，失之则难存。没有和平，发展就无从谈起。国家无论大小、强弱、贫富，都应该做和平的维护者和促进者，不能这边搭台、那边拆台，而应该相互补台、好戏连台。

——在博鳌亚洲论坛 2013 年年会上的讲话，2013 年 4 月 7 日

梦想的共鸣

13 亿多中国人民正致力于实现中华民族伟大复兴的中国梦，10 亿多非洲人民正致力于实现联合自强、发展振兴的非洲梦。

——在坦桑尼亚尼雷尔国际会议中心的讲话，2013 年 3 月 25 日

鞋子论

"鞋子合不合脚，自己穿了才知道。"一个国家的发展道路合不合适，只有这个国家的人民才最有发言权。

——在莫斯科国际关系学院的演讲，2013 年 3 月 23 日

核心利益

任何外国不要指望我们会拿自己的核心利益做交易，不要指望我们会吞下损害我国主权、安全、发展利益的苦果。

——在中共中央政治局第三次集体学习时的讲话，2013 年 1 月 28 日

三个牢记

一是要牢记坚决听党指挥是强军之魂。二是要牢记能打仗、打胜仗是强军之要。三是要牢记依法治军、从严治军是强军之基。

——在广州战区考察时的讲话，2012 年 12 月 8 日和 10 日

谈理念

无所不在

要利用各种时机和场合，形成有利于培育和弘扬社会主义核心价值观的生活情景和社会氛围，使核心价值观的影响像空气一样无所不在、无时不有。

——在中共中央政治局第十三次集体学习时的讲话，2014 年 2 月 24 日

骐骥之速

汉代王符说："大鹏之动，非一羽之轻也；骐骥之速，非一足之力也。"就是说，大鹏冲天飞翔，不是靠一根羽毛的轻盈；骏马急速奔跑，不是靠一只脚的力量。中国要飞得高、跑得快，就得依靠 13 亿人民的力量。

——习近平署名文章《切实把思想统一到党的十八届三中全会精神上来》，

2013 年 12 月 31 日

机会共享

生活在我们伟大祖国和伟大时代的中国人民，共同享有人生出彩的机会，共同享有梦想成真的机会，共同享有同祖国和时代一起成长与进步的机会。

——在第十二届全国人民代表大会第一次会议上的讲话，

2013 年 3 月 17 日

奋斗目标

我们的人民热爱生活，期盼有更好的教育、更稳定的工作、更满意的收入、更可靠的社会保障、更高水平的医疗卫生服务、更舒适的居住条件、更优美的环境，期盼着孩子们能成长得更好、工作得更好、生活得更好。人民对美好生活的向往，就是我们的奋斗目标。

——在十八届中央政治局常委与中外记者见面时的讲话，

2012 年 11 月 15 日

精神之"钙"

理想信念是共产党人的精神之"钙"，必须加强思想政治建设，解决好世界观、人生观、价值观这个"总开关"问题。

——在党的群众路线教育实践活动第一批总结暨

第二批部署会议上的讲话，2014 年 1 月 20 日

天下为公

中央政治局的同志必须有天下为公的宽阔胸襟，摒弃任何私心杂念，把为全中国人民谋利益作为自己唯一的追求，为党的事业和人民利益鞠躬尽瘁。要带头树立正确的权力观、地位观、利益观，坚持自重、自省、自警、自励，严格遵守党纪国法，严格按制度和程序办事，严格管理自己的亲属和身边工作人员。

——在中共中央政治局召开的专门会议上的讲话，

2013 年 6 月 22 日至 25 日

中国梦

每个人都有理想和追求，都有自己的梦想。现在，大家都在讨论中国梦，我以为，实现中华民族伟大复兴，就是中华民族近代以来最伟大的梦想。这个梦想，凝聚了几代中国人的夙愿，体现了中华民族和中国人民的整体利益，是每一个中华儿女的共同期盼。

——参观《复兴之路》展览时的讲话，2012 年 11 月 29 日

谈民生

记得住乡愁

城市建设水平，是城市生命力所在。城镇建设，要实事求是确定城市定位，科学规划和务实行动，避免走弯路。要体现尊重自然、顺应自然、天人合一的理念，依托现有山水脉络等独特风光，让城市融入大自然，让居民望得见山、看得见水、记得住乡愁。

——在中央城镇化工作会议上的讲话，2013 年 12 月 12 日至 13 日

德政工程

各级党委和政府要加强组织领导，落实各项目标任务和政策措施，努力把住房保障和供应体系建设办成一项经得起实践、人民、历史检验的德政工程。

——中共中央政治局第十次集体学习时的讲话，2013 年 10 月 29 日

端自己的饭碗

技术和粮食一样，靠别人靠不住，要端自己的饭碗，自立才能自强。实体经济是国家的本钱，要发展制造业尤其是先进制造业，加强技术创新，加快信息化、工业化融合。

——视察沈阳机床集团时的讲话，2013 年 8 月

对子孙负责

以对人民群众、对子孙后代高度负责的态度和责任，真正下决心把环境污染治理好、把生态环境建设好，努力走向社会主义生态文明新时代，为人民创造良好生产生活环境。

——中共中央政治局第六次集体学习时的讲话，2013 年 5 月 24 日

谈学习

历史逻辑

"艰难困苦，玉汝于成。""多难兴邦，殷忧启圣。""失败为成功之母。"毛泽东同志也常说，前途是光明的，道路是曲折的。这是一切正义事业发展的历史逻辑。

——在纪念毛泽东同志诞辰 120 周年座谈会上的讲话，

2013 年 12 月 26 日

最好的教科书

历史是最好的教科书。学习党史、国史，是坚持和发展中国特色社会主义、把党和国家各项事业继续推向前进的必修课。这门功课不仅必修，而且必须修好。

——在中共中央政治局第七次集体学习时的讲话，2013 年 6 月 25 日

大兴学风

我们的干部要上进，我们的党要上进，我们的国家要上进，我们的民族要上进，就必须大兴学习之风，坚持学习、学习、再学习，坚持实践、实践、再实践。

——在中央党校建校 80 周年庆祝大会暨 2013 年春季学期开学典礼上的

讲话，2013 年 3 月 1 日

谈党建

顺势而为

宣传思想工作一定要把围绕中心、服务大局作为基本职责，胸怀大局、把握大势、着眼大事，找准工作切入点和着力点，做到因势而谋、应势而动、顺势而为。

——在全国宣传思想工作会议上的讲话，2013 年 8 月 19 日

信念坚定

我们党历来高度重视选贤任能，始终把选人用人作为关系党和人民事业的关键性、根本性问题来抓。好干部要做到信念坚定、为民服务、勤政务实、敢于担当、清正廉洁。

——在全国组织工作会议上的讲话，2013年6月28日

人心向背

人心向背关系党的生死存亡。党只有始终与人民心连心、同呼吸、共命运，始终依靠人民推动历史前进，才能做到坚如磐石。

——在党的群众路线教育实践活动工作会议上的讲话，2013年6月18日

（原文标题：《习近平历次讲话，都讲了什么——从七个方面读懂中国治国理政思路》；

整理：陈振凯；原载《人民日报·海外版》2014年2月27日第5版）

"四个全面"里的治国方略

> **导语**
>
> 　　习近平总书记提出的"四个全面",被认为是新一届中央治国理政的战略布局,因此,其重要性不言而喻。作为读懂中国复兴的重要窗口,"四个全面"蕴藏着中国复兴的逻辑。
>
> 　　如何建立中产社会?如何破除分利集团?如何保障法治权威?如何建立制度执行力强的政党?解读"四个全面",不难找到这些问题的答案。

　　2014 年年底,习近平总书记在江苏调研时提出,要协调推进"全面建成小康社会、全面深化改革、全面推进依法治国、全面从严治党"。习近平首次提出的"四个全面",是其治国理政方略的顶层设计,是中国复兴伟业的战略路线图。"四个全面"构成了一个严密的体系,有着很强的学理支持和经验支撑。理解"四个全面",是读懂中国故事、读懂中国复兴的重要窗口。

"全面建成小康社会":现代国家转型的必要前提

　　由习近平担任起草组组长的十八大报告首次提出"全面建成小康社会"的战略目标,并确定了时间表,即到 2020 年实现全面建成小康社会的宏伟目标。中国古籍上就有"小康"的说法,古代思想家孟子提出"民之为道也,有恒产者有恒心，无恒产者无恒心。"今天，中国执政党提出"全面建成小康社会"，是对中国未来社会长治久安的重要战略考量。

"小康社会"，有学者认为，从某种意义上来说，就是中国特色的"中产社会"。在国际上，中产阶层是社会稳定的重要力量已成为共识。无论是历史学家巴林顿·摩尔，还是政治学家李普赛特，都强调中产阶层的壮大对于社会民主、社会稳定的重要性。中产阶层最讲究"理性"，而"理性"则是现代社会的最重要特征。无论英美等西方国家，还是日本、韩国、新加坡等亚洲国家，都是中产社会，这种社会呈现出更加稳定的形态。从社会结构上说，与其说美国等西方社会的稳定源于民主，不如说源自中产阶层的崛起。反观中东和南亚、拉美的一些国家，中产阶层弱小、穷人众多，不仅社会不稳、经济不稳，还会出现政治危机和政治失序状态。这些经验告诉我们，一个稳定的民主社会，首先是一个中产社会。有中产的民主才是好民主的优质社会，没有中产的民主往往是坏民主的劣质社会。

因此，"富强民主文明和谐"的现代化国家，首先是一个"小康"之国，即中产之国。全面建成小康社会，就是要使中产阶层普遍化，成为社会阶层的主流。

比较政治学研究表明，中产阶层是最维护现行体制的因素和力量，是现代国家转型的重要润滑剂。

值得一提的是，在西方，中产阶层与民主政治相关联。但是，如果西方寄望中国出现挑战中共执政权威和导向西式民主的中产阶层，则会贻笑大方。《民主与专制的社会起源》作者巴林顿·摩尔依据大量历史事实，严重质疑资本主义和西方民主是进入现代工业社会的唯一通道和最终归宿，认为西方民主只是特定历史环境中结出的果实，而通向现代社会的历史道路和与之适应的政体形态是形形色色的。也就是说，全面建成小康社会，即建立中国的中产社会，只会支撑中国执政党的正当性，加快中国复兴的进程，而不是其他。

"全面深化改革"：破除分利集团的有力武器

在中共党史上，十一大以来的历次三中全会均被赋予了改革色彩。十八届三中全会提出"全面深化改革"的战略决议，正是在向外界宣示，习近平引领下的中国将是一个空前改革的时代，一个负起历史担当的时代。中共的成功、中国道路的成功，最大的密钥便是保持改革的常态。

美国经济学家奥尔森对国家衰落的原因作出了一个令人信服的一般性解释，即大量分利集团、分利联盟的存在。他认为，在边界不变的稳定社会中，随着时间的推移，将会出现大量的集体行动组织或集团。这种特殊的利益组织或集团，不仅降低经济效率，而且加剧政治生活中的分歧。更为严重的是，分利集团一旦大到一定程度，就会成为排他性组织，尽力限制或分散社会其他成员的收入和价值。经过几十年的改革开放，中国的政治经济系统里形成了一些分利集团，寻租腐败、贫富分化、缺乏正义都与此相关。建设一个公平正义的社会主义国家，必须阻止分利集团的蚕食，必须打破体制机制的羁绊，敢于啃硬骨头，敢于涉险滩。

需要指出的是，分利集团在很多个国家都是存在的，包括英美等发达国家。破除利益集团需要一场革命，然而这样的革命在西方是举步维艰的。西方政党政治内耗严重，日益沦为"否决政治"，并且政党竞争严重依赖分利集团，公共政策被挟持现象严重。中国的全面深改，却是一场全方位的革命。十八届三中全会提出的一揽子改革举措，在世界改革史上都是罕见的。中国执政党内部相继成立多个工作小组，并由高层领导人担任组长，便是保持国家的相对自主性，使公共决策既不受分利集团的影响，也不为非理性选民所左右。美国经济学家布赖恩·卡普兰在《理性选民的神话：为何民主制度选择不良政策》里提出，美国人引以为豪的民主制度其实纵容了选民的胡闹，导致不良政策大行其道。可见，中共党内成立多个议事协调小组的做法是多么的睿智。此举可以保持中央决策的相对自主性，不受利益集团和非理性选民的干扰。

改革必然触及利益，势必会遭到特殊利益集团的阻碍。那么，改革的动力来自哪里？无疑，来自人民的力量，来自实现中国复兴的力量。突破既得利益，让改革落地，需要有决心、有担当。无论是十八大以来的铁腕反腐，还是政治经济社会等领域的利益再分配，都显出中国执政党实现人民对美好生活向往的坚定决心，以及最高领导人实现中华民族伟大复兴的个人担当。

"全面依法治国"：良治社会的应有之义

十八届四中全会通过的"全面推进依法治国"决定，是中共党史上第一个关于加强法治建设的专门决定。"国无常强，无常弱。奉法者强则国强，奉法者弱则国弱。"纵观人类政治文明史，法治和人治问题是每个国家在现代化过程中都要面对和解决的一个问题。

"历史终结论"的提出者弗朗西斯·福山提出，一个秩序良好的社会需要三个构成要素：强政府、法治和民主负责制。而且，三者之间有着严格的时间顺序。民主并不是第一位，强政府才是。尚未获得实施有效统治的能力就进行民主化的政府无一例外地都会遭受失败。纵观世界各国，无论是发达国家，还是后发展国家，国家的良政善治无不依赖于法治。例如同样深受儒家影响的新加坡，国家治理的最大特征便是推崇法治精神。反观之，那些忽视法治、法治松弛的国家或地区，却常常与国乱民怨联系在一起。

事实上，中国正是在这样的渐进顺序上走着自己的现代化道路。中国曾经是开发国家制度的先行者，是创造韦伯式现代国家的第一个世界文明。然而，中国历史上缺乏法治传统，现代法治进程也是充满坎坷。法治兴则国家兴，法治衰则国家乱。在中国这样一个大国实现执政党长期执政，实现国家的长治久安，必须依靠法治。

十八届四中全会以法治为主题，渗透着习近平等领导人对国家治理的深入思考。亲身经历了"文革"劫难的习近平等领导人，深知如果国家没有法治，人人都无安全感。

当今中国问题的最大症结便是法治权威不足。群体性事件、信访不信法、"塔西佗陷阱"等无不是由于法律权威不足所致。要想解决中国"成长中的烦恼"，依靠法治权威无疑是最现代、最文明、最有效的手段。

十八届四中全会提出了180多项重要法治改革举措，许多都是涉及利益关系调整的"硬骨头"。法治领域的改革与政治改革密切相连，改革难度大，社会关注度高，特别需要自我革新的勇气。然而，法治改革关涉执政党能否长期执政，关涉良治社会能否顺利实现，关涉中国复兴能否到来，意义非凡，必须下死决心。

"全面从严治党"：中国复兴的政党力量保证

"全面从严治党"，是习近平2014年10月在总结党的群众路线教育实践活动讲话时正式提出的。中央政治局第十六次集体学习曾专门安排了党建内容，习近平在讲话中指出"要营造一个良好从政环境""要有一个好的政治生态"。党内潜规则盛行，政治生态受到污染，从政环境不够纯洁，根源在于没有做到全面从严治党。在习近平的认知里，中国要出问题主要出在中共党内，苏联亡党的最大教训便是治党不力。只要把这个党管好、治好，中国的现代化就有了强有力的政党力量保证，实现中华民族伟大复兴中国梦就大有希望。

美国政治学家亨廷顿在历史比较的基础上得出结论，在处于现代化进程之中的国家，一党制度较之多元政党体制更趋向于稳定，多党制是脆弱的政党体制；就政治发展而言，重要的不是政党的数量而是政党制度的力量和适应性。处于现代化转型的中国，目前的政党制度是合适的，是符合国家演进一般规律的。这与福山认为良好秩序的首要条件便是强国家是一致的。因此，只要坚持从严治党、制度治党，中国的现代化进程就是有序稳定的，就是可以实现的。从现实来看，实现中国的现代化和民族复兴，除了中国共产党无任何其他政党能够担当。一个管理严格、制度执行力强的中国共产党，是实现中国复兴的重要保证。如果党内不纯洁，缺乏正气，被团团伙伙、利益集团充斥，制度和规矩成为软约束，是不可能引领国家走向复兴的。这也是为什么习近平多次强调"三严三实"要求、严肃党内政治生活、"党建是最大政绩"的重要原因。

当前，党内一些领导干部在理想信念、廉洁从政、制度执行等方面存在着问题。这说明，全面从严治党是非常必要的、非常紧迫的。在中国的政治体系里，如果没有政党治理的制度化、现代化，就不可能有国家治理的制度化、现代化。因此，全面从严治党是国家治理现代化的题中应有之义。从这个角度来说，能否从严治党，关系到能否如期全面建成小康社会，关系到能否实现全面深化改革的总目标，关系到能否使依法治国落到实处。

可以说，"四个全面"是一份庄严的政治承诺，背后隐藏着深层的中国复兴逻辑。相比西方政党政治的空头支票，中共的政治承诺给人印象深刻，是执政治理的一大基石。中共作为当今世界最大的政党、最大的执政党，有着一份强烈的历史担当，那就是让人民过上好日子，实现中华民族伟大复兴。在世界最大的马克思主义政党治理下的国家，如果顺利实现"两个一百年"奋斗目标，那么，一部分人的制度偏见、政党非议当可休矣。

（原文标题：《习近平"四个全面"里的中国复兴逻辑》；作者：张广昭、陈振凯；

原载《人民日报·海外版》2015 年 1 月 15 日第 5 版）

☆评论

现代政治智慧与"木桶原理"

自从这一届中央领导集体履新以来，有一个关键提法值得高度重视，那就是国家治理体系和治理能力的现代化。为何这么说？不妨拆开来看。

首先是现代化，可以说，自被西方列强用坚船利炮打开国门以来，现代化就一直萦绕在吾国吾民心头。重新拾起大国荣耀，重新以一个伟大民族的形象屹立于世界先进民族之林，是多少代人的梦想。

其次是国家治理，不可回避的是，尽管经历了改革开放以来 30 多年经济上的高速增长，但在国家治理层面，我们的问题是全面而严峻的。这也是为什么本届中央领导集体在十八届三中全会提出"全面深化改革"，而不是单讲某一方面的改革；这也是为什么本届中央领导集体在十八届四中全会强调"依法治国"，让这个国家在法治的逻辑之下运行。

哪一方面都不能瘸腿，缺什么就要补上什么，成为过去两年多来，中国无论内政还是外交上的鲜明特色。这让我想起经典的"木桶原理"，说的是一个木桶的价值在于其盛水量的多少，但决定盛水量的不是最长的那块木板，而是最短的那块。

从这个角度来理解"四个全面"，看到的是新一届中央领导集体在治国理政上一以贯之的原则，也就是以"全面"的视野和思维方式，对待国家发展过程中的各个领域。

我们很容易就能发现，"四个全面"有着清晰的分工思路。"全面建成小康社会"是目标，"全面深化改革"和"全面推进依法治国"是推动实现目标的"姊妹篇"战略，"全面从严治党"则是直指这一过程的领导核心问题。

如果仔细研究这世界上先进国家的政治与社会制度运行方式，会发现它们绝大多数完整而成熟，逻辑自洽，规则清晰，既沿袭了国家发展过程中形成的特定传统，亦有在现代化洗礼中不断探索形成的新规矩，处于动态平衡之中。

然而这世界上没有相同的两个木桶，正如这世界上没有相同的两个国家。其他国家用在好木桶上的木板，如果复制一块插到中国的木桶之上，说不定会漏水。5000 年的文明，上百年的屈辱史，一甲子多的新中国史，30 多年的改革开放，是中国独有的东西。在全面深化改革的第二年，习近平提出这"四个全面"，是站在巨人的肩膀上所谋划的中国未来。

历史学家唐德刚曾提出过"历史三峡论"，说的是社会政治制度的转型成功，需要漫长而曲折的过程。中国从鸦片战争开始，就进入了这样的"历史三峡"，长时间处于"新居未建，而故居已拆"的状况。然而如同长江过了三峡后的一马平川，中国所走向的也是真正的现代化。

我们所期待的现代化，应当事关全体人民的福祉，应当事关整个国家的复兴。做好中国现代化这个"木桶"，需要足够的政治智慧。

（作者：刘少华；原载《人民日报·海外版》2015年1月15日第5版）

如何防止改革"空转"

导语

　　崇尚实干、狠抓落实。这是习近平总书记反复强调的。空谈误国，实干兴邦。如果不沉下心来抓落实，再好的目标，再好的蓝图，也只是镜中花、水中月。

　　为者常成，行者常至。只要我们13亿多人民和衷共济，只要我们党永远同人民站在一起，大家撸起袖子加油干，我们就一定能够走好我们这一代人的长征路。

　　党的十八大以来，就崇尚实干、狠抓落实，习近平总书记有大量相关讲话。

　　崇尚实干、狠抓落实。这是习近平总书记反复强调的。空谈误国，实干兴邦。如果不沉下心来抓落实，再好的目标，再好的蓝图，也只是镜中花、水中月。

　　谁来干，谁来落实？首先是干部，尤其是主要负责同志。习近平要求，各级主要负责同志要自觉从全局高度谋划推进改革，做到实事求是、求真务实，善始善终、善作善成，把准方向、敢于担当，亲力亲为、抓实工作。

　　为者常成，行者常至。只要我们13亿多人民和衷共济，只要我们党永远同人民站在一起，大家撸起袖子加油干，我们就一定能够走好我们这一代人的长征路。

　　党的十八大以来，就崇尚实干、狠抓落实，习近平总书记有大量相关讲话。

谈"抓落实"的方法

要有时间表，一项一项抓落实

三中全会各项具体改革举措，要有时间表，一项一项抓落实，以多种形式督促检查，指导和帮助各地区各部门分解任务、落实责任。

——在中央全面深化改革领导小组第一次会议上的重要讲话，

2014 年 1 月 22 日

制定目标和狠抓落实结合起来

面对新时期复杂的党内外环境，从严治党要把继承传统和改革创新结合起来、制定目标和狠抓落实结合起来、分类指导和统筹协调结合起来、典型引导和全面提高结合起来、当前工作和长治长效结合起来，增强系统性、预见性、创造性、实效性。

——在福建调研时的讲话，2014 年 11 月 1 日至 2 日

由易到难、由近及远，以点带线、由线到面

要做好"一带一路"总体布局，尽早确定今后几年的时间表、路线图，要有早期收获计划和领域。推进"一带一路"建设要抓落实，由易到难、由近及远，以点带线、由线到面，扎实开展经贸合作，扎实推进重点项目建设，脚踏实地、一步一步干起来。

——在中央财经领导小组第八次会议上的重要讲话，

2014 年 11 月 4 日

要明确主体责任，主动作为、形成合力

中央财经领导小组是党领导经济工作的重要平台，落实中央财经领导小组确定的事项，要真抓实干。要明确主体责任，主动作为、形成合力。要重视抓实际成效，善于与时俱进开展工作，确保党中央各项决策落地生根。

——主持召开中央财经领导小组第九次会议并发表重要讲话，

2015 年 2 月 10 日

分工明确、责任清晰、任务到人、考核到位

要坚持精准扶贫、精准脱贫，重在提高脱贫攻坚成效。关键是要找准路子、构建好的体制机制，在精准施策上出实招、在精准推进上下实功、在精准落地上见实效。要解决好"扶持谁"的问题，确保把真正的贫困人口弄清楚，把贫困人口、贫困程度、致贫原因等搞清楚，以便做到因户施策、因人施策。要解决好"谁来扶"的问题，加快形成中央统筹、省（自治区、直辖市）负总责、市（地）县抓落实的扶贫开发工作机制，做到分工明确、责任清晰、任务到人、考核到位。

——在中央扶贫开发工作会议上的讲话，2015 年 11 月 27 日至 28 日

谈"抓落实"的态度

要以抓铁有痕、踏石留印的劲头，坚持不懈抓下去

对需要长期抓落实的项目和任务，要以抓铁有痕、踏石留印的劲头，坚持不懈抓下去。对今年条件不具备、暂不启动的改革任务，要创造条件，抓紧做好前期准备工作，争取适时启动。

——在中央全面深化改革领导小组第二次会议上的讲话，

2014 年 2 月 28 日

紧之又紧、细之又细、实之又实

改革要坚持从具体问题抓起，着力提高改革的针对性和实效性，着眼于解决发展中存在的突出矛盾和问题，把有利于稳增长、调结构、防风险、惠民生的改革举措往前排，聚焦、聚神、聚力抓落实，做到紧之又紧、细之又细、实之又实。

——在中央全面深化改革领导小组第三次会议上的讲话，

2014 年 6 月 6 日

立下愚公移山志，咬定目标、苦干实干

消除贫困、改善民生、逐步实现共同富裕，是社会主义的本质要求，是

我们党的重要使命。全面建成小康社会，是我们对全国人民的庄严承诺。脱贫攻坚战的冲锋号已经吹响。我们要立下愚公移山志，咬定目标、苦干实干，坚决打赢脱贫攻坚战，确保到 2020 年所有贫困地区和贫困人口一道迈入全面小康社会。

——在中央扶贫开发工作会议上的讲话，2015 年 11 月 27 日至 28 日

坚定信心，狠抓落实

全军要认真贯彻党中央和中央军委决策部署，以党在新形势下的强军目标为引领，贯彻新形势下军事战略方针，深入推进政治建军、改革强军、依法治军，坚定信心，狠抓落实，开创强军兴军新局面。

——在第 13 集团军视察时的讲话，2016 年 1 月 5 日

扑下身子，狠抓落实

党政主要负责同志是抓改革的关键，要把改革放在更加突出位置来抓，不仅亲自抓、带头干，还要勇于挑最重的担子、啃最硬的骨头，做到重要改革亲自部署、重大方案亲自把关、关键环节亲自协调、落实情况亲自督察，扑下身子，狠抓落实。

——在中央全面深化改革领导小组第三十二次会议上的讲话，

2017 年 2 月 6 日

把准方向、敢于担当

各级主要负责同志要自觉从全局高度谋划推进改革，做到实事求是、求真务实，善始善终、善作善成，把准方向、敢于担当，亲力亲为、抓实工作。

——在中央全面深化改革领导小组第三十三次会议上的讲话，

2017 年 3 月 24 日

谈"抓落实"的重要性

真抓才能攻坚克难，实干才能梦想成真

真抓才能攻坚克难，实干才能梦想成真。我们要在全社会大力弘扬真抓

实干、埋头苦干的良好风尚。各级领导干部要带头发扬劳模精神，出实策、鼓实劲、办实事，不图虚名，不务虚功，坚决反对干部群众反映强烈的形式主义、官僚主义、享乐主义和奢靡之风"四风"，以身作则带领群众把各项工作落到实处。

——在同全国劳动模范代表座谈时的讲话，2013 年 4 月 28 日

要把抓落实作为推进改革工作的重点

全面完成党的十八届三中全会确定的改革任务还有 7 年时间。起跑决定后程。今年工作抓得怎么样，对起好步、开好局意义重大。要把抓落实作为推进改革工作的重点，真抓实干，蹄疾步稳，务求实效。

——在中央全面深化改革领导小组第二次会议上的讲话，

2014 年 2 月 28 日

不抓落实，再好的目标也是镜中花

崇尚实干、狠抓落实是我反复强调的。如果不沉下心来抓落实，再好的目标，再好的蓝图，也只是镜中花、水中月。

——在全国党委秘书长会议召开之际，习近平作重要批示，

2014 年 10 月 10 日至 11 日

幸福美好生活不是从天上掉下来的

幸福美好生活不是从天上掉下来的，而是要靠艰苦奋斗来创造。各级党委和政府要增强使命感和责任感，把老区发展和老区人民生活改善时刻放在心上、抓在手上，真抓实干，贯彻精准扶贫要求，做到目标明确、任务明确、责任明确、举措明确，把钱真正用到刀刃上，真正发挥拔穷根的作用。

——在陕甘宁革命老区脱贫致富座谈会上的讲话，

2015 年 2 月 13 日

抓工作，是停留在一般性号召还是身体力行，成效大不一样

党和国家事业发展，离不开全党脚踏实地、真抓实干。抓工作，是停留在一般性号召还是身体力行，成效大不一样。讲实话、干实事最能检验和锤炼党性。中央政治局的同志要带头崇尚实干、狠抓落实，深入调研、精准发

力，让改革发展稳定各项任务落下去，让惠及百姓的各项工作实起来。抓好落实，必须大兴调查研究之风，对真实情况了然于胸。

——在中共中央政治局召开民主生活会上的讲话，

2016 年 12 月 26 日至 27 日

谈"抓落实"的主体

党政一把手要当好扶贫开发工作第一责任人

中央要做好政策制定、项目规划、资金筹备、考核评价、总体运筹等工作，省级要做好目标确定、项目下达、资金投放、组织动员、检查指导等工作，市（地）县要做好进度安排、项目落地、资金使用、人力调配、推进实施等工作。党政一把手要当好扶贫开发工作第一责任人，深入贫困乡村调查研究，亲自部署和协调任务落实。

——在贵州召开部分省区市党委主要负责同志座谈会并发表重要讲话，

2015 年 6 月 18 日

领导干部既当改革的促进派，又当改革的实干家

领导干部是否做到严以修身、严以用权、严以律己，谋事要实、创业要实、做人要实，全面深化改革是一个重要检验。要把"三严三实"要求贯穿改革全过程，引导广大党员、干部特别是领导干部大力弘扬实事求是、求真务实精神，理解改革要实，谋划改革要实，落实改革也要实，既当改革的促进派，又当改革的实干家。

——在中央全面深化改革领导小组第十四次会议上的讲话，

2015 年 7 月 1 日

领导干部要脚踏实地、实干苦干

领导干部要把理想信念时时处处体现为行动的力量，树立起让人看得见、感受得到的理想信念标杆。严格纪律规矩，不仅要有内容完善、针对性强的法规制度，而且要有坚持原则、不打折扣的执纪过程。领导干部要把依法办事作为重要准绳，思想上时刻绷紧这根弦，行动上时刻对准这个表，任何时候都不滥用权力、以权谋私。领导干部要脚踏实地、实干苦干，求真知、说真话、办实事、求实效。

——在重庆调研时的讲话，2016年1月4日至6日

领导干部特别是一把手要亲自抓、亲自管

各级党委和领导干部要担负起政治责任和领导责任，使贯彻《准则》《条例》成为每一个党组织、每一名党员的自觉行动。领导干部特别是一把手要亲自抓、亲自管，确保贯彻落实不走偏、不走样。各级党组织要加强检查和考核，及时发现和解决问题，严格落实执纪问责，完善抓落实的长效机制。高级干部要以身作则、率先垂范，凡是要求党员、干部做到的自己必须首先做到，凡是要求党员、干部不做的自己必须首先不做。希望在座各位带个好头，在全面从严治党中作出新业绩、树立好形象。

——在省部级主要领导干部学习贯彻十八届六中全会精神专题研讨班

开班式上的讲话，2017年2月13日

谈"实干兴邦"

空谈误国，实干兴邦

领导干部加强学习，根本目的是增强工作本领、提高解决实际问题的水平。"空谈误国，实干兴邦"，说的就是反对学习和工作中的"空对空"。战国赵括"纸上谈兵"、两晋学士"虚谈废务"的历史教训大家都要引为鉴戒。读书是学习，使用也是学习，并且是更重要的学习。领导干部要发扬理论联系实际的马克思主义学风，带着问题学，拜人民为师，做到干中学、学中干，学以致用、用以促学、学用相长，千万不能夸夸其谈、陷于"客里空"。

——在中央党校建校80周年庆祝大会暨2013年春季学期开学

典礼上的讲话，2013年3月1日

广大青年要牢记"空谈误国，实干兴邦"

广大青年要牢记"空谈误国，实干兴邦"，立足本职、埋头苦干，从自身做起，从点滴做起，用勤劳的双手、一流的业绩成就属于自己的人生精彩。要不怕困难、攻坚克难，勇于到条件艰苦的基层、国家建设的一线、项目攻关的前沿，经受锻炼，增长才干。要勇于创业、敢闯敢干，努力在改革开放中闯新路、创新业，不断开辟事业发展新天地。

——在同各界优秀青年代表座谈时的讲话，2013 年 5 月 4 日

撸起袖子加油干

上下同欲者胜。只要我们 13 亿多人民和衷共济，只要我们党永远同人民站在一起，大家撸起袖子加油干，我们就一定能够走好我们这一代人的长征路。

——2017 年新年贺词，2016 年 12 月 31 日

（原文标题：《习近平谈抓落实》；整理：陈振凯；原载《人民日报·海外版》2017 年 4 月 26 日第 5 版）

习近平的反腐大白话

> **导语**
>
> 《习近平关于党风廉政建设与反腐败斗争论述摘编》一书不仅集中表现了习总书记惩治腐败的理念与决心，更首次向社会公开了许多关于反腐的新言论、新表述。其中包括：论反腐形势、论作风建设、论"打虎""拍蝇"、论党委和纪委、论政治纪律、论巡视工作、论干部与军队、论制度建设等。

2015 年 1 月，《习近平关于党风廉政建设与反腐败斗争论述摘编》一书出版。在这本书中，有许多论述都是首次向社会公布。

从这本书"首次"公布的论述中，我们有两个突出感受，一是全是"狠话"，让腐败官员闻之胆战心惊；二是表述使用"大白话"、口语化表达，非常接地气，更鲜明生动地体现出习近平对实际情况的深刻了解、对惩治腐败的坚强决心。

本报从该书中摘编了八个方面的论述，同读者分享这些精彩论述。

论反腐形势

我们要警醒啊

近年来，一些国家因长期积累的矛盾导致民怨载道、社会动荡、政权垮台，其中贪污腐败就是一个很重要的原因。大量事实告诉我们，腐败问题越演越烈，最终必然会亡党亡国！我们要警醒啊！

——《紧紧围绕坚持和发展中国特色社会主义　学习宣传贯彻党的十八大精神》，2012 年 11 月 17 日

群众最痛恨特权

人民群众最痛恨各种消极腐败现象，最痛恨各种特权现象，这些现象对党同人民群众的血肉联系最具杀伤力。一个政党，一个政权，其前途和命运最终取决于人心向背。

——在十八届中央政治局第五次集体学习时的讲话，2013 年 4 月 19 日

不要"霸王别姬"

我们党的执政基础很牢固，但如果作风问题解决不好，也有可能出现"霸王别姬"这样的时刻。我们一定要有危机意识。

——在河北调研指导党的群众路线教育实践活动时的讲话，

2013 年 7 月 11、12 日

窥十斑见全豹

巡视发现了一批领导干部问题线索和不少突出问题，有的问题性质是严重的，确实印证了中央对反腐败斗争形势依然严峻复杂的判断……这不是窥一斑，而是窥十斑见全豹，很多问题带有普遍性。我们必须正视问题，不能视而不见，高举轻放，看到问题不处理，否则就会积重难返，病入膏肓。

——在中央政治局常委会听取中央巡视工作领导小组 2014 年中央巡视组

首轮巡视情况汇报时的讲话，2014 年 6 月 26 日

腐败让人触目惊心

从已经查处的案件和掌握的问题线索来看，一些腐败分子贪腐胃口之大、数额之巨、时间之长、情节之恶劣，令人触目惊心！有的地方甚至出现了"塌方式腐败"！

——在中共十八届四中全会第二次全体会议上的讲话，2014 年 10 月 23 日

论作风建设

从我本人做起

"善禁者，先禁其身而后人。"各级领导干部要以身作则、率先垂范，说到的就要做到，承诺的就要兑现，中央政治局同志从我本人做起。

——在第十八届中央纪律检查委员会第二次全体会议上的讲话，

2013 年 1 月 22 日

不能靠关系搞门道

如果升学、考公务员、办企业、上项目、晋级、买房子、找工作、演出、出国等各种机会都要靠关系、搞门道，有背景的就能得到更多照顾，没有背景的再有本事也没有机会，就会严重影响社会公平正义。这种情况如不纠正，能形成人才辈出、人尽其才的生动局面吗？这个社会还能有发展活力吗？我们党和国家还能生机勃勃向前发展吗？

——《依纪依法严惩腐败，着力解决群众反映强烈的突出问题》，

2013 年 1 月 22 日

不良作风像割韭菜

这么多年，作风问题我们一直在抓，但很多问题不仅没有解决，反而愈演愈烈，一些不良作风像割韭菜一样，割了一茬长一茬。症结就在于对作风问题的顽固性和反复性估计不足，缺乏常抓的韧劲、严抓的耐心，缺乏管长远、固根本的制度。

——在党的群众路线教育实践活动总结大会上的讲话，

2014 年 10 月 8 日

规矩不严，还不如不做

既然作规定，就要朝严一点的标准去努力，就要来真格的。不痛不痒的，四平八稳的，都是空洞口号，就落不到实处，还不如不做。……规矩是起约束作用的，所以要紧一点。紧一点自然就不舒服了，舒适度就有问题了，就是要不舒服一点、不自在一点，我们不舒服一点、不自在一点，老百姓的舒

适度就好一点、满意度就高一点，对我们的感觉就好一点。

——在中央政治局会议上关于改进工作作风、密切联系群众的讲话，

2012 年 12 月 4 日

论"打虎""拍蝇"

不要算这个账

一年多来，比较一下，已处理了几十个部级干部，比过去多了不少，但不要算这个账，有贪必反，有腐必惩！既然党和国家前途命运交给了我们，就要担当起这个责任。杜甫有诗："新松恨不高千尺，恶竹应须斩万竿。"

——在中央政治局常委会听取中央巡视工作领导小组 2014 年中央巡视组

首轮巡视情况汇报时的讲话，2014 年 6 月 26 日

诛一恶则众恶惧

党面临的最大风险和挑战是来自党内的腐败和不正之风。权力寻租，体制外和体制内挂钩，形成利益集团，挑战党的领导。我们惩治腐败的决心丝毫不能动摇，惩治这一手始终不能软。"诛一恶则众恶惧。"

——在中央政治局常委会听取中央巡视工作领导小组关于 2014 年

中央巡视组第二轮巡视情况汇报时的讲话，2014 年 10 月 16 日

不定指标、上不封顶

发现一起查处一起，发现多少查处多少，不定指标、上不封顶，凡腐必反，除恶务尽。

——在中共十八届四中全会第二次全体会议上的讲话，2014 年 10 月 23 日

我看天塌不下来

不管级别有多高，谁触犯法律都要问责，都要处理，我看天塌不下来。只有严肃查处腐败，刮骨疗毒，才能使我们的党更加强大、使党的肌体更加健康。

——在中央政治局常委会审议《关于 2013 年上半年中央巡视组巡视情况

的综合报告》时的讲话，2013 年 9 月 26 日

"苍蝇"每天扑面

有的群众说"老虎"离得太远，但"苍蝇"每天扑面。这就告诉我们，必须着力解决发生在群众身边的腐败问题。

——在党的群众路线教育实践活动第一批总结暨第二批部署会议上的讲话，2014年1月20日

论党委和纪委

找省委书记说事

第一次巡视提出的问题，到现在还没有整改，要找省委书记说事，加强对省委书记的问责。要克服组织涣散、纪律松弛现象。

——在中央政治局常委会听取2013年下半年中央巡视组巡视情况汇报时的讲话，2014年1月23日

不能装糊涂、当好人

决不允许出现底下问题成串、为官麻木不仁的现象！不能事不关己、高高挂起，更不能明哲保身。自己做了好人，但把党和人民事业放到什么位置上了？如果一个地方腐败问题严重，有关责任人装糊涂、当好人，那就不是党和人民需要的好人！你在消极腐败现象面前当好人，在党和人民面前就当不成好人，二者不可兼得。

——在第十八届中央纪律检查委员会第三次全体会议上的讲话，2014年1月14日

不能"新官不理旧账"

一些地方发生窝案串案，有的地方成为腐败重灾区，主要负责人的责任是怎么履行的？不能"新官不理旧账"。出了事，要追责。我们有的地方、单位管理失之于宽、无能为力，主要负责人是干什么的？要履责，要抓党风廉政建设！

——在中央政治局常委会听取中央巡视工作领导小组2014年中央巡视组首轮巡视情况汇报时的讲话，2014年6月26日

一口锅里吃饭，难监督

有时存在压案不办、瞒案不报的情况。大家在一口锅里吃饭，很难监督别人。对地方纪委来说，同级监督忌讳也不少，这些年发生的一把手腐败问题，很少有同级纪委主动报告的。

——在第十八届中央纪律检查委员会第三次全体会议上的讲话，

2014 年 1 月 14 日

论政治纪律

不要被历史淘汰

如果管党不力、治党不严，人民群众反映强烈的党内突出问题得不到解决，那我们党迟早会失去执政资格，不可避免被历史淘汰。这绝不是危言耸听。

——在全国组织工作会议上的讲话，2013 年 6 月 28 日

党不能沦为"私人俱乐部"

毛泽东同志说，路线是"王道"，纪律是"霸道"，这两者都不可少。如果党的政治纪律成了摆设，就会形成"破窗效应"，使党的章程、原则、制度、部署丧失严肃性和权威性，党就会沦为各取所需、自行其是的"私人俱乐部"。

——《严明政治纪律，自觉维护党的团结统一》，2013 年 1 月 22 日

少些"迈过锅台上炕"

要强化程序观念，该报告的必须报告，该打招呼的必须打招呼，该履行的职责必须履行，该承担的责任必须承担，少些"迈过锅台上炕"的做法，也少些"事后诸葛亮"的行为。

——《严明政治纪律，自觉维护党的团结统一》，2013 年 1 月 22 日

无敬畏之心要栽大跟头

要按规矩办事，不是个人有主见、有个性就要说了算，哪有这个道理？这些最终也体现思想道德修养，体现党性修养。没有敬畏之心，最后是要栽大跟头的。所有干部都要在党组织里忠实履行自己的职责，这是规矩。

——在参加河北省委常委班子专题民主生活会时的讲话，

2013 年 9 月 23 日至 25 日

千万不要搞小圈子

同学、同行、同乡、同事等小圈子聚会也值得警惕，搞不好就会形成宗派主义、山头主义、小圈子。到党校学习一段时间，同学之间很自然会形成比较好的关系，但如果刻意说我们是党校第几期、是一个班的，称兄道弟，甚至政治上形成一种互相支持的关系，那就不正常了。有的这种聚会里面有潜规则，大家形成了一种特殊关系，今后在利益交换中是要兑现的。权钱交易有没有？政治上是不是互相提携、互相抱团啊？千万不要搞这些东西，搞这些东西危害很大！

——在参加河北省委常委班子专题民主生活会时的讲话，

2013 年 9 月 23 日至 25 日

论巡视工作

"包老爷来了"

巡视作为党内监督的战略性制度安排，不是权宜之计，要用好巡视这把反腐"利剑"。现在的巡视有点"八府巡按"的意思了，群众说"包老爷来了"，有"青天"之感，有问题的干部害怕了。

——在中央政治局常委会听取中央巡视工作领导小组 2014 年中央巡视组

首轮巡视情况汇报时的讲话，2014 年 6 月 26 日

不能看人看地方下"菜碟"

不能看人看地方下"菜碟"，对领导同志工作过的地方，不能投鼠忌器，要全部扫描。

——在中央政治局常委会听取中央巡视工作领导小组 2014 年中央巡视组首轮巡视情况汇报时的讲话，2014 年 6 月 26 日

出其不意，杀个"回马枪"

要加强"回头看"。巡视过的 31 个省区市，不是一巡视了就完事，要出其不意，杀个"回马枪"，让心存侥幸的感到震慑常在。

——在中央政治局常委会听取中央巡视工作领导小组关于 2014 年中央巡视组第二轮巡视情况汇报时的讲话，2014 年 10 月 16 日

巡视组是"八府巡按"

巡视发现的问题线索，凡是违纪违法的都要严肃查处。不要怕问题多，问题多的单位可以把握节奏。要一网打尽，有多少就处理多少。中央给了巡视组尚方宝剑，是"钦差大臣"，是"八府巡按"，就要尽职履责，不能大事拖小，小事拖了，对腐败问题要零容忍。……对巡视发现的问题，该查处的就查处，该免职的就免职。发现问题要及时跟进，有问题、有漏洞就要堵塞，要在履行领导干部党风廉政建设责任制方面抓几个典型。不能底下案件成串，他还当着太平官，好官我自为之，有问题不报告、不反映、也不惊动，这不行。

——在中央政治局常委会审议《关于 2013 年上半年中央巡视组巡视情况的综合报告》时的讲话，2013 年 9 月 26 日

定点清除，精确打击

下一阶段的重点要转向专项巡视，更加机动灵活，根据动静随时就去，让人摸不着规律。……要与各有关方面加强协作，掌握问题线索，定点清除，精确打击。

——在中央政治局常委会听取中央巡视工作领导小组关于 2014 年中央巡视组第二轮巡视情况汇报时的讲话，2014 年 10 月 16 日

论干部与军队

有的热衷于寻求政治靠山

巡视中对用人腐败和不正之风问题反映突出，违规用人问题十分普遍，干部制度形同虚设。有的地方拉票贿选、跑官要官、买官卖官问题严重，有的热衷于寻求政治靠山，搞小圈子，架设"天线"。吏治腐败是最大的腐败，用人腐败必然导致用权腐败。花钱跑官买官，一定在当权后用权力把钱千方百计捞回来。从严治党，必先从严治吏，要抓住管权治吏的要害，严肃查处用人腐败。

——在中央政治局常委会听取中央巡视工作领导小组关于 2014 年中央巡视组第二轮巡视情况汇报时的讲话，2014 年 10 月 16 日

重点查这些人

对群众反映强烈的党员领导干部，党的十八大以后不收手，为所欲为、自鸣得意的，还有现在重要岗位、可能进一步提拔重用的年轻干部等干部问题线索，要重点查处。同时，要坚决防止带病提拔，纪委、组织部对有的问题未查完，疑虑很大的干部，不要贸然提拔。选好人、用对人是头等大事，要用最坚决的态度、最果断的措施刷新吏治。

——在中央政治局常委会听取中央巡视工作领导小组 2014 年中央巡视组首轮巡视情况汇报时的讲话，2014 年 6 月 26 日

自己不干净，怎么要求人家

军委的同志身居高位，全军官兵在看着我们，广大人民群众在看着我们。为人是否正派？做事是否干净？这是事关党和军队形象的大问题。我们要清廉自律，坚决不搞特殊化，坚决不搞特权，坚决不搞不正之风，坚决不搞腐败。只有给全军作出表率了，我们抓全军作风建设才有底气。自己不检点，不清爽，不干净，让人家在背后指指点点的，怎么去要求人家啊？没法说，说了也没用啊！

——在中央军委专题民主生活会上的讲话，2013 年 7 月 8 日

论制度建设

受监督不舒服就别当干部

"权力导致腐败，绝对权力导致绝对腐败。"如果权力没有约束，结果必然是这样。……不想接受监督的人，不能自觉接受监督的人，觉得接受党和人民监督很不舒服的人，就不具备当领导干部的起码素质。

——《依纪依法严惩腐败，着力解决群众反映强烈的突出问题》，

2013 年 1 月 22 日

牛栏关猫是关不住的

没有健全的制度，权力没有关进制度的笼子里，腐败现象就控制不住。在这次教育实践活动中，建章立制非常重要，要把笼子扎紧一点，牛栏关猫是关不住的，空隙太大，猫可以来去自如。

——在河北调研指导党的群众路线教育实践活动时的讲话，

2013 年 7 月 11、12 日

不落实，制度也是白搭

我们的制度有些还不够健全，已经有的铁笼子门没关上，没上锁。或者栅栏太宽了，或者栅栏是用麻杆做的，那也不行。现有制度都没执行好，再搞新的制度，可以预言也会是白搭。所以，我说一分部署还要九分落实。制定制度很重要，更重要的是抓落实，九分力气要花在这上面。

——在参加河南省兰考县委常委班子专题民主生活会时的讲话，

2014 年 5 月 9 日

（原文标题：《习近平的反腐大白话》；整理：申孟哲；原载《人民日报·海外版》
2015 年 1 月 16 日第 8 版）

习近平如何考虑依法治国

导语

中共十八大以来，习近平总书记围绕全面推进依法治国发表了一系列重要论述，立意高远，内涵丰富，思想深刻，为推进社会主义法治建设提供了基本遵循和行动指南。法治与反腐、法治与具体工作、法治与制度建设、法治与改革、法治与国家治理能力等，这些都是推进依法治国中绕不开的议题。

依法治国是以习近平同志为核心的党中央力推的一项任务。这不仅关系到中国的当下，更关系到中国的未来。而在这其中，习近平对此的论述，尤其值得外界关注。在这篇文章中，也有许多有针对性的、鞭辟入理的论述，比如对共产党在依法治国中应起作用的论述，对社会上一些不良现象的批判，非常"有料"，读来"解渴"又发人深省。

法治与反腐

公正司法

"公生明，廉生威。"要坚守职业良知、执法为民，教育引导广大干警自觉用职业道德约束自己，做到对群众深恶痛绝的事零容忍、对群众急需急盼的事零懈怠，树立惩恶扬善、执法如山的浩然正气。要信仰法治、坚守法治，做知法、懂法、守法、护法的执法者，站稳脚跟，挺直脊梁，只服从事实，只服从法律，铁面无私，秉公执法。

要靠制度来保障，在执法办案各个环节都设置隔离墙、通上高压线，谁违反制度就要给予最严厉的处罚，构成犯罪的要依法追究刑事责任。要坚持以公开促公正、以透明保廉洁，增强主动公开、主动接受监督的意识，让暗箱操作没有空间，让司法腐败无法藏身。

——在中央政法工作会议上的讲话，2014 年 1 月 7 日

法外无权

要善于用法治思维和法治方式反对腐败，加强反腐败国家立法，加强反腐倡廉党内法规制度建设，让法律制度刚性运行。

各级领导干部都要牢记，任何人都没有法律之外的绝对权力，任何人行使权力都必须为人民服务、对人民负责并自觉接受人民监督。

反腐倡廉建设，必须反对特权思想、特权现象。共产党员永远是劳动人民的普通一员，除了法律和政策规定范围内的个人利益和工作职权以外，所有共产党员都不得谋求任何私利和特权。

——在第十八届中央纪律检查委员会第二次全体会议上的讲话，

2013 年 1 月 22 日

法治与国际事务

天下准绳

"法者，天下之准绳也。"在国际社会中，法律应该是共同的准绳，没有只适用他人、不适用自己的法律，也没有只适用自己、不适用他人的法律。适用法律不能有双重标准。我们应该共同维护国际法和国际秩序的权威性和严肃性，各国都应该依法行使权利，反对歪曲国际法，反对以"法治"之名行侵害他国正当权益、破坏和平稳定之实。

——在和平共处五项原则发表 60 周年纪念大会上的讲话，2014 年 6 月 28 日

和平共处

60 年来，历经国际风云变幻的考验，和平共处五项原则作为一个开放包容的国际法原则，集中体现了主权、正义、民主、法治的价值观。

——在和平共处五项原则发表 60 周年纪念大会上的讲话，

2014 年 6 月 28 日

保护投资

深化涉及投资、贸易体制改革，完善法律法规，为各国在华企业创造公平经营的法治环境。

——在亚太经合组织工商领导人峰会上的演讲，2013 年 10 月 7 日

核安全

没有规矩，不成方圆。各国要切实履行核安全国际法律文书规定的义务，全面执行联合国安理会有关决议，巩固和发展现有核安全法律框架，为国际核安全努力提供制度保障和普遍遵循的指导原则。

——在荷兰海牙核安全峰会上的讲话，2014 年 3 月 24 日

法治与实施

核心追求

促进社会公平正义是政法工作的核心价值追求。从一定意义上说，公平正义是政法工作的生命线，司法机关是维护社会公平正义的最后一道防线。

——在中央政法工作会议上的讲话，2014 年 1 月 7 日

保证实施

经过长期努力，中国特色社会主义法律体系已经形成，总体上解决了有法可依问题。……现在，我们的工作重点应该是保证法律实施，做到有法必依、执法必严、违法必纠。有了法律不能有效实施，那再多法律也是一纸空文，依法治国就会成为一句空话。

——在中央政法工作会议上的讲话，2014 年 1 月 7 日

党的领导

政法战线要旗帜鲜明坚持党的领导。坚持党的领导，就是要支持人民当家做主，实施好依法治国这个党领导人民治理国家的基本方略。既要坚持党对政法工作的领导不动摇，又要加强和改善党对政法工作的领导，不断提高党领导政法工作的能力和水平。

——在中央政法工作会议上的讲话，2014 年 1 月 7 日

法治思维

要正确处理坚持党的领导和确保司法机关依法独立公正行使职权的关系。各级党组织和领导干部要支持政法系统各单位依照宪法法律独立负责、协调一致开展工作。党委政法委要明确职能定位，善于运用法治思维和法治方式领导政法工作，在推进国家治理体系和治理能力现代化中发挥重要作用。

——在中央政法工作会议上的讲话，2014 年 1 月 7 日

依法办事

各级领导干部要带头依法办事，带头遵守法律，牢固确立法律红线不能触碰、法律底线不能逾越的观念，不要去行使依法不该由自己行使的权力，更不能以言代法、以权压法、徇私枉法。

——在中央政法工作会议上的讲话，2014 年 1 月 7 日

法治与具体工作

法治价值

我们倡导的富强、民主、文明、和谐，自由、平等、公正、法治，爱国、敬业、诚信、友善的社会主义核心价值观，体现了古圣先贤的思想，体现了仁人志士的夙愿，体现了革命先烈的理想，也寄托着各族人民对美好生活的向往。

——在北京大学师生座谈会上的讲话，2014 年 5 月 4 日

维护稳定

要处理好维稳和维权的关系，要把群众合理合法的利益诉求解决好，完

善对维护群众切身利益具有重大作用的制度，强化法律在化解矛盾中的权威地位，使群众由衷感到权益受到了公平对待、利益得到了有效维护。要处理好活力和秩序的关系，坚持系统治理、依法治理、综合治理、源头治理，发动全社会一起来做好维护社会稳定工作。

——在中央政法工作会议上的讲话，2014 年 1 月 7 日

干部学习

学习党的路线方针政策和国家法律法规，这是领导干部开展工作要做的基本准备，也是很重要的政治素养。不掌握这些，你根据什么制定决策、解决问题呀？就很可能会在工作中出这样那样的毛病。

——在中央党校建校 80 周年庆祝大会暨 2013 年春季学期开学典礼上的

讲话，2013 年 3 月 1 日

保障安全

国家安全委员会主要职责是制定和实施国家安全战略，推进国家安全法治建设，制定国家安全工作方针政策，研究解决国家安全工作中的重大问题。

——关于《中共中央关于全面深化改革若干重大问题的决定》的说明，

2013 年 11 月 15 日

依法治军

要牢记，依法治军、从严治军是强军之基，必须保持严明的作风和铁的纪律，确保部队的高度集中统一和安全稳定。

——在与驻广州部队师以上领导干部合影后的即席讲话，

2012 年 12 月 10 日

法治与制度建设

政策转化

要不断加强和改善党的领导，善于使党的主张通过法定程序成为国家意

志，善于使党组织推荐的人选通过法定程序成为国家政权机关的领导人员，善于通过国家政权机关实施党对国家和社会的领导，善于运用民主集中制原则维护党和国家权威、维护全党全国团结统一。

——在庆祝全国人民代表大会成立 60 周年大会上的讲话，2014 年 9 月 5 日

法治化

坚持和完善人民代表大会制度，必须全面推进依法治国。发展人民民主必须坚持依法治国、维护宪法法律权威，使民主制度化、法律化，使这种制度和法律不因领导人的改变而改变，不因领导人的看法和注意力的改变而改变。

——在庆祝全国人民代表大会成立 60 周年大会上的讲话，2014 年 9 月 5 日

法治与改革

于法有据

凡属重大改革都要于法有据。在整个改革过程中，都要高度重视运用法治思维和法治方式，发挥法治的引领和推动作用，加强对相关立法工作的协调，确保在法治轨道上推进改革。

——在中央全面深化改革领导小组第二次会议上的讲话

2014 年 2 月 28 日

问题导向

要坚持问题导向，提高立法的针对性、及时性、系统性、可操作性，发挥立法引领和推动作用。要抓住提高立法质量这个关键，深入推进科学立法、民主立法，完善立法体制和程序，努力使每一项立法都符合宪法精神、反映人民意愿、得到人民拥护。

——在庆祝全国人民代表大会成立 60 周年大会上的讲话，2014 年 9 月 5 日

法治与国家治理能力

基本方略

我们要全面落实依法治国基本方略，坚持法律面前人人平等，加快建设社会主义法治国家，不断推进科学立法、严格执法、公正司法、全民守法进程。要深入推进依法行政，加快建设法治政府。

——在庆祝全国人民代表大会成立 60 周年大会上的讲话，2014 年 9 月 5 日

一体建设

我们坚持依法治国、依法执政、依法行政共同推进，坚持法治国家、法治政府、法治社会一体建设，全社会法治水平不断提高。我们建立健全多层次监督体系，完善各类公开办事制度，保证党和国家领导机关和人员按照法定权限和程序行使权力。

——在庆祝全国人民代表大会成立 60 周年大会上的讲话，2014 年 9 月 5 日

贯彻宪法

全面贯彻实施宪法，是建设社会主义法治国家的首要任务和基础性工作。宪法是国家的根本法，是治国安邦的总章程，具有最高的法律地位、法律权威、法律效力，具有根本性、全局性、稳定性、长期性。……任何组织或者个人，都不得有超越宪法和法律的特权。一切违反宪法和法律的行为，都必须予以追究。

——在纪念现行宪法公布施行 30 周年大会上的讲话，2012 年 12 月 4 日

依宪执政

宪法是国家的根本法，坚持依法治国首先要坚持依宪治国，坚持依法执政首先要坚持依宪执政。我们必须坚持把依法治国作为党领导人民治理国家的基本方略、把法治作为治国理政的基本方式，不断把法治中国建设推向前进。

——在庆祝全国人民代表大会成立 60 周年大会上的讲话，2014 年 9 月 5 日

恪守宪法

我们可以清楚地看到，宪法与国家前途、人民命运息息相关。维护宪法

权威，就是维护党和人民共同意志的权威。捍卫宪法尊严，就是捍卫党和人民共同意志的尊严。保证宪法实施，就是保证人民根本利益的实现。只要我们切实尊重和有效实施宪法，人民当家做主就有保证，党和国家事业就能顺利发展。

反之，如果宪法受到漠视、削弱甚至破坏，人民权利和自由就无法保证，党和国家事业就会遭受挫折。这些从长期实践中得出的宝贵启示，必须倍加珍惜。我们要更加自觉地恪守宪法原则、弘扬宪法精神、履行宪法使命。

——在纪念现行宪法公布施行 30 周年大会上的讲话，2012 年 12 月 4 日

制度治理

推进国家治理体系和治理能力现代化，……要更加注重治理能力建设，增强按制度办事、依法办事意识，善于运用制度和法律治理国家，把各方面制度优势转化为管理国家的效能，提高党科学执政、民主执政、依法执政水平。

——在十八届三中全会第二次全体会议上的讲话，2013 年 11 月 12 日

党政国法

要正确处理党的政策和国家法律的关系。我们党的政策和国家法律都是人民根本意志的反映，在本质上是一致的。党既领导人民制定宪法法律，也领导人民执行宪法法律，做到党领导立法、保证执法、带头守法。

——在中央政法工作会议上的讲话，2014 年 1 月 7 日

奉法国强

"国无常强，无常弱。奉法者强则国强，奉法者弱则国弱。"经过长期努力，中国特色社会主义法律体系已经形成，我们国家和社会生活各方面总体上实现了有法可依，这是我们取得的重大成就，也是我们继续前进的新起点。形势在发展，时代在前进，法律体系必须随着时代和实践发展而不断发展。

——在庆祝全国人民代表大会成立 60 周年大会上的讲话，2014 年 9 月 5 日

（原文标题：《习近平论依法治国》；整理：申孟哲；原载《人民日报·海外版》

2014 年 10 月 17 日第 9 版）

中共长期执政的"支柱"

导语

　　中国共产党为什么能长期执政？这是海内外一直在探讨的话题。答案是多样的，但有一点不可忽视，那就是"思想建党"的基本原则。中共清醒地认识到，"理想信念动摇是最危险的动摇，理想信念滑坡是最危险的滑坡。一个政党的衰落，往往从理想信念的丧失或缺失开始。"因此，理想信念成为了中共长期执政的重要"精神支柱"。

　　谈及十八大以来的五年，人们常会提起这些词汇：树新风、开新局、谱新篇……"新"，这是最真切的感受、最简明的概括。

　　新从何来？透过现象看本质，这五年，党和国家各项事业的"新"气象，"根本的就在于有习近平总书记系列重要讲话的科学指引"。

　　研读系列重要讲话，不难发现，讲话自始至终贯穿六种因子：坚定信仰信念、鲜明人民立场、强烈历史担当、求真务实作风、勇于创新精神、科学方法论。从这六个角度切入，是学习系列重要讲话的捷径。

　　学习讲话，最好的方法是学原文、读原著、悟原理。此前，本报曾梳理"习近平谈人民""习近平谈创新"等内容。现梳理"习近平谈信仰信念"，将其在各个场合谈信仰信念的话语整理归类。

　　理想信念就是共产党人精神上的"钙"。习近平在十八届中央政治局第一次集体学习时就指出：没有理想信念，理想信念不坚定，精神上就会

"缺钙"，就会得"软骨病"。此后，几乎在所有讲到党的建设、思想政治工作和党员干部队伍建设时，总书记都要讲到共产党的信仰、共产党人的理想、社会主义核心价值观，反复强调理想信念的极端重要性，强调世界观、人生观、价值观的极端重要性，旗帜鲜明，阐述透彻，给人以深刻的教育和启发。

形象、生动、透彻，是习近平谈信仰信念的一个特点。在他看来，世界观、人生观、价值观是"总开关"；马克思主义、共产主义理想是共产党人的"命脉和灵魂"，是经受住任何考验的"精神支柱"。他还多次讲陈望道翻译《共产党宣言》的故事，讲信仰的味道、信仰的感召、信仰的力量。

信仰信念让人充满力量。在事关党和国家前途命运的重大问题上，习近平为何有那么强的政治定力？这首先源于他有坚定的、钢铁般的信仰。这种信仰，拥有凝聚全党和全国人民的强大力量，也是实现中华民族伟大复兴中国梦所需要的精神动力。

信仰信念的价值

理想信念是精神上的"钙"

坚定理想信念，坚守共产党人精神追求，始终是共产党人安身立命的根本。对马克思主义的信仰，对社会主义和共产主义的信念，是共产党人的政治灵魂，是共产党人经受住任何考验的精神支柱。形象地说，理想信念就是共产党人精神上的"钙"，没有理想信念，理想信念不坚定，精神上就会"缺钙"，就会得"软骨病"。

——中央政治局第一次集体学习时的讲话，2012 年 11 月 17 日

人民有信仰，民族有希望

人民有信仰，民族有希望，国家有力量。实现中华民族伟大复兴的中国梦，物质财富要极大丰富，精神财富也要极大丰富。我们要继续锲而不舍、一以贯之抓好社会主义精神文明建设，为全国各族人民不断前进提供坚强的

思想保证、强大的精神力量、丰润的道德滋养。

——会见第四届全国文明城市、文明村镇、文明单位和未成年人
思想道德建设工作先进代表时的讲话，2015 年 2 月 28 日

心中有信仰，脚下有力量

长征胜利启示我们：心中有信仰，脚下有力量；没有牢不可破的理想信念，没有崇高理想信念的有力支撑，要取得长征胜利是不可想象的。

——在纪念红军长征胜利 80 周年大会上的讲话，2016 年 10 月 21 日

造就具有铁一般信仰的干部队伍

实现中华民族伟大复兴的中国梦，关键在于培养造就一支具有铁一般信仰、铁一般信念、铁一般纪律、铁一般担当的干部队伍。

——在全国党校工作会议上的讲话，2015 年 12 月 11 日

坚定信仰，立根固本

我们共产党人的根本，就是对马克思主义的信仰，对共产主义和社会主义的信念，对党和人民的忠诚。立根固本，就是要坚定这份信仰、坚定这份信念、坚定这份忠诚，只有在立根固本上下足了功夫，才会有强大的免疫力和抵抗力。

——在中央政治局第二十六次集体学习时的讲话，2015 年 9 月 11 日

不忘初心、继续前进

我们党已经走过了 95 年的历程，但我们要永远保持建党时中国共产党人的奋斗精神，永远保持对人民的赤子之心。一切向前走，都不能忘记走过的路；走得再远、走到再光辉的未来，也不能忘记走过的过去，不能忘记为什么出发。面向未来，面对挑战，全党同志一定要不忘初心、继续前进。

——在庆祝中国共产党成立 95 周年大会上的讲话，2016 年 7 月 1 日

信仰缺失的危害

理想信念动摇是最危险的动摇

"志不立，天下无可成之事。"理想信念动摇是最危险的动摇，理想信念滑坡是最危险的滑坡。一个政党的衰落，往往从理想信念的丧失或缺失开始。我们党是否坚强有力，既要看全党在理想信念上是否坚定不移，更要看每一位党员在理想信念上是否坚定不移。95 年来，共产主义远大理想激励了一代又一代共产党人英勇奋斗，成千上万的烈士为了这个理想献出了宝贵生命。

——在庆祝中国共产党成立 95 周年大会上的讲话，2016 年 7 月 1 日

"软骨病"会在风雨面前东摇西摆

在改革开放历史新时期，陈云同志高度重视对党员干部的理想信念教育。他反对"共产主义遥遥无期"的观点，明确指出，这个观点是不对的，应当说，共产主义遥遥有期，社会主义就是共产主义的第一阶段。他强调："社会主义经济建设和经济体制改革，更加要有为共产主义事业献身的精神。""马克思主义、共产主义的真理，一定会战胜资本主义腐朽思想和作风的侵蚀。"

没有理想信念，理想信念不坚定，精神上就会得"软骨病"，就会在风雨面前东摇西摆。

——在纪念陈云同志诞辰 110 周年座谈会上的讲话，2015 年 6 月 12 日

"两面人"背地里不敬苍生敬鬼神

我说过"两面人"的问题，大量案件表明，党内有一些人在这方面问题很突出。有的修身不真修、信仰不真信，很会伪装，喜欢表演作秀，表里不一、欺上瞒下，说一套、做一套，台上一套、台下一套，当面一套、背后一套，手腕高得很；有的公开场合要党员、干部坚定理想信念，背地里自己不敬苍生敬鬼神，笃信风水、迷信"大师"。

——在第十八届中央纪律检查委员会第六次全体会议上的讲话，

2016 年 1 月 12 日

可能在"围猎"中被人捕获

"身之主宰便是心""不能胜寸心,安能胜苍穹"。"本"在人心,内心净化、志向高远便力量无穷。对共产党人来讲,动摇了信仰,背离了党性,丢掉了宗旨,就可能在"围猎"中被人捕获。只有在立根固本上下功夫,才能防止歪风邪气近身附体。

——在第十八届中央纪律检查委员会第六次全体会议上的讲话,

2016 年 1 月 12 日

不能把理想信念只当口号喊

不能把理想信念只当口号喊,严格纪律规矩必须架起高压线,依法办事才能正确用权,求真务实要经得起历史检验。领导干部要把理想信念时时处处体现为行动的力量,树立起让人看得见、感受得到的理想信念标杆。

——在重庆调研时的讲话,2016 年 1 月 4 日至 6 日

坚守信仰的途径

增强"四个意识"

要坚决听党指挥,坚持党对军队的绝对领导,坚定理想信念,强化政治意识、大局意识、核心意识、看齐意识,弘扬优良传统,加强作风建设,纯正部队风气,始终坚持部队建设正确政治方向。

——在中央军委联勤保障部队成立大会上的讲话,2016 年 9 月 13 日

坚定"四个自信"

要固本培元,把加强思想政治建设摆在首位,引导党员特别是领导干部筑牢信仰之基、补足精神之钙、把稳思想之舵,坚定中国特色社会主义道路自信、理论自信、制度自信、文化自信,增强党的意识、党员意识、宗旨意识,坚守真理、坚守正道、坚守原则、坚守规矩,做到以信念、人格、实干立身。

——在中央政治局第三十三次集体学习时的讲话,2016 年 6 月 28 日

深刻理解马克思主义

理论上清醒，政治上才能坚定。坚定的理想信念，必须建立在对马克思主义的深刻理解之上，建立在对历史规律的深刻把握之上。全党要深入学习马克思列宁主义、毛泽东思想、邓小平理论、"三个代表"重要思想、科学发展观，深入学习党的十八大以来党中央治国理政新理念新思想新战略，不断提高马克思主义思想觉悟和理论水平，保持对远大理想和奋斗目标的清醒认知和执着追求。

——在庆祝中国共产党成立 95 周年大会上的讲话，2016 年 7 月 1 日

学而信、学而思、学而行

要坚持学而信、学而思、学而行，把学习成果转化为不可撼动的理想信念，转化为正确的世界观、人生观、价值观，用理想之光照亮奋斗之路，用信仰之力开创美好未来。

——在纪念红军长征胜利 80 周年大会上的讲话，2016 年 10 月 21 日

铸牢坚守信仰的铜墙铁壁

我们纪念陈云同志，就要学习他坚守信仰的精神。无论处于顺境还是逆境，陈云同志始终坚守对马克思主义、共产主义的信仰不动摇。全党同志一定要坚守共产党人精神家园，把改造客观世界和改造主观世界结合起来，切实解决好世界观、人生观、价值观问题，练就共产党人的钢筋铁骨，铸牢坚守信仰的铜墙铁壁，矢志不渝为中国特色社会主义共同理想而奋斗。

——在纪念陈云同志诞辰 110 周年座谈会上的讲话，2015 年 6 月 12 日

（原文标题：《习近平谈信仰信念》；作者：潘旭涛；原载《人民日报·海外版》2017 年 6 月 7 日第 5 版）

习近平欣赏的行事作风

导语

　　求真务实是党的思想路线的核心内容。对于务实作风，习近平总书记有过很多生动的论述。务实作风建设，领导干部是关键。各级党员干部都应该牢记习近平总书记的要求，保持和发扬求真务实作风。

　　求真务实是党的思想路线的核心内容。对于务实作风，习近平总书记有过很多生动的论述，比如"空谈误国、实干兴邦""一分部署，九分落实""发扬钉钉子精神""抓铁有痕、踏石留印"等。习近平总书记强调，要从实际出发谋划事业和工作，使点子、政策、方案符合实际情况、符合客观规律、符合科学精神，不好高骛远；领导干部要坚持政贵有恒，树立功成不必在我的思想，一张蓝图干到底，不要搞那些脱离实际、脱离群众、劳民伤财、吃力不讨好的东西；要深入调查研究，增强看问题的眼力、谋事情的脑力、察民情的听力、走基层的脚力。

　　社会主义不是喊出来的，是实实在在干出来的。中国改革开放近40年来所创造的奇迹，靠的就是求真务实、真抓实干。习近平在2016年全国"两会"时强调，"干部干部，干是当头的"；在今年的新年贺词中又说，"天上不会掉馅饼"，号召大家"撸起袖子加油干"。

　　务实作风建设，领导干部是关键。各级党员干部都应该牢记习近平总书记的要求，保持和发扬求真务实作风。要认真践行"三严三实"要求，做老实人、说老实话、办老实事。要树立正确的事业观和政绩观，办实事不图虚名，求实效不做虚功，多做打基础、利长远的工作，努力创造经得起实践、人民、历史检验的业绩，使求真务实在全党全社会蔚然成风。

继承求真务实精神

坚持彻底的求真务实精神

进入改革开放新时期，邓小平同志更加强调坚持彻底的求真务实精神。他说："我读的书并不多，就是一条，相信毛主席讲的实事求是。过去我们打仗靠这个，现在搞建设、搞改革也靠这个。"他强调，要把是否有利于发展社会主义社会的生产力、是否有利于增强社会主义国家的综合国力、是否有利于提高人民的生活水平作为判断一切工作是非得失的标准。正是因为具有这种彻底的求真务实精神，邓小平同志果断从容处理了党和国家面对的一系列重大问题，指导党和人民劈波斩浪开创了党和国家事业新局面。

——在纪念邓小平同志诞辰 110 周年座谈会上的讲话，2014 年 8 月 20 日

会干实事，多干实事

我们纪念胡耀邦同志，就是要学习他求真务实、敢于担当的优秀品质。马克思说，为了实现思想，就要有使用实践力量的人。胡耀邦同志崇尚干实事，他希望领导干部不要当平庸之辈，更不能当昏聩之徒，而是要做有为之人。他说，我们中国共产党人应该是既有远见卓识又有求实精神的革命者。共产党员要会干实事，多干实事，不是应付上面，更不是图虚名。他强调，只要情况清楚，意见一致，又敢于负责，就不要搞烦琐哲学、形式主义的东西。

——在纪念胡耀邦同志诞辰 100 周年座谈会上的讲话，2015 年 11 月 20 日

求真务实是重要思想和工作方法

我们纪念刘华清同志，就是要学习他求真务实、真抓实干的优良作风。

求真务实是共产党人的重要思想和工作方法。我们一定要在实践中认识真理、把握规律，用发展着的马克思主义指导新的实践，用新的实践丰富和

发展马克思主义，敢于直面矛盾，敢于较真碰硬，为做好党和国家工作深思深察、尽责尽力、善作善成。

——在纪念刘华清同志诞辰 100 周年座谈会上的讲话，2016 年 9 月 28 日

实事求是是马克思主义的精髓

我们纪念朱德同志，就是要学习他实事求是、求真务实的思想方法。朱德同志坚持把马克思主义基本原理同中国革命和建设具体实际结合起来，从实际出发解决问题。

实事求是是马克思主义的精髓，是我们共产党人的重要思想方法。我们过去取得的一切成就都是靠实事求是。今天，我们要把中国特色社会主义事业继续推向前进，还是要靠实事求是。

——在纪念朱德同志诞辰 130 周年座谈会上的讲话，2016 年 11 月 29 日

以求真务实为导向

把求真务实的导向立起来

要发挥考核指挥棒作用，把求真务实的导向立起来，把真抓实干的规矩严起来，让真干假干不一样、干多干少不一样、干好干坏不一样，确保脱贫攻坚工作成效经得起实践和历史检验。

——在中共中央政治局会议上的讲话，2017 年 3 月 31 日

让埋头苦干、真抓实干的干部真正得到重用

要坚持求真务实，察真情、说实话，出真招、办实事，下真功、求实效，让埋头苦干、真抓实干的干部真正得到重用、充分施展才华，让作风飘浮、哗众取宠的干部无以表功，受到贬责。

——在指导兰考县委常委班子党的群众路线教育实践活动专题民主生活会时的讲话，2014 年 5 月 9 日

不能搞数字游戏

脱贫和高标准的小康是两码事。我们不是一劳永逸，毕其功于一役。相

对贫困、相对落后、相对差距将长期存在。要实事求是，求真务实，踏踏实实做这个事，不能搞数字游戏。考核要有正确导向，起到促进作用。

——在全国"两会"期间的讲话，2016 年 3 月

要有雄心壮志，更要有科学态度

抓工作，要有雄心壮志，更要有科学态度。一是领导工作要实，做到谋划实、推进实、作风实，求真务实，真抓实干。二是任务责任要实，做到分工实、责任实、追责实，分工明确，责任明确，履责激励，失责追究。三是资金保障要实，做到投入实、资金实、到位实，精打细算，用活用好，用在关键，用出效益。四是督查验收要实，做到制度实、规则实、监督实，加强检查，严格验收，既不拖延，也不虚报。

——在银川东西部扶贫协作座谈会上的讲话，2016 年 7 月 20 日

求真务实要经得起历史检验

各级领导干部是党的执政骨干，必须在"三严三实"上发挥表率作用。不能把理想信念只当口号喊，严格纪律规矩必须架起高压线，依法办事才能正确用权，求真务实要经得起历史检验。

——在重庆调研时的讲话，2016 年 1 月 4 日至 6 日

大兴求真务实之风

立足本职、埋头苦干

广大青年要牢记"空谈误国、实干兴邦"，立足本职、埋头苦干，从自身做起，从点滴做起，用勤劳的双手、一流的业绩成就属于自己的人生精彩。要不怕困难、攻坚克难，勇于到条件艰苦的基层、国家建设的一线、项目攻关的前沿，经受锻炼，增长才干。

——在同各界优秀青年代表座谈时的讲话，2013 年 5 月 4 日

唯有秉持求真务实精神，才能为社会作出更大贡献

做研究，就要甘于寂寞，或是皓首穷经，或是扎根实验室，"板凳要坐十

年冷，文章不写一句空"。搞创作，就要坚持以人民为中心的创作思想，深入实践、深入群众、深入生活，努力创作出人民群众喜爱的精品力作。一个知识分子，不论在哪个行业、从事什么职业，也不论学历、职称、地位有多高，唯有秉持求真务实精神，才能探究更多未知，才能获得更多真理，也才能为社会作出更大贡献。

——在知识分子、劳动模范、青年代表座谈会上的讲话，2016 年 4 月 26 日

确保各项政策百分之百落到实处

尽管这些问题大多处在政策执行层面，是政策执行落实不到位形成的，但影响了政策的有效性，必须下决心解决。一方面要完善政策，增强政策含金量和可操作性；另一方面要加大政策落地力度，确保各项政策百分之百落到实处。政策不落实或落实不到位、落实走样等问题，主要是"最后一公里"问题。我还是那句话，一分部署，九分落实。各地区各部门要从实际出发，细化、量化政策措施，制定相关配套举措，推动各项政策落地、落细、落实，让民营企业真正从政策中增强获得感。

——参加全国政协十二届四次会议民建、工商联界委员联组会时的讲话，

2016 年 3 月 4 日

扎实打基础，反复抓落实

要坚决贯彻军委关于加强作风建设的决策指示，坚持求真务实、公道正派、艰苦奋斗，对各种违规违纪问题要敢于较真碰硬、严肃查处。各级要强化强基固本思想，牢固树立大抓基层的鲜明导向，扎实打基础，反复抓落实，推动基层建设全面进步、全面过硬。

——在视察武警部队时的讲话，2013 年 1 月 29 日

用务实作风抓改革

强化责任担当

中央和国家机关有关部门是改革的责任主体，是推进改革的重要力量。

各部门要坚决贯彻落实党中央决策部署，坚持以解放思想、解放和发展社会生产力、解放和增强社会活力为基本取向，强化责任担当，以自我革命的精神推进改革，坚决端正思想认识，坚持从改革大局出发，坚定抓好改革落实。

——在中央全面深化改革领导小组第二十八次会议上的讲话，

2016 年 10 月 11 日

确保各项改革举措落实、落细、落稳

要进一步抓好改革落实，加强组织领导，抓铁有痕、踏石留印，确保各项改革举措落实、落细、落稳。

——在中共中央政治局第三十四次集体学习时的讲话，2016 年 7 月 26 日

要把"三严三实"贯穿改革全过程

要把"三严三实"要求贯穿改革全过程，引导广大党员、干部特别是领导干部大力弘扬实事求是、求真务实精神，理解改革要实，谋划改革要实，落实改革也要实，既当改革的促进派，又当改革的实干家。

——在中央全面深化改革领导小组第十四次会议上的讲话，2015 年 7 月 1 日

增强改革落地能力

加强领导班子建设，必须强调求真务实，增强改革落地能力，增强领导班子的原则性，加强党风廉政建设。领导班子决策和执行的每一个环节都要实。要紧扣关键领域做好改革谋划，蹄疾步稳往前走，不能在等待观望中错失改革良机、拖延改革进程。

——在吉林调研时的讲话，2015 年 7 月 16 日至 18 日

真抓实干，打赢硬仗

推进供给侧结构性改革，是一场硬仗。要把握好"加法"和"减法"、当前和长远、力度和节奏、主要矛盾和次要矛盾、政府和市场的关系，以锐意进取、敢于担当的精神状态，脚踏实地、真抓实干的工作作风，打赢这场硬仗。

——参加十二届全国人大四次会议湖南代表团审议时的讲话，2016 年 3 月 8 日

（原文标题：《习近平谈务实作风》；作者：李贞；原载《人民日报·海外版》

2017 年 6 月 21 日第 5 版）

中央改文风的政治用意

导语

作为党和国家的最高领导人，习近平的话风、文风令人耳目一新。中央领导的一言一行都会被认为有一定的政治用意。那么，总书记的清新文风又有哪些耐人寻味之处？

习近平无疑是在通过改变空洞无物、官话连篇的文风，祛除党内形式主义、官僚主义的作风。在习近平总书记的示范下，各级领导干部的文风正在发生改变，不仅"压缩"明显，而且时常"创新"。

"改进作风必须改进文风。"习近平总书记是这么说的，也是这么做的。

2014 年 1 月 14 日，中纪委全会上，总书记用百姓常说的"手莫伸，伸手必被捉"，儒家经典《论语》中"见善如不及，见不善如探汤"等，告诫领导干部要心存敬畏，不要心存侥幸。

17 天前，总书记发表 2014 年新年贺词，篇幅短小，700 余字；语言口语化，没有大段工作内容介绍；段落划分简明，每一段都言之有物，不空洞，不干巴。

一年多前，2012 年 11 月 15 日，总书记履新后与媒体见面，语言朴实通俗却极具感染力——"人民对美好生活的向往，就是我们的奋斗目标"，"人世间的一切幸福都是要靠辛勤的劳动来创造的"……

30 年前，1984 年 12 月 7 日，时任河北省正定县委书记的习近平，第一次在《人民日报》发表署名文章《中青年干部要"尊老"》，已经流露出质朴的文风。

30 年来，尤其履新总书记一年多来，习近平用自己的行动，带头贯彻他和中央领导集体的要求——下大力气改文风。

6 个字：求短、求实、求新

上任一年多来，无论是在国内还是国外，习近平总能用朴实而简单的话语一语中的。求短、求实、求新，是习近平说话、作文的风格；百姓话、古人话、中外经典，则是习近平讲话中时常出现的内容，从而使百姓产生共鸣。

要凝聚全中国的力量、为全民族的理想奋斗，就要用百姓听得懂、听得进、喜欢听的话讲。

2012 年 11 月，履新之初的习近平，在记者见面会上谈起自己肩上的责任时，念兹在兹的是"人民对美好生活的向往"。

参观《复兴之路》展览时，习近平语言平实，并用两句毛泽东诗词和一句李白的诗，来概括近代以来中国的过去、现在与未来："雄关漫道真如铁""人间正道是沧桑""长风破浪会有时"。而"中国梦"一词的叫响，让人"耳目为之一新，精神为之一振"（网友语）。

在海南调研时，一句"小康不小康，关键看老乡"，将"小康社会"这个目标生动质朴地表达……

对大事举重若轻，是战略自信。实在、直截的语言，背后是思路的清晰与态度的务实。

"腐败问题越演越烈，最终必然会亡党亡国"。习近平的话语，表达出对腐败现象的"零容忍"；"把权力关进制度的笼子里""'老虎''苍蝇'一起打"，则体现出重典治乱的思路。

谈改革开放这个"决定当代中国命运的关键一招"，习近平用"空谈误国，实干兴邦"为全党全社会奠定崇尚实干的基调；对党内干部，他则劝勉：

"不懂的就要抓紧学习研究弄懂，来不得半点含糊"。

为改进党的作风，在党的群众路线教育实践活动会议上，习近平用"今朝有酒今朝醉，人生得意须尽欢"和"清茶报纸二郎腿，闲聊旁观混光阴"，白描党内一些干部不端的工作态度；到河北指导省委民主生活会时，他又直截了当地告诫当地班子，"（我）可不是来听你们讲莺歌燕舞的"，让河北省委领导干部记住"知屋漏者在宇下，知政失者在草野"。

在外交舞台上，习近平的"话风"也让世界耳目一新。

在刚果共和国议会演讲时，他提到，"我想起一位非洲诗人的诗句：'向前走，非洲，让我们听到你歌声中胜利的节奏！'"在墨西哥，他说自己是个"足球迷"，并用中国和墨西哥的跳水队合作为引子，道出中墨未来合作的前景；在博鳌论坛，他用"阳光和空气"比喻和平，表达和平"受益而不觉，失之则难存"的重要性；在俄罗斯，他引用车尔尼雪夫斯基的名言，比喻历史和现实的曲折前进，又用"鞋子合不合脚，自己穿了才知道"的"鞋子论"，阐述国情与道路的关系；在坦桑尼亚，他谈起在当地热播的中国电视剧《媳妇的美好时代》，表达对中非交流与友谊的期待……

在外媒看来，习近平的讲话"套话少、比喻多，道理少、个人理解多，'大论'少、小故事多"，是"在对外交流中追求个性化的努力"，体现了他本人的"务实与个性"。

"到什么山上唱什么歌，文章和演说也是一样。"习近平的"文风"，与72年前毛泽东《反对党八股》的讲话精神一脉相承。

习近平提倡短文、短话，但"并不是说凡是长文就一定不好"。他认为，有些重要的内容，有些深刻的道理，该强调的还是要强调。总的原则是，当长则长，当短则短，倡导短风，狠刹长风。正如，"凫胫虽短，续之则忧；鹤胫虽长，断之则悲"。

新风气：总书记的示范作用

习近平对改革文风的实践与要求，是"一以贯之"的。

1984年，习近平在《人民日报》发表第一篇署名文章，文风已初显；任浙江省委书记时，习近平在《浙江日报》上的专栏系列文章"之江新语"，每篇针对一个问题，说清一个问题，不过四五百字；2008年，时任中央党校校长的习近平就已经对党的领导干部提出了改进文风的要求。

新一届中央领导集体上任伊始，就让外界看到了党中央改文风的决心与力度。

2013年全国"两会"上，李克强总理用"把错装在政府身上的手换成市场的手"，谈政府职能错位问题；对如何推进改革，他说"喊破嗓子不如甩开膀子"；对削减政府开支造福民生的问题，他说"要让人民过上好日子，政府就要过紧日子"。

相似的场面，也出现在多位领导人的座谈会上。"不要念稿"、谈实际问题、抖"干货"，成为他们对与会代表的要求。如在中纪委的座谈会上，"尊敬的王书记"之类的讲话被王岐山"无情"打断。"参加王某人的会，不准念发言稿，要学会深刻思考。"王岐山说。

在以习近平为核心的新一届中央领导集体的示范作用下，文风正在发生改变。

2012年12月，习近平会见美国副总统卡特。新华社新闻报道，仅有"罕见"的96字。此后，中央领导的考察与会议的新闻报道，字数、时长都大为压缩，新闻媒体还运用微博等手段对中央领导考察活动进行"直播"。

从2012年年底的地方"两会"开始，会议报告的"瘦身"即已成为趋势。同样的风气，也延伸至2013年11月召开的十八届三中全会。全会刊发的《中共中央关于全面深化改革若干重大问题的决定》，用两万字的篇幅，对60个方面的重要改革问题进行了表述。在这样一份重要文件中，看似字数多，却几乎全是"干货"。以"探索实行官邸制"为例，在"官邸制"这个重要的问题上，文件没有任何多余的表述。而"记得住乡愁""我们的饭碗应该主要装中国粮"等鲜活表述，出现在其他会议的文件中。

从 2013 年 6 月开始的党的群众路线教育实践活动，对"文山会海"的文风、会风的整治力度也可谓空前。

甘肃"省委省政府发文数量同比减少 30% 左右，全省级会议同比减少20% 左右，各单位压缩会议 880 多场次"；河北"省直单位压减各类简报42%"；重庆"市一级会议数量比去年同期减少 28.5%，发文减少 19%"；广东规定"在全省性会议上省长讲话不超过 1 小时，副省长讲话不超过半个小时"……各地的动作，正体现出新风的来临。

在"压缩"之外，"创新"的影子也到处可寻。

在日本首相安倍晋三参拜靖国神社之后，几十位中国驻外大使密集发声，表达抗议。驻英大使刘晓明用"伏地魔"来比喻日本军国主义，告诫世界人民警惕靖国神社这一"魂器"对军国主义的招魂作用；驻德大使把安倍的举动比作给希特勒献花圈；驻澳大利亚大使则以澳英合拍电影《铁路工》为例，回顾盟军战俘和劳工被日军摧残和折磨的历史……大使们的表达使用的都是所在国民众熟悉的方式与内容，引来国际共鸣。

在十八届三中全会海外交流团的行程中，几乎每到一地，交流团都会用两部视频短片作"开场白"——《领导人是怎样炼成的》和《中国共产党与你一起在路上》。轻松、幽默、"接地气"的表达，让受众耳目一新。

"冰冻三尺，非一日之寒"。改文风也远非一日之功。干在实处，走在前列。习近平总书记的率先实践，已经起到了示范作用。接下来，需要各级官员、媒体、理论界乃至全国共同努力。

文风改不改，领导是关键，2010 年第 10 期《求是》杂志，习近平在《努力克服不良文风积极倡导优良文风》一文中强调，各级领导干部要把改进文风作为一项工作要求，带头讲短话、讲实话、讲新话，通过自己以身作则带出好文风来。

改文风：改作风的抓手

习近平履新伊始，就把改文风当做改作风的抓手。

2012 年末，刚刚履新的中央领导集体颁布了"八项规定"，要求全党密切联系群众、切实改进作风。其中，中央对文风的要求颇为醒目："要精简文件简报，切实改进文风，没有实质内容、可发可不发的文件、简报一律不发；要改进新闻报道，中央政治局同志出席会议和活动应根据工作需要、新闻价值、社会效果决定是否报道，进一步压缩报道的数量、字数、时长。"

在中国现代国际关系研究院副研究员田文林看来，一个时代的文风和学风如何，往往是观察一国或一个时代兴与衰的风向标和晴雨表。"观国者观君，观军者观将，观备者观野"，国家最高领导人的言谈举止、思维观念，均会直接影响国家未来发展方向。

为什么文风如此重要？

1942 年，毛泽东在《整顿党的作风》中，就把"党八股"与"主观主义""宗派主义"列在一起，当做党内存在的主要作风问题。在毛泽东看来，文风问题是作风问题，也是党风问题。那些空洞无物、如"懒婆娘的裹脚布"一般"又臭又长"的"党八股"，形成的原因只有一个："下决心不要让群众看"。对于把同群众的联系视为"血肉联系"和"鱼水关系"的共产党来说，文风问题，是与群众的联系是否紧密的表现，关系到党的立身根本。

空洞无物、官话连篇的文风，不仅群众不爱看、不爱听，就连干部听了也要打瞌睡。"高射炮打空靶""鹦鹉学舌背美文""绿豆大的核，西瓜大的壳"等表述，都是民众对这类"长、空、假"官样文章的讽刺。一度，一些地方总结工作、传达精神等的"讲话"，网上一搜，都有现成"模板"，只要把时间、地点、名称、事项填进去就行，剩下的内容都千篇一律。如此形式主义的作风，又直接导致了官僚主义的作风泛滥。

2008 年，时任中央党校校长的习近平就指出，文风不正"严重影响真抓实干、影响工作成效，耗费大量时间和精力，耽误实际矛盾和问题的研究解决"，"不良文风蔓延开来，损害党的威信，导致干部脱离群众，使党的理论和路线方针政策在群众中失去感召力、亲和力。"

在 2013 年党的群众路线教育实践活动中，作为形式主义作风的突出表现，"文山会海"的文风问题在多地民主生活会上被提出，成为班子自我批评中的主要问题之一。之后，是针对文风问题的一轮集中整改。

应该如何改文风？

2008 年，习近平对领导干部说，要改进文风，"一要勤于学习，二要增强党性修养"。从哪儿学？"学习党的基本理论、学习新知识、学习古人语言中有生命力的东西。"在根本上，"胸有成竹才能出口成章，找准症结才能对症下药，源于实践才能指导实践。"习近平指出，"领导干部改进文风，应当深入基层，在实际生活中'望闻问切'，使思想和文字体现时代要求，符合实际情况，能够解决问题。"

2010 年，习近平再次要求领导干部，要从"短""实""新"三个层面，下工夫改进文风。

"删繁就简三秋树，领异标新二月花。"郑板桥的这句诗，被习近平在多个场合引用，"就是说，（说话作文）一要短小精悍，二要有所创新"。这句诗中体现出的质朴、简单、清新的文风，可以看作习近平对全党的要求和期待。

（原文标题：《总书记的清新文风》；作者：申孟哲、陈振凯；原载《人民日报·海外版》
2014 年 1 月 17 日第 5 版）

核心价值观的价值所在

导语

　　党的十八大以来，习近平总书记多次对社会主义核心价值观作出重要论述，赋予其丰富意涵。核心价值观是什么、核心价值观从哪里来以及如何传播好核心价值观，只有明晰了这三个问题，才能为理解和践行核心价值观提供参考借鉴。

　　党的十八大以来，中央高度重视培育和践行社会主义核心价值观，习近平总书记多次作出重要论述并提出明确要求。他关于社会主义核心价值观的重要论述，内涵非常丰富，把党对核心价值观的认识提升到一个新的高度，为践行核心价值观提供了重要遵循。

　　鉴于此，我们将从核心价值观是什么、核心价值观从哪里来以及如何传播好核心价值观三个方面，聆听"习近平谈核心价值观"。

谈原则

13 亿人的伟大目标

　　富强、民主、文明、和谐，自由、平等、公正、法治，爱国、敬业、诚信、友善，传承着中国优秀传统文化的基因，寄托着近代以来中国人民上下求索、历经千辛万苦确立的理想和信念，也承载着我们每个人的美好愿景。

我们要在全社会牢固树立社会主义核心价值观，全体人民一起努力，通过持之以恒的奋斗，把我们的国家建设得更加富强、更加民主、更加文明、更加和谐、更加美丽，让中华民族以更加自信、更加自强的姿态屹立于世界民族之林。

建设富强、民主、文明、和谐的社会主义现代化国家，实现中华民族伟大复兴，是鸦片战争以来中国人民最伟大的梦想，是中华民族的最高利益和根本利益。今天，我们13亿多人的一切奋斗归根到底都是为了实现这一伟大目标。

——在视察北京市海淀区民族小学时的讲话，2014年5月30日

文化软实力之魂

核心价值观是文化软实力的灵魂和文化软实力建设的重点。这是决定文化性质和方向的最深层次要素。一个国家的文化软实力，从根本上说，取决于其核心价值观的生命力、凝聚力、感召力。培育和弘扬核心价值观，有效整合社会意识，是社会系统得以正常运转、社会秩序得以有效维护的重要途径，也是国家治理体系和治理能力的重要方面。历史和现实都表明，构建具有强大感召力的核心价值观，关系社会的和谐稳定、关系国家的长治久安。

——在中共中央政治局第十三次集体学习时的讲话，2014年2月24日

谈内涵

寻求最大公约数

我国是一个有着13亿多人口、56个民族的大国，确立反映全国各族人民共同认同的价值观"最大公约数"，使全体人民同心同德、团结奋进，关乎国家前途命运、关乎人民幸福安康。

每个时代都有每个时代的精神，每个时代都有每个时代的价值观念。国有四维，礼义廉耻，"四维不张，国乃灭亡。"这是中国先人对当时核心价值

观的认识。在当代中国，我们的民族、我们的国家应该坚守什么样的核心价值观？这个问题，是一个理论问题，也是一个实践问题。经过反复征求意见，综合各方面认识，我们提出要倡导富强、民主、文明、和谐，倡导自由、平等、公正、法治，倡导爱国、敬业、诚信、友善，积极培育和践行社会主义核心价值观。富强、民主、文明、和谐是国家层面的价值要求，自由、平等、公正、法治是社会层面的价值要求，爱国、敬业、诚信、友善是公民层面的价值要求。这个概括，实际上回答了我们要建设什么样的国家、建设什么样的社会、培育什么样的公民的重大问题。

——在同北京大学师生座谈会上的讲话，2014 年 5 月 4 日

多个维度的融合

中国古代历来讲格物致知、诚意正心、修身、齐家、治国平天下。从某种角度看，格物致知、诚意正心、修身是个人层面的要求，齐家是社会层面的要求，治国平天下是国家层面的要求。我们提出的社会主义核心价值观，把涉及国家、社会、公民的价值要求融为一体，既体现了社会主义本质要求，继承了中华优秀传统文化，也吸收了世界文明的有益成果，体现了时代精神。

——在同北京大学师生座谈会上的讲话，2014 年 5 月 4 日

国人应自觉践行

我们倡导的富强、民主、文明、和谐，自由、平等、公正、法治，爱国、敬业、诚信、友善的社会主义核心价值观，体现了古圣先贤的思想，体现了仁人志士的夙愿，体现了革命先烈的理想，也寄托着各族人民对美好生活的向往。只要是中国人，就应该自觉培育和践行社会主义核心价值观。

——在视察北京市海淀区民族小学时的讲话，2014 年 5 月 30 日

谈意义

来自历史的启示

人类社会发展的历史表明，对一个民族、一个国家来说，最持久、最深层的力量是全社会共同认可的核心价值观。核心价值观，承载着一个民族、一个国家的精神追求，体现着一个社会评判是非曲直的价值标准。

古人说："大学之道，在明明德，在亲民，在止于至善。"核心价值观，其实就是一种德，既是个人的德，也是一种大德，就是国家的德、社会的德。国无德不兴，人无德不立。如果一个民族、一个国家没有共同的核心价值观，莫衷一是，行无依归，那这个民族、这个国家就无法前进。这样的情形，在我国历史上，在当今世界上，都屡见不鲜。

——在同北京大学师生座谈会上的讲话，2014 年 5 月 4 日

没有相同的树叶

价值观是人类在认识、改造自然和社会的过程中产生与发挥作用的。不同民族、不同国家由于其自然条件和发展历程不同，产生和形成的核心价值观也各有特点。一个民族、一个国家的核心价值观必须同这个民族、这个国家的历史文化相契合，同这个民族、这个国家的人民正在进行的奋斗相结合，同这个民族、这个国家需要解决的时代问题相适应。世界上没有两片完全相同的树叶。一个民族、一个国家，必须知道自己是谁，是从哪里来的，要到哪里去，想明白了、想对了，就要坚定不移朝着目标前进。

——在同北京大学师生座谈会上的讲话，2014 年 5 月 4 日

民族精神的延续

一个民族的文明进步，一个国家的发展壮大，需要一代又一代人接力努力，需要很多力量来推动，核心价值观是其中最持久最深沉的力量。中华民族有着 5000 多年的悠久历史和灿烂文化，而且中华文明从远古一直延续发展到今天。为什么中华民族能够在几千年的历史长河中顽强生存和不断发展呢？很重要的一个原因，是我们民族有一脉相承的精神追求、精神特质、精

神脉络。今天我们使用的汉字同甲骨文没有根本区别，老子、孔子、孟子、庄子等先哲归纳的一些观念也一直延续到现在。这种几千年连贯发展至今的文明，在世界各民族中是不多见的。

今天，中华民族要继续前进，就必须根据时代条件，继承和弘扬我们的民族精神、我们民族的优秀文化，特别是包含其中的传统美德。

——在视察北京市海淀区民族小学时的讲话，2014 年 5 月 30 日

谈定力

要有主张和定力

一个国家选择什么样的治理体系，是由这个国家的历史传承、文化传统、经济社会发展水平决定的，是由这个国家的人民决定的。我国今天的国家治理体系，是在我国历史传承、文化传统、经济社会发展的基础上长期发展、渐进改进、内生性演化的结果。我国国家治理体系需要改进和完善，但怎么改、怎么完善，我们要有主张、有定力。中华民族是一个兼容并蓄、海纳百川的民族，在漫长历史进程中，不断学习他人的好东西，把他人的好东西化成我们自己的东西，这才形成我们的民族特色。没有坚定的制度自信就不可能有全面深化改革的勇气，同样，离开不断改革，制度自信也不可能彻底、不可能久远。我们全面深化改革，是要使中国特色社会主义制度更好；我们说坚定制度自信，不是要故步自封，而是要不断革除体制机制弊端，让我们的制度成熟而持久。

——在省部级主要领导干部学习贯彻十八届三中全会精神全面深化改革
专题研讨班上的讲话，2014 年 2 月 17 日

坚持走自己的路

中国曾经是世界上的经济强国，后来在世界工业革命如火如荼、人类社会发生深刻变革的时期，中国丧失了与世界同进步的历史机遇，落到了被动挨打的境地。尤其是鸦片战争之后，中华民族更是陷入积贫积弱、任人宰割

的悲惨状况。这段历史悲剧决不能重演！建设富强、民主、文明、和谐的社会主义现代化国家，是我们的目标，也是我们的责任，是我们对中华民族的责任，对前人的责任，对后人的责任。我们要保持战略定力和坚定信念，坚定不移走自己的路，朝着自己的目标前进。

——在同北京大学师生座谈会上的讲话，2014 年 5 月 4 日

（原文标题：《"习近平谈核心价值观"最持久最深层的力量》；整理：刘少华；

原载《人民日报·海外版》2014 年 7 月 24 日第 5 版）

☆评论

当下为什么要强调核心价值观

习近平总书记关于社会主义核心价值观的一系列重要论述，把我们的认识提升到一个新的高度。

当下，为什么要反复强调、特别努力、锲而不舍、踏石留印、抓铁有痕地践行社会主义核心价值观呢？

"当下"何在？"岱宗夫如何，齐鲁青未了。造化钟神秀，阴阳割昏晓。"中华民族这一百多年来历经磨难和奋斗，总算离民族复兴的目标越来越近，距离已可丈量。但正因为越来越近，再往下走，每一步都是惊险一跳，都是从量变到质变的巨大飞跃。历史上，一步走错满盘皆输、功亏一篑、积重难返的教训不少。世界银行警告："在过去 50 年中，许多国家从一贫如洗的收入水平升到了中等收入水平。然而……只有少数国家从低收入水平跃升到了高收入国家。"国际经验表明，人均 GDP3000—10000 美元的阶段，既是中等收入国家向中等发达国家迈进的机遇期，又是矛盾增多、爬坡过坎的敏感期。这一阶段，经济容易失调，社会容易失序，心理容易失衡，步子容易迈错，机遇容易丢失！

"当下"事多！全面深化改革，调整经济结构、坚决反对腐败……我们面临的可以预见和不可预见的风险和挑战太多。要走好民族复兴这个"爬坡过坎"的关键阶段，最要紧的是整个国家和民族始终保持那么一股劲，那么一股气，那么一种奋发向上的民族精神。

习近平总书记说："人类社会发展的历史表明，对一个民族、一个国家来说，最持久、最深层的力量是全社会共同认可的核心价值观。核心价值观，承载着一个民族、一个国家的精神追求，体现着一个社会评判是非曲直的价值标准。"

一个民族的崛起或复兴，常常以民族文化的复兴和民族精神的崛起为先导。一个民族的衰落或覆灭，则往往以民族文化的颓废和民族精神的萎靡为先兆。中华民族的伟大复兴要在现代化的艰难进程中实现，而现代化则要靠民族精神的坚实支撑和强力推动。核心价值观，承载着这种支撑和推动的最持久、最深层的力量。我们是如此，别的民族、别的国家，又何尝不是如此。

例如，美国总统奥巴马在其就职演说中，也作如是说："我们面临的挑战也许是新的，我们应对挑战的措施也许也是新的，但那些长期以来指导我们成功的价值观——勤奋、诚实、勇气、公平竞争、包容以及对世界保持好奇心，还有对国家的忠诚和爱国主义——却是历久弥新，这些价值观是可靠的。它们是创造美国历史的无声力量。我们现在需要的就是回归这些古老的价值观。"

而奥巴马夫人在其助选演说中，同样强调："我们面对的挑战似乎艰巨得难以克服，请别忘记开创不可能的奇迹，正是我们国家的历史。……我们可以给人们平等的机会，去实现自己的美国梦！因为当尘埃落定，胜过一切的是这个国家的故事，一个希望不死、斗志永存的励志传说。"

我们有中国梦，他们有美国梦；我们强调践行核心价值观，他们呼喊"回归古老的价值观"。当然，我们强调的与美国不会一样。我们要"倡导富强、民主、文明、和谐，倡导自由、平等、公正、法治，倡导爱国、敬业、诚信、友善，积极培育和践行社会主义核心价值观"。

富强、民主、文明、和谐，体现了社会主义核心价值观在发展目标上的规定，是立足国家层面提出的要求；自由、平等、公正、法治，体现了社会主义核心价值观在价值导向上的规定，是立足社会层面提出的要求；爱国、敬业、诚信、友善，体现了社会主义核心价值观在道德准则上的规定，是立足公民个人层面提出的要求。归结起来就是，要实现民族复兴的中国梦，要在现代化的激烈竞争中屹立于世界民族之林，我们必须保持那么一股劲，那么一股气，那么一种奋发向上的民族精神。习近平总书记说："如果一个民族、一个国家没有共同的核心价值观，莫衷一是，行无依归，那这个民族、这个国家就无法前进。"向前，向前，向前，实现民族复兴中国梦的关键时刻，最持久、最深层的力量——社会主义核心价值观，支撑着、推动着我们向前！

（作者：叶小文；原载《人民日报·海外版》2014年7月24日第5版）

七常委与七个村庄的故事

导语

　　"郡县治则天下安"，2800多个县（市、区、旗），是中国"发展经济、保障民生、维护稳定的重要基础"。

　　2014年春天，在第二批党的群众路线教育实践活动中，中央政治局七位常委分别联系了七个县，来到"老少边穷"地区的田间地头。作为中央最高领导集体，他们选择哪些联系点，背后也都有深意。

　　第二批党的群众路线教育实践活动已经展开。和此前第一批教育实践活动中，中央政治局常委每人联系一个省类似，在第二批活动中，七位中央政治局常委分别联系一个县。

　　3月17日至18日，中共中央总书记、国家主席、中央军委主席习近平到河南省兰考县调研指导教育实践活动。此后，中央政治局其他常委分别前往各自联系点：李克强到内蒙古自治区翁牛特旗，张德江到福建省上杭县，俞正声到云南省武定县，刘云山到陕西省礼泉县，王岐山到山东省蒙阴县，张高丽到吉林省农安县。

　　七位中央政治局常委为什么选择这七个联系点？他们"下乡"，都说了什么、做了什么？

到田间地头走访考察 "直接到群众中去听意见"

乡村，是新一届中央政治局常委人生中都曾具有的经历和烙印。

总书记习近平于 1969 年至 1975 年曾在陕西梁家河大队当过 6 年知青，在陕北的黄土高原上，麦子一扛就是 200 斤；李克强也于 1974 年至 1976 年间在安徽省凤阳县当过知青；张德江当知青的时间是 1968 年至 1970 年；刘云山是 1968 年至 1969 年间，在内蒙古土默特右旗苏卜盖公社劳动锻炼；王岐山也在陕西省延安县当过 3 年知青；张高丽则是"农民出身，种过地、犁过田"。

因此，对基层、对乡村，新一届中央政治局常委可以说有天然的感情。正因为如此，他们率先实践了第二批教育实践活动强调的工作方法："向群众学习，拜群众为师""直接到群众中去听意见"。

"请大家讲，我们是来听的。"在兰考县东坝头乡张庄村，和干部群众座谈的习近平总书记开门见山地说道。这座村庄曾是兰考最大的风沙口，在焦裕禄和工作队挖泥封沙、栽种刺槐几十年后，终于摆脱了风沙的肆虐，户户通上了自来水。

"我提三点希望：一是希望教育实践活动一抓到底，不要一阵风；二是希望党的干部特别是领导干部要像焦裕禄那样到群众中去；三是希望中央多想办法让农民的钱袋子进一步鼓起来。"曾和焦裕禄一起治沙的老党员雷中江老人说。

在这场小型座谈会上，基层干部群众畅所欲言，总书记则不时插话，与他们交流。

此前，在对兰考县为民服务中心的考察中，总书记更是一连串提出"审批项目集中办，形式怎么样""一站式做到了吗""服务中心实际效果怎么样，是不是真便民了"等问题。

同样的场景，也出现在其他常委"下乡"的过程中。

在内蒙古自治区翁牛特旗桥头镇太平庄村，来到比路面低近 1 米的铁路退休职工隋富的家，身为国务院总理的李克强边走边问："已经是半地下，下雨的话，雨水会倒灌吧？"在得到肯定的回答后，李克强说："政府正在想办法给大家彻底改造，很快就会让大家住上楼房。"在田头，他冒着春雨登上泥垄察看墒情，抓起地上的一把干土，说："这也只有'十个水'吧？再能下一天一夜就好了。"

来到云南考察的全国政协主席俞正声则在武定县插甸乡大古普村询问孩子学校伙食，在卫生院询问基本药物供应和群众看病报销情况，在贫困户家里和大伙儿唠家常。来到陕西省礼泉县昭陵镇高菜尧村的刘云山，在山坡上和农民交谈并询问生产生活；在山东蒙阴县，王岐山在垛庄镇后里村的红色文化教育展览室里调研；在吉林农安县农安镇小桥子村，担任国务院副总理的张高丽在大棚里察看瓜苗长势，紧握住劳作群众沾满泥巴的手，向他们询问情况。

"从群众中来，到群众中去。""跟大家面对面交流，能够了解人民群众的真实感受和实际要求，这个目的达到了。"习近平说。

考察当地窗口单位　"务虚"的落脚点是"便民"

"我之所以选择兰考作为联系点，一个重要考虑就是因为兰考是焦裕禄同志工作和生活过的地方，是焦裕禄精神的发源地。我希望通过学习焦裕禄精神，为推进党和人民事业发展、实现中华民族伟大复兴的中国梦提供强大正能量。"3月18日，在兰考县委常委扩大会议上，习近平总书记如是说。

"焦裕禄精神"，是习近平此次下乡一以贯之的"红线"。在习近平看来，"生也沙丘，死也沙丘，父老生死系。暮雪朝霜，毋改英雄意气"的焦裕禄，鞠躬尽瘁，死而后已，真正实践了"为人民服务"的共产党人的理想信念，不仅让少年时代的他"受到深深震撼"，更让他"在焦裕禄事迹教育下成长"，即使数十年后，也依然"思君夜夜，肝胆长如洗"。

焦裕禄式的干部，是习近平心中的好干部。而群众路线教育，正是对党员干部的教育活动。因此，在几位常委的"下乡"中，对理想信念的重视都放在第一位，带着明确的"务虚"色彩。

到兰考调研考察的习近平，甫一下车，就直奔焦裕禄同志纪念馆。在那里，他对偶遇的另一队学员说："我也是来学习的。"他还语重心长地说："要见贤思齐，组织党员、干部把焦裕禄精神作为一面镜子来好好照一照自己，努力做焦裕禄式的好党员、好干部。"

到福建上杭县，担任全国人大常委会委员长的张德江首先瞻仰了古田会议会址、古田会议纪念馆、毛泽东才溪乡调查旧址等地，重温革命优良传统；刘云山作为中央党的群众路线教育实践活动领导小组组长，反复强调作风与思想觉悟的关系；王岐山到达山东蒙阴县后，则来到孟良崮战役纪念馆，向革命烈士致敬。作为中央纪委书记的他，此次"下乡"中强调得更多的是党建与作风建设。

即使是"务虚"，几位常委的落脚点也都落在"实处"。强调焦裕禄"时刻不忘群众、坚持为民服务"精神的习近平，于3月17日来到兰考县为民服务中心，考察这些窗口单位是否真正"为民服务"。

对窗口单位的考察，也成为此次七常委下乡的一大共同点——七位中央政治局常委全都考察了所在联系点的一些窗口服务单位。

窗口单位是"党和政府的直接形象"，也是服务民众的第一现场；是简政放权的直接体现，也是影响社会效率的主体。或者说，七常委全都选择窗口单位进行考察，也体现出群众路线教育实践活动的本质——是否真正"便民"、让民众实惠与满意。群众的满意程度，是检验这场教育实践活动成效的唯一标准。

联系点选择各有深意　深入"老少边穷"地区

和第一批群众路线教育实践活动中七常委的联系省相比，此次的七个联系县，选取范围和第一批完全不重合。归纳起来，两批教育实践活动，七常委的调研、考察范围已经覆盖了十四个省区，最大程度地做到了"全覆盖"。

其中，习近平联系了河北和河南，李克强联系了广西和内蒙古，张德江联系了江苏和福建，俞正声联系了甘肃和云南，刘云山联系了浙江和陕西，王岐山联系了黑龙江与山东，张高丽则联系了四川和吉林。联系点的范围遍布中国的东南西北。

而此次七常委下乡的一大特色，是普遍选择到贫困基层、尤其是"老少边穷"地区去了解情况、体察民情——在此次的七个联系县中，河南兰考县是国家级贫困县，内蒙古翁牛特旗是贫困旗，福建上杭县是著名革命老区，云南武定县是少数民族聚居区，山东蒙阴县则位于沂蒙山革命老区。

同时，除了"老少边穷"，本报记者发现，七位常委在选取联系点时，也特意选取了"不熟悉"的地区。在两批群众路线教育实践活动中，除了习近平总书记在第一批实践活动中选择了河北省这一曾有过直接从政经历的省份外，其他六位常委都没有在联系省份、联系县所在省份直接从政的经历。分析人士指出，这种"不熟悉"，恰恰是为了更好地了解基层情况。

群众路线教育实践活动的核心是反"四风"，恢复党和群众本有的鱼水关系。而反"四风"，正是为了给群众解决实际问题，真正让百姓受惠。

因此，习近平总书记才在兰考县调研时指出，以"民心热线"这一服务机制来说，把各种渠道的群众反映综合起来受理和解决是一个好做法，但既要注重提高办事效率，又要建立长效机制。他叮嘱道："为民服务不能一阵风、虎头蛇尾，不能搞形式主义。"

李克强则在调研中考察了更多的民生问题。在翁牛特旗所属的赤峰市，李克强考察了全市棚户区的情况，这是新一轮"棚改"的重头戏；在翁牛特旗，李克强重点考察了两方面的内容：医疗改革与行政审批。他在一个卫生所里问两位村医：国家津贴够生活吗？他说，你们让乡亲们不出村就看上病，地方近、花钱少，按群众的话说是方便实惠，诊所虽然小，却解决了大问题。在政务服务中心，他专门询问群众办事的方便程度，称政务服务中心是这一届政府改革的"马前卒"。

在云南，俞正声的调研侧重民族与宗教。他指出，要加强对民族宗教工作的领导，进一步加快云南民族团结进步、边疆繁荣稳定示范区建设。而在吉林农安县小桥子村，张高丽就新农合、养老补贴、新农保、粮食直补、农田水利建设等问题，跟农民一一作答。

"开展教育实践活动，目的就是查摆和解决党员干部作风上存在的突出问题，进一步促使党员干部真正做到为民务实清廉，密切党群关系干群关系，使我们党能够带领人民群众把社会主义现代化事业推向前进。共产党领导 13 亿人民，实施正确的领导，我们就一定会实现中国梦，人民的生活一定会越来越幸福。"在兰考，习近平总书记掷地有声地说道。

（综合本报、新华社、各省党报报道）

（作者：申孟哲；原载《人民日报·海外版》2014 年 4 月 10 日第 5 版）

☆评论

下乡的味道

20 多年后，他依然记得那碗绿豆汤的味道。

那一年，福建宁德市寿宁县下党乡还没通路。一天，乡党委书记拿着柴刀在前面砍柴草，引着一位风尘仆仆的人，披荆斩棘，顺着河穿过去，因为"这条路还稍微近些"。

一路上，老百姓喊"地府"来了。他们管地委书记叫"地府"。这个"地府"名叫习近平，时任福建宁德地委书记。老百姓自发摆出各种担桶，一桶一桶都是清凉饮料，用当地土草药做的，还有绿豆汤，说"你们喝吧，路上辛苦了"。

下党乡所在的寿宁县，明代写了《警世通言》等"三言"的冯梦龙在那儿当过知县。冯梦龙去上任走了半年，足见当时行路之难，所在之偏。

习近平曾说过，当县委书记要走遍全县各村，当地市委书记要走遍各乡镇，当省委书记要走遍各县市区。他履行了这一条。他在正定当县委书记时走遍了所有村，有时候骑着自行车下乡。他当市委书记、地委书记期间走遍了福州、宁德的乡镇。当时，宁德有4个镇没有通路，他去了3个，后来因为调离，有1个没去成。

20多年后的2014年春，已身为中国最高领导人的习近平，到河南兰考县联系指导第二批党的群众路线教育实践活动，谈到调研下党乡往事，提及绿豆汤。一路上的披荆斩棘、汗水风尘，百姓自发送来的甘甜的绿豆汤，这是习近平下乡的味道。

习近平之所以选择兰考作为联系点，很大程度上是因为焦裕禄。他的事迹，曾让少年习近平"深深受到震撼"。数十年来，习近平"一直有焦裕禄的影子伴随"，"思君夜夜，肝胆长如洗"。

焦裕禄在兰考，时间不长，总共475天。但却靠一辆自行车和一双铁脚板，对全县149个生产大队中的120多个进行了走访和蹲点调研。他面对面向群众请教、同群众商量，在较短时间内基本掌握了内涝、风沙、盐碱的规律，实施了治理"三害"的正确决策。

在习近平看来，焦裕禄这种尊重群众、尊重客观规律的求实作风，生动体现了他对党的群众路线的遵循。

焦裕禄有句名言：吃别人嚼过的馍没味道。尝风沙之苦，闻泡桐花香，感百姓之亲，这是自己嚼馍，是焦裕禄尝到的下乡的味道。

在中国的政权结构中，县一级处在承上启下的关键环节。"郡县治，天下安"。中国是农业大国，得农民心方能得天下，几成中国历史演变铁律。

中国2800多个县市区旗，如果每个地方的党委和政府以及广大干部都能密切联系群众，"当县委书记要走遍全县各村"，将是郡县之福、国家之福。

当下，第二批党的群众路线教育实践活动正在展开。

下乡去，尝尝下乡的味道——正成为这个春天的声音。

（作者：正楷；原载《人民日报·海外版》2014年4月10日第5版）

七常委坐镇民主生活会

导语

　　七常委参加并指导七个县（旗）的专题民主生活会时，无不聚焦"四风"问题。会议上，"下级"当面批评"上级"现象，破除了以往的"禁忌"。专题民主生活会从作风切入，拿作风开刀，作风建设正在全面深改立信。

　　日前，七名中央政治局常委分别前往各自联系点，出席指导县（旗）委常委班子专题民主生活会。县级专题民主生活会，是第二批群众路线教育实践活动的重头戏。

　　七常委指导的七个县（旗），专题民主生活会是怎么开的，有哪些特点？七常委的讲话有哪些含义？怎样看待县一级治理？改变基层作风，与全面深化改革有何关系？观察和思考这些问题，又给我们哪些启发？

"下级"当面批评"上级"

启示 1：动真格必须破"禁忌"

　　从形式上看，在七常委联系指导的七个县（旗）委常委班子专题民主生活会上，县级常委班子对照检查深入，批评与自我批评动真格，"下级"敢于当面批评"上级"，体现了讲认真、动真格的担当精神。

河南兰考县委副书记毛卫丰批评县委书记王新军："你在听工作汇报时，总认为自己当了10多年县委书记，经历广、经验多，对基本情况吃得透、摸得准，不让同志汇报完就亮明自己的观点。工作还没给你说完，马上就打断了。这就导致有些工作汇报脱离了实际。第二点，你爱批评人，经常批评人，不考虑别人的感受。长官意识太强。"

无独有偶，吉林农安县县长王海英向县委书记周贺"发炮"："周贺同志，你当了一把手，脾气也大涨，影响了班子民主。遥控指挥多，亲力亲为少。"此外，在云南武定县的专题民主生活会上，纪委书记当面质疑宣传部长的"党性"。

在这种正式的公开场合直接批评自己的"上级"和同僚，对于他们大多数人还是第一次，这与日常的地方工作特点非常不同。在以往，"下级"当面批评"上级"极为少见，似成一种"禁忌"。

从内容上说，查摆的问题和批评的现象较具有普遍性，集中体现在"政绩观有偏差""长官意识强""对上对下不一致""特权思想严重"等方面。

"政绩观有偏差"具体表现在片面追求GDP，忽视生态环境保护；"长官意识强"体现在"一言堂"现象严重，民主不够；"对上对下不一致"表现在"在乎上级领导高不高兴，忽略了群众的看法"；"特权现象严重"体现在公车使用和看病就医等方面。这说明，"四风"问题确实是存在的，开展一次教育实践活动极为必要。尤其对许多出生于20世纪六七十年代的县委常委们，党内生活历练和经历不多，这样的民主生活会可以触及灵魂，引其深思。

"官之至难者，令也"

启示 2：县级治理极其重要

七常委分别联系一个县（旗）参加指导民主生活会，这在中共党史上是非常罕见的。这也从侧面印证，县级治理在国家治理体系中分量十足，地位极其重要。

古人讲"郡县治，天下安"，同样适于当代中国。习近平总书记在 20 世纪 90 年代初就指出，"县一级工作好坏，关系国家的兴衰安危"。在他看来，县一级承上启下，县一级治理在国家治理中居于重要地位。而且，县委书记这个岗位非常重要，最能锻炼干部，"宰相必起于州郡，猛将必发于行伍"。

现在群众反映强烈的许多问题，如强制拆迁、环境污染、不作为乱作为等，不少是发生在县一级。习近平总书记当过县委书记，其他常委也有担任县级领导或其他基层领导的经历，对中国基层的现实和实际非常熟悉。习近平在很多场合都说过这样一句话，"基层干部离群众最近，群众看我们党，首先看基层干部。基础不牢，地动山摇"。

分析认为，县级等基层政权直接承担着地方公共服务的职能，与人民群众的联系更直接，如果存在不作为、乱作为、作风恶劣、渎职腐败等行为，对基层群众利益的侵害非常直接。现在中央提出"老虎苍蝇一起打"，对于一部分人来说，觉得"打老虎"才过瘾，但对于地方基层群众来说，他们的切身感受是"老虎"离得太远，但"苍蝇"却每天扑面。因此，在基层群众中流行的一句话是"上面是好的，下面搞坏了"。而从长期看，基层治理衰败最终会影响到中央执政的权威，中央长期存有一份隐忧：担心基层治理乱象会侵蚀党执政的群众基础。

分析认为，这也是习近平为什么多次强调"执政重在基层"，"官之至难者，令也"的重要原因。

党内政治生活正常化

启示 3：治理现代化需制度执行力

这次专题民主生活会的核心是开展批评和自我批评。批评和自我批评作为中国共产党长期以来保持的优良传统，是保证党组织肌体健康的重要武器。在当前提出以"国家治理体系和治理能力现代化"为改革总目标之一的背景下，批评和自我批评的意义更加凸显，它有利于解决地方部分存在的制度执行力差的现象。

国家治理体系和治理能力是一个国家的制度和制度执行能力的集中体现。改革开放 30 多年来，在邓小平、江泽民、胡锦涛、习近平等几代领导人的积极推动下，无论是党内还是政府的制度化程度均有巨大提高。治理国家，制度很重要，然而，没有有效的治理能力，即制度执行力，再好的制度也难以发挥作用。客观地讲，目前中国部分地方政府把制度当"稻草人"摆设的现象依然存在。如果这种现象不能得到有效解决，中国的现代化目标和民族复兴梦，将很难实现。

对于这一执政命题，中国的最高领导人有着自己的清晰认知和研判。习近平总书记还在地方主政时，就曾敏锐地指出："现在执行制度难，主要原因是一些干部当'老好人'，不愿得罪人，你好我好大家好，不讲原则讲人情，不讲党性讲关系，甚至批评也变成了变相的表扬。"在他看来，当"老好人"和批评不得，是个人私心杂念在作祟，制度的执行力、政府的效能就会堪忧。如果现行制度都没执行好，再制定新的制度，也只能是形同虚设，牛栏关猫。换言之，制定制度很重要，但更重要的是执行制度。

分析认为，如果这种动真格开展批评与自我批评的党内政治生活正常化，对解决当前中国存在的制度执行难的顽疾，将是一剂良方。

正视脱离群众风险

启示 4：反"四风"是历史担当

七常委在参加并指导七个县（旗）的专题民主生活会时，无不聚焦于"四风"问题的表现、成因和危害性，并且都强调专题民主生活会不能表面上热热闹闹，实际上用形式主义反对形式主义，引起群众反感。这背后掩藏着高层的一份忧患意识和历史担当。

七常委都深谙历史，善于从历史中汲取经验教训。在具有"许多新的历史特点"的当前，中国共产党虽然面临国内外各种挑战，但最根本的挑战还是来自执政党自身。这正是党的十八大为什么突出强调"四个考验""四个危险"的原因所在。

政之所兴在顺民心，政之所废在逆民心。作风问题的背后关联的是人心向背。中国革命赢在哪里？就赢在人心向背。有分析指出，中国共产党已是在和平时期执政 65 年的党，脱离群众的危险却比 10 年前、20 年前、30 年前更加突出了。问题出在哪儿？就是一些党员干部对群众的感情变化了，作风出问题了。在战争年代，没有老百姓的保护，很可能会没命的。在当代，有些干部脱离了群众，虽然没有丧命之说，但这种漠视群众、麻木不仁的行为，迟早会让党吃大亏。七常委中的多数都有下乡插队的经历，这份经历让他们对底层群众多了一份天然的感情和为民情怀。

无疑，习近平等中央领导层希望借教育实践活动改变基层政治生态。概言之，七常委的讲话蕴含着执政党强烈的忧患意识、政治责任感和历史担当。

从作风切入，拿作风开刀

启示 5：作风建设为全面深改立信

党的十八大后，中国社会的最大背景是深化改革，而作风问题与全面深化改革息息相关。

历史上，中国执政党开展了多次整风运动，但始终难以走出"一抓就好、一放就松"的怪圈。因此，解决作风问题，必须全面深化改革，冲破体制机制羁绊。

一方面，改革必然触及利益，改革需要勇气和担当。讲认真、动真格开展批评与自我批评，对打破"怕得罪人、当老好人"的大气候是一次突破，有利于推动改革，落实举措。

另一方面，对群众深恶痛绝的"四风"问题下狠手，有利于形成共识，突破既得利益，为全面深化改革赢得群众支持，树立改革的权威。有分析认为，这也是十八大后，中央为什么从作风切入，拿作风开刀的重要原因；古代"商鞅变法"徙木立信，教育实践活动"抓铁有痕、踏石留印"同样是为改革立信。

有分析认为，用解决作风问题倒逼全面深化改革，用全面深化改革为彻底解决作风建设怪圈创造机遇，彰显出新一届领导层的高超领导艺术和政治智慧。

（原文标题：《"郡县治，天下安"的高端思考——七常委参加县级民主生活会五点启示》；

作者：张广昭、陈振凯；原载《人民日报·海外版》2014年6月26日第5版）

☆评论

"芝麻官"千钧担
——习近平二十四年前谈县委书记的责任

古时候，人们以"七品芝麻官"来喻指县令的官微权轻，有贬损之意。其实，当好一县之长何尝容易。我曾担任过县委书记，每与同行谈起，大家总有一致的感慨：官不大而责任不小。

如果把国家喻为一张网，全国3000多个县（编者注：多次调整后，现在全国有2800余个县市区旗）就像这张网上的纽结。"纽结"松动，国家政局就会发生动荡；"纽结"牢靠，国家政局就稳定。国家的政令、法令无不通过县得到具体贯彻落实。因此，从整体与局部的关系看，县一级工作好坏，关系国家的兴衰安危。

一个县也可以说是一个小社会。"麻雀虽小，五脏俱全"，中央有什么机构，县一般也有与其大体相对应的部门。县一级工作，从政治、经济、文化到老百姓的衣食住行、生老病死，无所不及。有人说，县级工作，除了外交活动外，国家各项事务无所不有。其实，有时候县里也会遇到接待外宾的事情，随着开放程度的提高，外宾比肩接踵而来也是可期待的。县级领导还得真懂一点外交。一个县小则十几万人，大则百把万人，一个决策下去，其影响非同小可，来不得半点含糊。海瑞在他的《令箴》中说："官之至难者，令也。"此意即最难做的官是县官。因此，县级领导必须有各方面的知识和很强的能力，否则难以胜任。

古人云："宰相起于州郡"。我们党和国家的许多高级领导人也都有丰富的基层工作经验。县级岗位是锻炼和培养干部的好课堂。现在从事县级领导工作的同志，要十分珍惜在岗机会，努力学习，积极工作，刻苦磨炼，积累经验。

（作者：习近平；原载《人民日报·海外版》2014 年 6 月 26 日第 5 版；编者注：这篇短文摘自《摆脱贫困》中《从政杂谈》一文。此文写于 1990 年 3 月，至今仍有参考意义）

中南海里的"三农"情怀

导语

中央政治局的七位常委，有这样一个共同特点：与农民有密切关系，因而有着浓重的"三农"情怀。他们之所以与农村、农业、农民有着不可割舍的情缘，一方面在于他们对奉献了自己宝贵青春时光的地方，总是带着一份情结；另一方面则因为同农民交朋友是党的传统，而他们继承了这一传统。

中国要富，农民必须富；小康不小康，关键看老乡；让农民成为体面职业……

2013年12月24日，从新一届中央领导集体悉数参加的中央农村工作会议上，传出大量让人心暖的词句。按计划，中国农村5年内完成土地确权。未来，当农民将更受尊重，也将有更好的收益。

同在24日，几大新闻网站同时推荐了2013年11月《文明》杂志。通读本期杂志7篇新一届中央领导集体特稿，不难发现：他们要么出身农家，要么当过农民，或与农民关系密切，他们跨过黄土高坡的沟沟壑壑，趟过凤阳农村的田埂地头，在东海风浪中打过鱼，在东北大地上种过庄稼……并最后在中南海会合。

因为经历，他们身上有着浓重的"三农"情怀，与农村、农业、农民有着不可割舍的情缘。曾经，他们在田埂上思考国家未来，而今，他们在中南海里眷顾庄稼。而这不是一种简单巧合。

习近平：陕北的老乡们对我帮助最大

据一位参会者回忆，这次中央农村工作会议上，习近平总书记多次引用描写农村和田园风光的诗句，并熟稔农事谚语，随手拈来。足见他对"三农"的熟知和亲近。

中国农村常有他的脚步。2013年元旦前夕，履新总书记刚一个半月，习近平即来到河北阜平龙泉关镇骆驼湾等村看望困难群众，并品尝蒸土豆。4月9日，他在海南亚龙湾兰德玫瑰风情产业园考察，对"公司＋合作社＋农户"模式种植经营玫瑰花、示范带动农民增收致富的做法表示肯定。十八届三中全会前夕，他到湘西土家族苗族自治州农村考察，摘了柚子，叫了"大姐"，看了猪圈。全会后，他到山东临沭县曹庄镇朱村"老支前"王克昌家看望，对老人说："请你批评指正……"

外国农家也是他爱去之地。除了爱踢足球，能开拖拉机，这是习近平留给世界的又一印象。

6月3日，哥斯达黎加，习近平走访当地农户萨莫拉一家时说，我当过农民，曾在农村基层工作多年。到后来在县、市、省、中央工作，我经常去农村，同农民见面，了解他们的温饱冷暖和喜怒哀乐。

2012年2月16日，在美国考察艾奥瓦州金伯利农场时，他步行前往农场粮仓进行实地考察，参观和实际操作了农场联合收割机、播种机、拖拉机等大型农机用具。同日，在中美农业高层研讨会上，习近平提到自己"对农业深有爱好"。他分析了自己对农业、农村、农民都有深厚感情的原因——曾经在中国西部的一个省当农民当了7年，并且做了一村之长。之后又在河北、福建、浙江、上海或专门分管过农业工作，或领导全面工作也重点领导过农业工作。因这些经历，他熟知中国的西北农业、华北农业、山区农业、闽南农业、现代农业、都市农业，等等。

他所提到的 7 年，是 1969 年至 1975 年。1968 年 12 月，16 岁的习近平前往陕西延安延川县文安驿公社梁家河大队，当了一名普通农民。新华社特稿报道，那些年，习近平几乎没有歇过，种地、拉煤、打坝、挑粪……什么活儿都干过，什么苦都吃过。在乡亲们眼中，能挑一二百斤麦子走 10 里山路长时间不换肩的习近平，是个"吃苦耐劳的好后生"。"干活不惜力""有知识、点子多"的他，逐渐赢得乡亲们的信任，不但入团入党，还担任了大队党支部书记。他曾坦诚地说，在他的一生中，对他帮助最大的"一是革命老前辈，一是我那陕北的老乡们"。

此外，习近平的博士论文《中国农村市场化研究》（2001 年 12 月），关注的也为农村问题，论述了当时农村市场经济体制发展中面临的难题及解决方式。他还著有《现代农业理论与实践》（福建教育出版社，1999 年）一书，等等。而其发表的农业相关论文更多。

2006 年 12 月 11 日，时任浙江省委书记的习近平，在《浙江日报》"之江新语"专栏刊发《政者需要学与思》，引用了《左传》中的"政如农功，日夜思之"。用农事比喻从政，足见习近平对政农相通的深刻体会。

李克强：在几十年前我就是农民

李克强总理的目光常在"三农"。十八届三中全会前夕，他去了黑龙江省抚远县，查看农田深松情况，登上驾驶室与农机手攀谈，询问购机补贴情况。2013 年 2 月 4 日，他到内蒙古兴安盟考察，坐在村民家的炕头上与村民们拉家常、话脱贫。1 月 5 日，他与来自最基层的 18 名乡村医生座谈结束时，侧身说，"请'最美乡村医生'（身患残疾的周月华）先走"。

他的志向是给农民打工。2013 年 2 月 3 日，农历小年，时任副总理的他，在内蒙古包头火车站候车室看望返乡农民工，他说：你们为了过上好日子，在外打工不容易。我也当过农民，懂得你们的辛劳。我在政府工作，也是给你们打工。

他关心农民的愿望。3 月 17 日，履新总理的第一次答记者问上，李克强提到，我在农村调研的时候，经常和农民聊天，他们在谈到对未来生活的愿望时，不少人用一句简洁的话来表达，说是希望过上和城里人一样好的日子。他强调，新型城镇化是以人为核心的城镇化，必须和农业现代化相辅相成。

他不止一次提到自己曾是农民。9 月 10 日，在 2013 夏季达沃斯论坛上，这位总理专门提到，我并不想把"总理"和"农民"这两个岗位做贵贱之分。在几十年前我就是农民。当年我当农民的经历对我今天担任总理的职务受益匪浅。我也相信，这个会场建筑中心的管理者，如果他有"刷马桶"的经历，会把这个建筑群管理得更好。

他也曾是知青。新华社报道，"文化大革命"期间，安徽凤阳是中国最贫穷的地区之一。1974 年 3 月，李克强到该县大庙公社东陵大队插队。白天下田劳作，夜晚挑灯夜读，他在那里深深了解了什么是贫困和饥饿，其吃苦耐劳的品格和才干，深得乡亲们的拥戴，不久便担任了大庙大队党支部书记。以至多年后，那里的老乡们还念念不忘他，称赞他"要求别人做的自己总是先做。很善良，当大队书记，从不整人，不欺负人"。

《文明》杂志述评称，从中国农村最基层到中国著名高校北京大学，到共青团中央；从主政全国人口最多的农业大省河南到"共和国长子"工业大省辽宁，到进入中共中央最高领导层，一路走来，李克强的统筹、决策能力不断提升，积累了丰富的从政阅历和理政经验。

他的博士论文《论我国经济的三元结构》，荣获中国内地经济学界最高奖项——孙冶方经济科学奖的论文奖，其中重点谈到"三农"话题。

其他领导人：善于跟农民交朋友

据新华社特稿、《文明》杂志特稿及公开资料显示，新一届中央领导集体中的其他领导人，也都与"三农"有缘。

张德江生于辽宁省台安县，1968 年从吉林省长春市到延边朝鲜族自治州汪清县罗子沟公社插队，属于被称为"老三届"的知识青年。1996 年，他主政农业大省吉林时，曾冒雪来到全国粮食状元县农安县访问农户，现场承诺"绝不允许出现粮食丰收、农民减收的情况。保护价政策要继续坚持"。

俞正声关心农民工。2009 年，其时任上海市委书记，谈到农民工，他说，外来农民工不仅是上海发展的建设者，也是许多郊区农民通过房屋租赁增加财产性收入的重要来源，关心外来农民工、支持他们稳定就业，也是在促进上海本地农民增收；妥善安排好农民工的生产生活，也是为全国作贡献。

刘云山善于"跟农民交朋友"。祖籍山西忻州，出生在古称敕勒川的内蒙古自治区土默特右旗一个普通农民家庭，学习、成长都在内蒙古自治区这个边疆省份。参加工作之初，他在农村学校做过教师，在农村参加劳动锻炼。1975 年至 1982 年，刘云山在新华社内蒙古分社当了 7 年"农牧口"记者。他1981 年采写的《夜宿车马店》，反映了改革开放后农牧民"丰收的喜悦"。

王岐山作为知青曾在延安插队，与当地农民结下深厚的友谊。此后，虽然历经多个工作岗位，他始终心系农村、农业和广大农民。20 世纪 80 年代初，他进入中央书记处农村政策研究室，担任全国农村改革试验区办公室首任主任，参与农村改革政策的研究和制定，并争取到 3 亿美元的世界银行长期优惠贷款，为探索中国农村改革提供资金支持。

2012 年全国"两会"期间，张高丽在回答记者提问时说："我本身就是个苦孩子，我的责任是恪尽职守做好工作，老老实实做人，全心全意服务。"1946 年 11 月，张高丽出生在"东海边上的小村庄"福建晋江东石潘径村。他的祖辈都是当地贫苦的农民。他的亲兄长现在还在农村，还是农民。

至此，便不难理解，为何中央领导集体在中南海里如此眷顾庄稼与农户。一方面，一个人最宝贵的青春时光献给的地方和领域，总是带着一份情结。另一方面，同农民交朋友是我们党的传统，而他们继承了这一传统。

（原文标题：《总书记总理的"三农"情怀》；作者：陈振凯；原载《人民日报·海外版》
2013 年 12 月 30 日第 5 版）

☆评论

"农"之情愫　影响深远

12月23日至24日召开的中央农村工作会议，是党的十八届三中全会后召开的第一次农村工作会议，七名中央政治局常委悉数参加，其规格之高，为近十年所罕见。与之相关的一个背景是，七名常委中有四名曾有"上山下乡"的知青经历。

习近平总书记曾在农村工作过7年，这段经历无疑影响到他后来的治理色彩和执政理念。他曾在公开的回忆文章里说："上山下乡的经历对我们影响是相当深的，形成了一种情结叫'黄土情结'。"

同样，李克强总理不仅具有现代意识，年轻时，他裤脚上常有泥巴，手上满是茧子。张德江、俞正声、刘云山、王岐山、张高丽等其他几位领导人也是或有"上山下乡"经历，或有长期基层任职经历。

可以说，这一代领导人内心存有一份"农"的情怀，这份情愫将深远影响未来中国。

他们做"农民"的经历，使他们对农业、农活十分熟悉，从中懂得了什么叫实际，什么叫群众，决策更加科学。此次中央农村工作会议便强调，一定要看到，农业还是"四化同步"的短腿，农村还是全面建成小康社会的短板。值得注意的是，习近平总书记和李克强总理在他们攻读博士学位期间，均选择聚焦"三农"问题。

事实上，不止此次中央农村工作会议，之前召开的中央经济工作会议、城镇化会议都受此影响。"城镇化是一个自然历史过程""让居民望得见山、看得见水、记得住乡愁""农村不能成为荒芜的农村、留守的农村、记忆中的家园"等提法无不透露着这一代领导人特殊的"农"之情怀。在人类进入工业社会以来，有相当一个时期，农村环境遭到了破坏，农村建设被人们忽视，这种破坏和忽视最终阻碍了经济社会的发展，使人们付出了很大代价。

他们的这份"三农"情怀将使农民成为生活更富裕、职业更体面的新阶层。"三农"问题的本质是农民问题。由于城乡二元的体制结构，国民分成了两种身份，这是一种人为造成的农民与市民的身份差别。中央农村工作会议提出的 2020 年城镇化时间表，便是改革努力的一部分，也是中国未来的一大增长动力。在职业体面尊严方面，他们将是最大的"代言人"，习近平总书记曾在中国西部地区当过 7 年农民，李克强总理在中国中部地区也当了 4 年农民。

当前中国正处于城市化加速发展的时期，也是极易忽视"三农"利益、导致各种矛盾凸显的社会敏感期。著名社会学家费孝通在《乡土中国》一书中提出，传统的中国农村是靠"礼治秩序"来推行治理、实现稳定的。中央农村工作会议强调的"乡土文化的根不能断"，便是防止农村传统文化失落的上层设计。同时，中央强调的法治秩序亦是乡村治理之道。新一代领导人的这份"农"之情怀，将深刻影响到基层治理和地方秩序。

美国农业经济学家舒尔茨认为，现代化的过程是人的经济价值不断提高的过程。换句话说，现代化的本质乃"人"的现代化。领导人对农业、农村、农民的特殊感情，无疑将提升"农民"的现代化进程，加快农民阶层实现"中国梦"的速度，夯实中国共产党执政的根基。

（作者：张广昭；原载《人民日报·海外版》2013 年 12 月 30 日第 5 版）

权力运行的方式

解析中央政治局集体学习

导语

　　党的十八大以来，十八届中央政治局进行了 40 余次集体学习。这 40 余次集体学习的内容主题，勾勒出十八届党中央思考和施政重心的基本脉络，成为展现中共治国理政的重要窗口。

　　2017 年 4 月 25 日下午，中央政治局就维护国家金融安全进行集体学习。学习时，习近平总书记指出，提高领导干部金融工作能力，领导干部特别是高级干部要努力学习金融知识，熟悉金融业务，把握金融规律，既要学会用金融手段促进经济社会发展，又要学会防范和化解金融风险，强化监管意识，提高监管效率。

　　至此，党的十八大以来，十八届中央政治局进行了 40 余次集体学习。本文系统梳理了 2017 年 4 月 25 日之前的 40 次集体学习。这 40 次集体学习的内容主题，勾勒出十八届党中央思考和施政重心的基本脉络，成为展现中共治国理政的重要窗口。

　　复旦大学马克思主义学院教授李冉指出，中国共产党是个学习型政党，政治局集体学习的课题显然是治国理政的重要话题，也是党的干部尤其高级领导干部应该提升能力的领域。

全方位提高治国理政的素质和能力

梳理这 40 次集体学习发现，学习内容涉及经济、政治、文化、社会、生态文明、党建、军队、国防、外交等各方面。其中，学习内容主题涉及政治建设方面 12 次，经济建设方面 9 次，社会建设方面 4 次，文化建设方面 3 次，生态文明建设方面 1 次，党建方面 5 次，军队、国防、外交方面 6 次。

涉及政治建设方面的集体学习次数最多有 12 次，内容较集中于法治、马克思主义哲学等方面。涉及法治主题的学习有 3 次，分别是第四次集体学习"全面推进依法治国"，第二十一次集体学习"深化司法体制改革、保证司法公正"，第三十七次集体学习"我国历史上的法治和德治"；涉及马克思主义主题的学习也有 3 次，分别是第十一次集体学习"历史唯物主义基本原理和方法论"，第二十次集体学习"辩证唯物主义基本原理和方法论"，第二十八次集体学习"马克思主义政治经济学基本原理和方法论"。政治建设层面的其他集体学习内容还有党的十八大精神、中国特色社会主义理论、国家治理、国家安全等。不难看出，在以习近平同志为核心的十八届中央领导集体心中，依法治国和马克思主义在治国理政中占据重要地位。

涉及经济建设层面的集体学习次数次之有 9 次，涉及经济领域的多个层面。其中，十八大以来的第二次集体学习，主题是"坚定不移推进改革开放"，凸显这一届党中央坚持改革开放的决心；第九次集体学习"实施创新驱动发展战略"，在发展动力上进行集体讨论并达成共识；第十五次集体学习"使市场在资源配置中起决定性作用和更好发挥政府作用"，研究讨论社会主义条件下政府与市场的恰当关系；第十九次集体学习"加快自由贸易区建设"，对新的历史条件下如何进一步改革开放进行讨论；第三十次集体学习"'十三五'时期我国经济社会发展的战略重点"，提高统揽全局和抓重点的能力；第三十一次集体学习"历史上的丝绸之路和海上丝绸之路"，借鉴历史经验更好推进"一带一路"建设；第三十六次集体学习"实施网络强国战略"，对新经济形态、新增长点进行讨论；第三十八次集体学习"深入推进供给侧结构性改革"，对如何把握引领经济新常态下的改革进行讨论；第四十次集体学习"维护国家金融安全"，讨论金融安全在国家安全中的战略性和根本性地位。分析认为，经济治理在中国治理中占有核心地位，是中国共产党治国理政、实现长期执政的重要基础。尤其是在当前世界经济形势趋向复杂多变的情况下，着重对经济领域的工作进行学习讨论，不难理解。

涉及社会建设层面的集体学习有 4 次，内容涵盖住房、人口、扶贫和城乡发展等方面。它们分别是第十次集体学习"加快推进住房保障体系和供应体系建设"；第二十二次集体学习"健全城乡发展一体化体制机制"；第三十二次集体学习"我国人口老龄化的形势和对策"；第三十九次集体学习"我国脱贫攻坚形势和更好实施精准扶贫"。加强社会建设，不断改善民生、增强人民获得感、促进共同富裕，是中国执政党施政的重要目标，在其治国理政中占有举足轻重的地位。

涉及文化建设层面的集体学习有 3 次，分别是第十二次集体学习"提高国家文化软实力研究"；第十三次集体学习"培育和弘扬社会主义核心价值观、弘扬中华传统美德"；第二十九次集体学习"中华民族爱国主义精神的历史形成和发展"。文化的繁荣发展是中华民族伟大复兴的重要基础。文化建设层面的集体学习，有助于党中央提高意识形态把握能力，增强文化自信，坚定理想信念。

涉及生态文明建设方面的集体学习有 1 次，即 2013 年 5 月 24 日中央第六次集体学习"大力推进生态文明建设"。虽然生态文明建设的学习主题只有一次，但以习近平同志为核心的党中央在执政刚满半年时，就设置了这个学习讨论议题，足以显示出这一届党中央对生态文明建设的重视。

涉及党建方面的集体学习则有 5 次之多，集中在反腐败、作风建设、政治生态等方面。第五次集体学习"我国历史上的反腐倡廉"，为当前执政党的反腐败提供历史的经验借鉴和历史的教训警戒；第十六次集体学习"加强改进作风制度建设"，学习讨论把抓作风作为推进党的建设的重要切入点和着力点；第二十四次集体学习"加强反腐倡廉法规制度建设"，讨论制度治党、反腐治本建设；第二十六次集体学习"践行'三严三实'"，讨论以上率下、发挥示范效应的议题；第三十三次集体学习"严肃党内政治生活、净化党内政治生态"，讨论解决党内政治生活、政治生态中出现问题的对策。不难发现，这一届党中央明显加大了党建主题的学习。

涉及军队、国防、外交方面的集体学习有 6 次。它们分别是第三次集体学习"坚定不移走和平发展道路"；第八次集体学习"建设海洋强国研究"；第十七次集体学习"世界军事发展新趋势和推进我军军事创新"；第二十七次集体学习"全球治理格局和全球治理体制"；第三十四次集体学习"深化国防和军队改革"；第三十五次集体学习"二十国集团领导人峰会和全球治理体系变革"。值得一提的是，对全球治理的学习有 2 次，可见十八届党中央对全球治理能力素质的重视程度。

凸显"五位一体"和"四个全面"治理方略

40 次集体学习主题涵盖经济建设、政治建设、社会建设、文化建设、生态文明建设，学习内容包括深化改革、"十三五"战略重点、依法治国、党建等，凸显以习近平同志为核心的党中央治国理政新方略，即统筹推进"五位一体"总体布局和协调推进"四个全面"战略布局。

梳理发现，29 次集体学习主题与"五位一体"总体布局相关，至少有 17 次集体学习主题与"四个全面"战略布局相关。其中，政治建设方面学习 12 次，经济建设方面学习 9 次，社会建设方面学习 4 次，文化建设方面学习 3 次，生态文明建设方面学习 1 次；涉及全面深化改革学习主题有 6 次，涉及全面依法治国主题 3 次，涉及全面从严治党主题 5 次，涉及全面建成小康社会主题 4 次。

"五位一体"总体布局是由十八大报告提出的，"四个全面"战略布局是通过十八届三中、四中、五中、六中四次中央全会渐次展开、依此形成的。这两个布局在十八届党中央治国理政中占有引领地位。

"五位一体"总体布局相对于"四位一体"布局，增加了生态文明建设。这是新一届党中央适应世情国情的变化作出的一项战略选择，是对马克思主义发展观的深化发展。"四个全面"战略布局是以习近平同志为核心的党中央治国理政新方略。在这个战略布局中，全面建成小康社会是战略目标，全面深化改革、全面依法治国、全面从严治党是三大战略举措。

治国理政首先要有思想和方略，其次要得到贯彻执行。这40次集体学习的绝大多数关涉"五位一体"总体布局和"四个全面"战略布局。25位中央政治局成员通过集体学习讨论，加深对两个布局的认识、思考，更好地把握以习近平同志为核心的党中央治国理政新理念新思想新战略。如此，执政方略才能得到深刻理解，才能被各部门、各地区坚决准确地执行，美好蓝图才能变成现实。

实现中国有效治理的重要一环

与很多国家、地区比较，中国道路、中国叙事的最大优势是实现了有效的治理。与西亚中东地区陷入动荡混乱相比，与非洲国家发展贫弱相比，与南美国家陷入"中等收入陷阱"相比，中国国内秩序保持稳定有序，经济保持持续较快增长、人民获得感不断提高，可以说是风景这边独好。即使与西方国家相比，中国也显示出其独特的优势。近些年，美国等西方国家每当遇到国内难题，或捉襟见肘，或诉诸民粹主义，尤其在改善民生方面乏力。这都与中国的强大治理效能形成鲜明对比。

中国的治理效能与中国的治理体制密切相关，政治局集体学习便是中国治理体制的重要一环。政治局集体学习讨论，形成若干治国理政问题上的共识。

政治局集体学习有许多新主题，有些是新的领域，如供给侧结构性改革、人口老龄化、全球治理体系变革等。通过集体学习，可以对这些新课题有一个更加全面立体的认识。这对于形成决策共识至关重要。

此外，政治局集体学习是贤能政治的一种体现。领导层不断拓展治国理政的知识结构和知识视野，提高把握和解决问题的能力和素质，不断提升治国理政的绩效，最终实现有效的治理。

正如加拿大籍政治学者贝淡宁在《贤能政治》中所说，中国式政治尚贤制持续创新和改革，而西方民主制"躺在功劳簿上什么也不做，拒绝向世界其他地方学习，同时抨击其他政治选择，那么民主制将最终丧失捕获民众'心灵和思想'的能力，政治尚贤制反而会成为全球占支配地位的政治制度"。

（原文标题：《从政治局 40 次集体学习透视中共治理思路》；作者：张广昭、陈振凯；

原载《人民日报·海外版》2017 年 5 月 17 日第 5 版）

☆评论

依靠学习　走向未来

中国共产党自执政以来，尤其是改革开放以来，表现出非凡的适应能力。这种适应性的关键在于组织的自我调适能力，而这种能力的获得，一方面依靠自我革新，另一方面就是依靠学习。

中国共产党一直是一个善于学习的马克思主义政党。十六大以来形成的中央政治局集体学习制度，是一个重要创新，成为中国最高决策层学习的重要途径。十六届和十七届中央政治局共分别开展了 44 次、33 次集体学习，十八届中央政治局截至今年 4 月，已开展 40 次集体学习，制度化程度很高。

这几十年，适应形势和保持灵活是中国共产党的生存之道。甚至有学者指出，"中国模式"实际上是一种学习模式，学习，已经成为中共不断自我更新的发动机。

习近平总书记指出："中国共产党人依靠学习走到今天，也必然要依靠学习走向未来。"党的十八大报告就提出一个重要论断，即中国共产党正面临着具有许多新的历史特点的伟大斗争。当今世界发展变化很快，当代中国发展变化也很快，新情况新形势新任务层出不穷。形式在发展，任务在变化，以不变应万变是不可能的。

尤其当前，中国正处于全面建成小康社会的决胜时期，正处于跨越"中等收入陷阱"的关键时期，如何增强工作的科学性、预见性、主动性，避免陷入少知而迷、不知而盲、无知而乱的困境，对于中国治理来说至关重要。

2012 年 11 月 17 日，刚当选不久的中央政治局委员们就开展了十八大以来的第一次集体学习。截至目前，4 年半的时间里，十八届中央政治局已经进行了 40 次集体学习，平均一个月就学习一次。学习的内容十分广泛，政治、经济、社会、文化、生态、党建、国防军事、历史经验等均有涉及。从这些内容中可以看出，集体学习回应了治国理政的重大问题，贴近民众的需求。通过学习，中共保持了强大的执政能力和很强的适应能力。

中国共产党并不是西方一些政客和媒体描述的是一个"一成不变"的"抽象"符号，而是在不断调适、进步的。中国共产党有惊人的学习能力，可以博采众长。只要是能提高执政党治理绩效、增强人民群众获得感的中外有益经验，中国共产党都是持开放和借鉴姿态。这是外界理解和读懂中国共产党的重要一点。

除了保持学习，事实上，中国共产党一直在推进改革，包括经济改革、政治改革等。如此，中国共产党的适应性和组织性才能变得更强，才能具备实现中国善治的效能，以应对来自国内外的一切挑战，进而引领中国走向繁荣发展。

（作者：张广昭；原载《人民日报·海外版》2017 年 5 月 17 日第 5 版）

揭开神秘的领导小组

导语

《道德经》的一句"大象无形"，奠定了中国人的思维方式。有时候，越是重大的事物，看起来越是飘忽无形，领导小组就在此列。作为权力浓度极高的机构，领导小组时常出现在新闻播报中，但往往是一闪而过，语焉不详。领导小组是如何组建的？其内部运行方式是什么？

从 2013 年 12 月成立中央全面深化改革领导小组，到 2014 年 2 月设置中央网络安全和信息化领导小组，再到 2014 年 3 月设立中央军委深化国防和军队改革领导小组，新一届中共中央密集成立各类领导小组，且均由总书记挂帅组长。中央为何如此青睐领导小组？

3 月 24 日，文化体制改革专项小组对外公布：中宣部部长刘奇葆任组长，国务院副总理刘延东任副组长。该小组作为全面深化改革领导小组所属 6 个专项小组之一，自然引来了外界关注与分析。而至今未公布人员配置的领导小组，一直是各方猜测的焦点。在许多人眼里，领导小组是薄纱遮面，难辨真容的。那么，领导小组为何如此神秘？

在地方，领导小组几乎无处不在，凡大事，必有"小组"。领导小组到底是何"法宝"，它在中国国家治理中扮演怎样的角色？

前世今生

1935年3月，长征途中的红军二渡赤水后，就下一步作战计划产生了分歧。中央经开会表决，决定进攻打鼓新场，毛泽东反对无果，愤然离会。深夜，毛泽东提一盏马灯，前去一一说服周恩来、朱德，直至取消攻打计划，这才使中央红军幸免于覆灭。之后，为了保证对红军的正确指挥，毛泽东提议成立了"三人军事小组"。这是中共历史上一个广为人知的小组。该小组虽与日后的领导小组在运行方式上不同，但奠定了遇大事用小组的思路。

"小组思路"得以充分运用的是1941年开始的延安整风运动。其间中共成立了不少临时机构，例如存在仅一年半的中共中央调查研究局。这些临时机构可视为领导小组的前身。

新中国成立后，中共对领导小组的运用可谓是驾轻就熟。1954年7月成立了中央对台工作领导小组，1956年1月成立了中央政法小组，1958年3月成立了中央外事小组等。

但名不正则言不顺，领导小组亟须一个明文规定。1958年6月10日，中共中央发出《关于成立财经、政法、外事、科学、文教小组的通知》（简称《通知》）。《通知》指出："这些小组是党中央的，直属中央政治局和书记处，向它们直接做报告。大政方针在政治局，具体部署在书记处。"

在南开大学周恩来政府管理学院学者周望看来，《通知》正式而全面地提出在中央层面设立"小组"，并明确了"小组"的大致定位，因此应该作为领导小组进入中国政治过程的标志。

"文化大革命"期间，领导小组的运作基本中断，唯一活跃的是"中央文革领导小组"。

1978年改革开放之后，中央各领导小组相继恢复，如1979年12月恢复中央对台工作领导小组。同时还建立了新的小组，如1988年1月成立了中央宣传思想工作领导小组。

20世纪90年代后，中央对领导小组的认识已经比较成熟，领导小组也得到了进一步的规范与发展。1993 年和 2008 年，国务院两次统一"领导小组"等特殊机构的名称，从 2008 年开始固定使用"议事协调机构"（"议事协调机构"除了领导小组之外，还包括委员会、指挥部、联席会议等）这一称谓，并对这些机构进一步规范。

在中央层面，经过几十年的完善，领导小组的合法性逐步增强。从之前仅依靠机关内部"通知"，到依据规范性文件（如"三定"规定），再到以行政法规和国家法律为据。但在地方层面，领导小组的设立还较随意。

国务院原副总理曾培炎这样评价领导小组："通过成立跨部门领导小组来组织实施重大战略任务，是我们党和政府在长期实践中形成的一种有效的工作方法。"

小组治大国，大事建小组。领导小组能够与中国政治相携而行、默契配合，是由中国的政治模式决定的。中国的政治结构是部门分割管理的，部门间分工较细，每个部门的权力和资源有限，如遇涉及面广的事务，必须多部门统筹协调，而此时就需要领导小组出面了。

南京大学政府管理学院副教授赖静萍向本报记者分析说，领导小组具有独特的组织和权力结构，有力地增强了政治决策的执行力度和效果。由此产生的路径依赖效应，使领导小组的生命力得到延续，并逐渐固化为一种模式。

当然，对领导小组的依赖，也催生了滥设领导小组的现象。此外，由于领导小组一般有一定的存续期，过期的领导小组若不及时裁撤，也会导致繁冗，影响行政效率。改革开放以来，中国分别于 1982 年、1988 年、1993 年、1998 年、2003 年、2008 年和 2013 年进行了 7 次规模较大的政府机构改革。每次改革，国务院都会对领导小组的数量进行调整。

领导小组的臃肿现象更多地是存在于地方层面。本报记者对北京、山西、广东等省市的党政机关采访发现，党政"一把手"兼职各类领导小组的数量从几个到十几个不等。有领导干部表示："基本上有稍微重要的事情，我们就会成立领导小组。领导小组的确提高了效率，但是随着小组而来的是过多的会议，占用了领导干部大量时间。什么样的事情可以成立领导小组，还是应该规范一下的。"

揭开神秘

2013 年 10 月，美国《华尔街日报》刊发长文介绍了一位沉静而神秘的中国官员——刘鹤。刘鹤的神秘来自两个方面，一是他的幕僚身份，二是他的头衔——中央财经领导小组办公室主任。对于大多数人来说，领导小组甚至比刘鹤本人更神秘。

领导小组的神秘是与它的运作方式有关的。在周望看来，领导小组的神秘感来自其隐匿化的特征——既不进入党的组织机构名录，也不挂机构牌子。但是，周望指出，经过长时间的运作实践，领导小组的诸多手段沉淀积累了下来，成为完成特定工作的一项制度性安排。领导小组在级别、成员来源、运作形式方面，都是有规律可循的。

陌生往往酝酿出神秘感，领导小组正是如此。其实，领导小组只是一种议事协调机构而已，其构成并不复杂，一般由组长、副组长、组员和办公室组成。组长和副组长由权力层级较高的领导担任，组员是与小组事务相关的下一级领导，办公室一般设在与小组事务关系最密切的机关中，并由该部门的正职或副职兼任办公室主任。办公室通过会议、文件的形式，对小组所管辖的工作进行协调。

领导小组有长期和短期之分。对于全局性、战略性的事务，一般设置长期领导小组。例如至今存在的中央财经领导小组，成立于 1980 年，已历时 34 年；国务院扶贫开发领导小组，成立于 1986 年，已历时 28 年。

对于突发性的、临时性的事件，一般设置短期领导小组。例如 2008 年 5 月 13 日，即汶川地震发生后的第 2 天，中央军委成立了全军抗震救灾领导小组。

领导小组一般是有层级的，上级成立领导小组后，下级成立对应的领导小组。如中央成立全面深化改革领导小组后，省、市、县甚至有的镇，也成立了全面深化改革领导小组。目前，31省（区、市）已全部成立全面深化改革领导小组，且规格配置与中央相对应，均由党委"一把手"出任组长。近日，中石油、中铝、中航科工等央企也纷纷成立全面深化改革领导小组。当然，对于一些只需要上级部门协调的事务，下级就不再成立对应的领导小组。

领导小组是高密度集合型的政治权力结构，充分借用高层领导的原有权力，因而具有高于常设机构的权威性。这种权威对于解决复杂问题是很管用的。

对于领导小组的功用，官方鲜有正式说法，目前唯一可见的公开定论，是1999年7月时任中央政治局常委的胡锦涛同志指出，领导小组是"谋划决策、指导工作的参谋助手，是各方面情况上传下达的中心枢纽"。

有英国媒体评论说，设立领导小组是强化人治的表现。其实并非如此。"从领导小组的运行思路来看，它在某种程度上契合了西方国家对未来政府的期望。"赖静萍说，许多西方政府主张在政府内部尽可能减少常设机构的数量，通过设置临时性机构、配备临时雇员来实现政府职能目标，这有助于组织机构的创新，避免常设机构的行为僵化问题。

中国行政管理学会执行副会长兼秘书长高小平在接受本报记者采访时说，世界上很多国家会设立临时性小组，其负责人由总统或总理担任，主要是在全局性的大政方针基本确定后，在一定时间和空间领域中，抓某些具体的实施性、协调性工作。也有专家指出，领导小组类似于国外政府中的"专门委员会""特别委员会""特别小组"等。

美国著名学者李侃如说："中国的政治体制中充满了尚未成为制度的组织。"领导小组显然就是其中之一。赖静萍认为，当下中国一方面应正视领导小组的优势，发挥其有效性；另一方面也应加强法律对领导小组立撤、组织结构、运行程序等的规制，达成制度化与有效性的动态平衡，并通过两者的双轮驱动使国家治理更加良性而有序。

改革之矛

从 2013 年 12 月至 2014 年 3 月，短短 4 个月的时间，中共中央先后成立了改革、网络、军事方面的领导小组，并均由总书记担任组长。动作之频繁、规格之高，实属罕见。那么，近期中央为何密集成立各类领导小组？

"为了推进改革。"中国机构编制委员会副会长吴江在接受本报记者采访时说，中国目前的科层体制，各部门"自扫门前雪"，成立领导小组就是为了打破部门利益，统一配置资源，以推进改革。

领导小组为何能成为推进改革的"法宝"？高小平认为，领导小组作为非常设机构，克服了常设机构的缺点。

高小平解释说，常设机构的缺点可归纳为三个"方式"。一是惯性思维方式，习惯于常态工作套路，对管理风险和不确定性重视不够；二是惯性组织方式，习惯于以内设机构对外开展工作，往往导致平均使用组织资源，该突出的有时不能得到突出；三是惯性行为方式，习惯于让组织中地位较低的人输出管理工作，导致统筹协调的权威性不足。因此，在常设机构中会出现效率和执行能力递减现象。

当常设机构的"驽钝"遇到了改革的现实时，就显得捉襟见肘、力不能逮。高小平说，当前中国正在进行全面深化改革，这是一项十分艰巨的任务，会遇到很多无法预料的风险，具有较高的不确定性，这就需要改革获得更多的组织保障。在传统组织机构的基础上，建立更加有效、有力的领导小组，是十分必要的。

"作为一个历史悠久、规模超大、构成复杂的政治共同体，中国要进行现代国家建设和治理，实现积极的改革目标和转型，客观上需要有能够迅速积聚各种资源的强大组织性力量，而领导小组适应了这一现代化建设的逻辑。"赖静萍说，当下已进入改革深水区，各种利益错综复杂。而改革必然会触动各方利益，包括各种部门利益、地方利益、企业利益等。如果缺乏一个高层次、具有权威性的机构，利益协调将很难实现。

中国人民大学教授王义桅认为，中央层面领导小组的成立，展示出了中国式改革的三大"法宝"。一是知行合一，不仅有道路、理论、制度三个自信，还有认识力、行动力、执行力三个能力；二是民主集中，西方政治思维在分权与制衡上做文章，满足于"民主是最不坏的制度"，中国在集中力量办大事、推进各项改革方面显示出中国特色社会主义制度优势；三是统筹兼顾，不仅有应对问题方式的统筹，也有部门之间的统筹，还有内外两个大局的统筹。

新加坡国立大学东亚研究所所长郑永年则把近期成立的领导小组解读为"责任小组"。他说，任何一个政治制度，政治责任是最重要的。权力越大，责任就越大，习近平把权力集中起来，显示他愿意承担所有责任，表明他是一个非常有担当的人。

领导小组受到中央青睐，不仅与中国的改革现实相关，也与世界大势相吻合。研究者普遍认为，后现代社会是人类的风险社会，这就意味着政府将面临不确定的公共行政环境。而应对不确定的有效手段就是弹性治理。专家指出，弹性化政府的存在是以任务为导向的，其特点是小型化、灵活化、服务化、团队化。这种临时性组织，美国著名组织发展理论专家沃伦·本尼斯称作"特组织"，美国现代管理学大师彼得·德鲁克称作"任务小组结构"，世界著名未来学家阿尔文·托夫勒称作"专题工作班子"。而在中国，它被称为"领导小组"。

（原文标题：《中央青睐　地方倚重：外界猜测领导小组里的中国治理模式》；作者：潘旭涛；

原载《人民日报·海外版》2014年3月28日第8版）

中国民主选举背后的考量

导语

从 2016 年开始，中国新一轮县乡两级人大换届选举陆续展开，从国家领导人到普通公民，全国 9 亿多选民参加选举，这是世界上规模最大的基层民主选举。这是观察中国民主的绝佳时期。中国民主的实质是什么？当前，西方怎么看待中国民主？

2016 年 11 月 15 日上午，在北京市西城区中南海选区怀仁堂投票站，习近平总书记郑重地将一张选票投入到镶嵌着国徽的红色票箱中。

12 月 2 日，福建厦门集美中学的区级第 107 选区第 2 投票站，刚刚年满 18 周岁的高二学生马若阳，兴奋地投下自己的选票："终于体验到课本上所说的选举权了！"

从 2016 年开始，中国新一轮县乡两级人大换届选举陆续展开，从国家领导人到普通公民，全国 9 亿多选民参加选举，这是世界上规模最大的基层民主选举。

"人民代表大会制度是中国社会政治稳定与政治参与两者之间达成平衡的制度保障。"新加坡国立大学东亚研究所所长郑永年在接受本报记者采访时表示。

9亿人投下"神圣一票"

面对本选区的4名人大代表候选人，白发苍苍的韩月爱显得有些激动。"人民的困难事，人民代表要帮着办啊。"她从椅子上站起来，提高了嗓门，向候选人陈鹏提出了养老床位难找的问题。

听到韩月爱的提问，陈鹏立马坐直身子，认真地回答道："如果当选，我将向区民政等部门建言献策，推动社区养老驿站建设。"

韩月爱是北京市石景山区八角北里社区居民。这是11月10日石景山区选举委员会八角地区分会第三选区正式代表候选人与选民见面会上的场景。在对候选人进行一番"面试"后，韩月爱与所在选区的2300多名选民选出3名区人大代表。

在全国，有9亿多选民将投下自己"神圣的一票"。根据宪法关于地方各级人民代表大会每届任期5年的规定，自2016年开始，全国县乡两级人大将陆续换届。全国将有9亿多选民参加这次县乡人大换届选举，直接选举产生250多万名县乡两级人大代表，并在此基础上依法产生新一届县乡两级国家机关领导人员。选举工作涉及全国2850多个县（市、区）、32000多个乡镇，是中国人民政治生活中的一件大事。

根据选举法，年满18周岁的中国公民，不分民族、种族、性别、职业、家庭出身、宗教信仰、教育程度、财产状况和居住期限，都有选举权和被选举权。依法被剥夺政治权利的人除外。中国五级人大代表都由民主选举产生，选举分为直接选举和间接选举。不设区的市、市辖区、县、自治县、乡、民族乡、镇的人民代表大会的代表，由选民直接选举；而全国人民代表大会的代表，省、自治区、直辖市、设区的市、自治州的人民代表大会的代表，由下一级人民代表大会选举。

11月27日，是重庆市云阳县县乡两级人大代表换届选举投票的日子。这一天，尽管寒气逼人，但在全县的几百个投票站现场，横幅高悬、人头涌动。上午9时，故陵镇第三选区宝兴村投票站投票开始，现场顿时沸腾起来。"左边的票箱是投县代表的，右边的票箱是投镇代表的。请大家一定区分清楚，不要投错了。"工作人员一边维持秩序，一边引导选民往两个不同的票箱投票。

82 岁的吴明山不识字，眼睛有些老花，但他谢绝了工作人员代写选票的好意。他让工作人员把候选人的名字按顺序念给他听，然后，颤抖着填完选票。吴明山一边将选票投进票箱，一边说："这些候选人谁办事热心，我比谁都清楚。"

在现场，有一辆鄂字牌照的出租车。车主叫石光学，在湖北宜昌跑出租。一天前，他开了 4 个多小时的车专程回来投票，投完票后，还要赶回宜昌。来回奔波只为了"能够亲手行使权利"。

"县、乡是中国行政体系的末端或者基层，这两级是人大制度权力的最初来源。中国领导层对这两级选举的重要性有充分认识。"郑永年说。

60 多年制度不断完善

17 张选民证，张张崭新如初。这是北京市昌平区沙河镇 94 岁老人窦宇宏跨越半个世纪的珍藏。

第一次选举，窦宇宏毕生难忘。

那是 1953 年 12 月 25 日。提前 10 多天，街道干部上门发选民证。"喏，就是这张。"老人挑出纸质呈暗黄色的一张，上面用繁体字记录着选举人姓名、性别、年龄等事项。

"什么是民主选举？"当时的窦宇宏一头雾水。选举当天中午，他到附近冰窖口胡同一处平房里投了票。

63 年后的 2016 年 11 月 15 日，窦宇宏在家人的搀扶下，再次参加了投票选举。如今，他对民主选举早已有了深刻体会。他说："如果老天爷让我多活几年，我还会参加下一次选举。这是我的公民权利，也是义务。"

窦宇宏与 17 张选票，见证了中国民主制度的发展完善。

人民代表大会制度是中国民主政治的集中体现，而选举是民主制度的基础环节。1953年2月11日，中国第一部选举法诞生，中国的社会主义选举制度由此确立。改革开放以来，中国选举制度经历了3个历史性跨越：一、1979年《中华人民共和国全国人民代表大会和地方各级人民代表大会选举法》(以下简称《选举法》)修订，把直接选举人大代表的范围由乡镇扩大到县一级；二、同是1979年《选举法》修订，将等额选举改为差额选举；三、2010年，《选举法》再次修订，从城乡按不同人口比例改为按相同人口比例产生人大代表，全面实现了选举权的平等。

12月1日，国务院新闻办公室发表的《发展权：中国的理念、实践与贡献》白皮书显示，在当选的第十二届全国人民代表大会2987名代表中，来自一线的工人、农民代表有401人，占代表总数的13.42%；妇女代表699人，占代表总数的23.4%；少数民族代表409人，占代表总数的13.69%。

制度在革新，细节也在完善。今年，上海市为了动员选民参选，首次制作了换届选举微动漫，拍摄了公益宣传片和基层代表履职风采电视专题片，借助微信、楼宇电子屏、移动电视等新媒体滚动播放。

60多年来，中国的民主制度除了逐步增强平等性外，在保证公平、公正方面也进行了不断探索。本次县乡两级人大换届选举尤为严格。11月15日，习近平在参加北京市区人大代表的选举投票时强调，要加强对选举工作的监督，对违规违纪违法问题"零容忍"，确保选举工作风清气正。

"我全程没有花过一分钱。资格审查人员到我公司，盒饭都没吃一个。"湖南长沙市雨花区人大代表李章说，自己的当选经历、其他代表的精神面貌都让他感到"和过去想象中的不一样"。

目前，湖南已经完成乡镇人大换届选举，县、市区人大换届选举也即将收尾。湖南深刻吸取衡阳破坏选举案教训，专门成立换届风气监督工作小组，今年以来通报各类违反换届纪律典型案例53期，涉及452人次。

新模式世界逐渐认可

11月15日，乌克兰首都基辅爆发大规模示威活动，6000多人走上街头表达对银行倒闭的不满。

乌克兰、利比亚……西方民主给他们带来的不是安定和平，而是纷争动乱。"街头政治成为这些民主政治的共同点。"郑永年认为，西方社会的议会政治到了非西方社会，往往演变成街头政治和暴力。

英国自由主义先驱霍布斯在其著作《利维坦》中提出，秩序比其他任何东西都要重要，没有秩序就没有社会，秩序是自由的前提。

有序正是中国民主的重要特点之一。2014年9月5日，在庆祝全国人民代表大会成立60周年大会上，习近平提出了评价一个国家政治制度是否民主的8个标准，第一条便是"国家领导层能否依法有序更替"。

全国人大常委会委员、全国人大法律委员会副主任委员徐显明认为，在人数如此众多、差异如此巨大的中国，如果每项国家决策都要一人一票，这个国家必将陷入瘫痪。这是中国的特殊国情。因此，必须找到一个既能集中人民意志，又能消除异见的办法，这就是民主集中制。民主集中制是人类民主宝库中的中国智慧，是一种高效率的民主制。

在此次县乡两级人大换届选举过程中，有西方国家借"独立候选人"问题批评中国的政治制度。在郑永年看来，"这是因为他们站在西方的角度来看中国政治，而非从中国本身的实际出发。他们很难看到中国政治的发展方向"。

郑永年认为，这里涉及两个重要的政治概念，即选拔和选举。选拔制度是中国传统政治的精髓，在中国存在了数千年。而选举对中国来说则是相当新鲜的事物，是近代之后才进入中国的。中国没有拒绝这种来自西方的制度，但也并非完全照抄照搬，而是把选拔和选举制度结合起来。从程序上来说，选拔和选举的结合就是首先选拔一些优秀代表候选人，然后让人民来选举。

在不少西方人的脑海中，有一个根深蒂固的观念，即"西方式自由民主是人类历史的最终政体形式"。这一观点出自日裔美国政治学家弗朗西斯·福山在 1989 年发表的《历史的终结》一文。但是，郑永年认为："中国必须给自己一个机会，同时也给其他国家提供一个不一样的选择。"

经过 60 多年的发展，尤其是改革开放以来 30 多年的实践，中国新型的民主制度逐渐得到世界的认可。由美国时代出版公司出版的《习近平时代》一书中指出，越来越多的人开始抛弃简单地根据西欧经验来观察中国的民主化；越来越多的人开始承认，在坚持共产党领导的前提下，"中国的民主化"是可能的。

（原标题:《9 亿张选票里的中国民主》; 作者: 潘旭涛; 原载《人民日报·海外版》2016 年 12 月 7 日第 8 版）

☆评论

叉子与筷子，哪个更好?
——中西方民主制度之辨

就餐时用叉子好，还是用筷子好? 当然是吃西餐用叉子，吃中餐用筷子，不同场合使用不同餐具。这个简单至极的逻辑，放在民主问题上，却让很多人犯了糊涂。

最近，两份有世界影响力的报刊对中国的民主化程度作了排名，而结果却是大相径庭的。在英国《经济学人》"民主指数"排名中，中国名列 137 位，排在伊拉克、阿富汗之后; 而在《美国新闻与世界报道》"世界最好国家"排名中，中国名列 17 位，排在爱尔兰、韩国之前。相同的中国，为何评价会如此天壤之别?

研究后可以发现，"民主指数"里的 5 类 60 个指标竟无一个与中国实际相符。有分析指出，用三权分立等指标来衡量中国，其荒谬程度就如同认定拿刀叉吃饭的人是文明人，而拿筷子用餐的人是野蛮人一样。

就连曾极力推崇西方民主的日裔美国政治学家弗朗西斯·福山，近些年也公开表示，没有放之四海而皆正确的政治制度。

西方民主逐渐出现的弊端引发世人反思。刚刚结束的美国竞选，被BBC称为"民主的拙劣广告"。该报道称，一名在北京看美国总统竞选的19岁中国学生说："这是历来最有娱乐性的竞选，美国政治本质就是娱乐。"

越来越多的中国人开始明白，适合自己的制度才是最好的制度。什么样的民主制度最适合自己？中国人有着自己的标准。

2014年9月5日，在庆祝全国人民代表大会成立60周年大会上，习近平提出了评价一个国家政治制度是否民主的8个标准：国家领导层能否依法有序更替，全体人民能否依法管理国家事务和社会事务、管理经济和文化事业，人民群众能否畅通表达利益要求，社会各方面能否有效参与国家政治生活，国家决策能否实现科学化、民主化，各方面人才能否通过公平竞争进入国家领导和管理体系，执政党能否依照宪法法律规定实现对国家事务的领导，权力运用能否得到有效制约和监督。

当然，对于西方民主，拒绝全盘照搬不等于拒绝借鉴。中国人看问题向来是辩证的，既有制度自信，又不故步自封。正如习近平所言，中国特色社会主义民主是个新事物，也是个好事物。当然，这并不是说，中国政治制度就完美无缺了，就不需要完善和发展了。要把坚定制度自信和不断改革创新统一起来，在坚持根本政治制度、基本政治制度的基础上，不断推进制度体系完善和发展。

（作者：潘旭涛；原载《人民日报·海外版》2016年12月7日第8版）

简政放权里的央地博弈

导语

　　下棋中讲究争先，本届政府选择了简政放权作为改革的"先手棋"，足见其重要性。简政放权取得了哪些进展？在实践中又存在哪些难点？放出去的权如何落到实处？这一切都要从市场中调查了解。

　　在今年全国"两会"的总理记者会上，李克强总理把简政放权称作"改革的先手棋"。

　　新一届政府上任以来，仅中央政府下放取消的审批事项就达到 416 项。

　　3 月 17 日，国务院审改办在中国机构编制网上公开了国务院 60 个有行政审批权部门的"权力清单"，强调"清单外不可审批"。

　　但在审批减少、权力下放的同时，在一些地方，普通民众、企业和社会组织，却依然有"办事难"的苦恼。造成这种现象的原因何在？如何彻底破解"权力截留"或"改头换面"的困境，真正使简政放权落到实处，释放市场的活力？

效果打折：隐性审批从中作梗

　　"总听新闻里说各地精简了多少审批项目，报了一大堆数字。实际操作中虽然行政审批的项目少了，但需要前置评估的项目多了。"近日，一位切身经历了"办事难"的企业家表示。

"现在国家的监管部门也在放权，把审批权放在省里了，但从企业角度来说，还有一些问题。有的项目报上去后，流程比较长，批下来时间比较长。"在日前举办的中国发展高层论坛上，谈及"投资自由化与企业走向世界"这一话题，民营企业家南存辉如是说。

办事审批时间长、流程多，已经是困扰民众和企业多年的顽疾。在今年"两会"上，各界代表委员对此也多有"吐槽"。海南省人大代表邢诒川在海南"两会"上晒出的"行政审批长征图"，着实在网上引发了热议。

5页A3纸、30多项审批、10多个部门、上百个章、最少272个审批日……在感叹"一块土地的命运太艰难"的同时，邢诒川表示，审批涉及的部门太多，有时出现多次审批、"章套章"等烦琐的流程，不仅使办事变得艰难，更容易滋生权力寻租："审批流程多了，庙就多了，烧香的也就多了，不正之风肯定就更多了。"

除了审批冗杂麻烦，代表委员更是指出了一些在权力下放过程中出现的问题。行业协会和中介机构，成为代表委员集中批评的对象。

在上海的"两会"上，民革上海市委指出，一些地方政府通过设立扶持项目、评奖评优项目、命名挂牌项目等进行公共资源的政策性分配，成为事实上的隐性审批设定。

更隐蔽而顽固的是行政审批中的第三方"中介服务"。这些由第三方机构完成的评估评审事项虽不属于政府审批范畴，却使审批"提速"效果打了折扣，而且收费不菲。

"一边是政府下放行政审批事项，一边却是部分行业协会职能迅速膨胀。"全国政协委员陈经纬批评道。一些地方的简政放权存在"一边做'减法'一边做'加法'"的乱象，一些削减的行政审批事项以登记、备案、年检等非行政审批的面孔出现，并且存在主体混乱、认定标准不一、缺乏必要监管等问题。

浙江省人大财经委曾对2000多家企业进行投资环境问卷调查，结果显示：企业感到最耗时的就是"中介服务"，有10多个项目服务时限为2个月以上。据测算，中介服务时间约占项目全部审批服务时间的 60%—70%。

在娃哈哈集团董事长宗庆后看来，由于许多行政审批程序规定企业提供第三方中介机构的审查意见或检验结论，导致一些中介机构取得了类似行政审批的权力，把"隐性审批权"当成掠取暴利的工具。

"上面的政策是好的，但在地方上存在一些落实不到位、变相保留的问题。挂靠在政府各部门的事业单位和各类公司、行业协会、商会、中介等社会组织阻碍了简政放权的有效实施。"湖南省冷水江钢铁有限责任公司董事长陈代富说。

根本原因：触动利益比触动灵魂难

中央一系列简政放权的举措，力度和决心都可谓空前。但权力下放后出现新一轮"办事难"的问题，原因究竟在哪儿？

"过去 5 年我的体会是，推动改革要带队伍，进行改革要靠系统，靠系统的干部来执行。不是说中国政府决定要简政放权、减少审批就能够马上做到的，还要有队伍理念、权力格局、工作方式、知识结构的转变等。比如我们改为了注重事中和事后监管，但对那些过去做审批业务的人来说，怎么学会数据分析和事后管理？这要有数据库，要学会分析、学会发现问题线索，比简单的审批来说难度高得多。"3 月，在中国发展高层论坛上，央行副行长易纲如是说。

国家行政学院政治学部教授李拓在接受本报记者采访时表示，尽管本届政府的改革决心已表露无遗，但摆在政府面前的改革阻力却依然巨大。针对政府自身的改革，本来就有着巨大阻力，而触动利益的改革则如同逆水行舟，正所谓触动利益比触动灵魂都难。

"导致这一状况的始作俑者，正是隐蔽于权力背后的利益。比如大家都在担心，在贯彻行政审批制度改革的进程中，往往会出现明减暗增、隐性审批大量存在的结果，原因就在于，既得利益者还想将利益攥在手里。"李拓说。

国家行政学院教授杨伟东则告诉本报记者，过去 30 年来，政府已经进行了多轮机构改革、简政放权，现在已经进入由注重数量减少到质量提高的阶段。

"这个过程肯定越来越难，因为这涉及政府的'自我革命'或者说是'权力缩水'。无论是自觉还是被迫，权力都一定会被压缩和减少，因为我们必须让市场发挥决定性作用。简政放权最初肯定是减最容易的、无关紧要的，后面则越来越'戳到痛处'。进入改革的深水区，才触及到了利益的实质，也更能体现改革向国家治理体系和能力现代化迈进的意义。"杨伟东说。

李拓表示，目前简政放权中的阻力主要来自"利益本身的获得者"。

"一些权力行使人包括政府本身的利益掺杂在其中，会带来阻挠、迟滞改革进程的现象。改革不管动了谁的奶酪，都会遇到阻力。因此，从高层到基层，权力运行的相关层面都要做好相应的准备。下放审批事项和公布权力清单，本身是一个理念变成程序的过程，需要磨合。下放之后怎么把权力交给地方和市场，也有一个过程。"李拓说。

破解之道：优化权力行使流程

对于新一轮简政放权中出现的"新办事难"现象，应当如何化解？

3月23日，财政部部长楼继伟在谈到简政放权时说，行政审批的不断减少确实带来了效果，焕发了市场活力。但我也知道，大家会有担心，因为过去中国有过"放乱收死"的教训。在我看来，放权是两个方面的，一是政府取消对市场不必要的干预，要放开审批、放开市场；另一方面则是如何更好地发挥政府的作用，如何在不同级别的政府间确定管理责任，这就涉及治理体系和治理能力的现代化的问题。

湖北省统计局副局长、中南财经政法大学教授叶青在接受本报记者采访时表示，针对审批事项的不同类型，应该采取不同方式进行处理。

"对民间和居民个人的审批，如各种证件的办理等，地方政府要学会做'减法'，只要是有利于群众利益的就要大胆地删繁就简，把主要精力放在服务和管理上；针对企业的各种审批事项，最容易发生权力的寻租。有些腐败很隐蔽，为此，我们要把权力放在阳光下'晒一晒'。建议对那些目前仍需要保留的审批事项，每个审批件都要拿出来公示，用终端的透明来倒逼审批过程必须坚持清廉。同时，对于那些涉及审批事项的权力部门，无论我们花多大力度去监管，都是必要的。"叶青说。

也有专家呼吁，要加快推进事业单位分类改革，推动行业协会和中介服务组织与行政机关真正脱钩，这些机构要"去行政化"。

全国政协委员周汉民建议，要规范行政事业性收费，国家和地方应编制收费项目清单并向社会公布，对没有列入收费清单的项目一律不再收费。

民革上海市委提出，应进一步建立审改工作的评估机制，从合法性、成本效益、群众意见等角度，对审批事项、审批方式等做出评估结论。

在李拓看来，对于政府特别是地方政府来说，简政放权不是权力简单的"挪窝"，并非"一放了之"，而是权力归位，是对权力行使的流程进行优化再造，从以往的"重审批轻监管"向"轻审批重监管"过渡，为市场主体以及社会民众提供更加科学、高效的市场环境。"政府要避免在掌舵市场发展方向的同时肩负划桨重任，不该干的事情不能插手，不能又当裁判又当运动员。"他说。

杨伟东表示，无论怎么放权，对老百姓来说，一定要有机构和政府部门来办事儿。"简政放权不是政府自说自话、自我标榜成绩，不单纯是数量的减少、层级的降低和事务的简单删除，还要站在普通人的角度，看老百姓是否得到了实惠和方便，这是根本的评判标准。"他说。

在今年全国"两会"后记者会上，李克强总理表示，去年一年，仅中央政府下放取消的审批事项就有416项，释放了给企业松绑、让市场发力的强烈信号。结果，企业找政府的少了，地方跑北京的也少了。

去年，全国各类企业登记数比上年同期增长25%，其中民营个体企业增长37%，带动了民间投资以23%左右的速度增长。

李拓表示："正如新一届政府所明确表示的，绝对不允许明减暗增，要杜绝反弹，该放的必须要放，要以壮士断腕的决心减少行政审批，提高行政效率。"

（原文标题：《简政放权拒绝"阳奉阴违"》；作者：申孟哲、叶晓楠；

原载《人民日报·海外版》2014年3月27日第5版）

☆评论

"透明革命"的核心是能力建设

简政放权现在是个热门话题。去年至今，国务院下放了416项行政审批权力，今年"两会"后又迅速将国务院60个部门1235项"权力清单"公开，力度不可谓不大，被称为一场"政府自我割肉式的透明革命"。

今年"两会"期间，多位代表委员、专家学者在肯定简政放权成效的同时，也指出在一年来的推进过程中，出现了一些协调和衔接上的新问题，如：随着多项行政审批权取消和下放，地方如何承接一个个象征权力的"印把子"？在办事过程中碰到新的"中梗阻""肠梗阻"怎么办？如何打通"最后一公里"？还有专家表示，简政放权之后，做惯了审批业务的人该怎么学会数据分析和事后管理等问题。

简政放权说到底是转变观念、正确处理好政府和市场的关系的过程，是关系到推进国家治理体系和治理能力现代化的一场革命。作为中共十八届三中全会提出的全面深化改革的总目标的内容，其本身所需要的，就是政府不断规范治理过程、培育新型现代的国家治理能力。

从推进改革的决心来看，简政放权就是要动权力部门的"奶酪"。既得利益者总是想将利益攥在手里，哪怕多一天也是好的。随着改革步入深水区，对利益格局的触动会越来越强烈，阻力同样也会成倍增长。政府怎样才能在法治的轨道上把乱伸、错伸的手主动收回来，破除与利益的关系，不搞审批事项的明减暗增，这些都是对增强国家治理能力、兑现所有改革承诺的实际考验。

从具体的执行层面来看，简政放权关系到政府如何更好地发挥作用。当我们的政府不再需要像计划经济体制下那样直接介入社会经济生活，不再需要对微观主体进行"无微不至"的渗透和控制，当审批环节从源头上被精简之后，政府该以一种怎样灵活多样的方式来履行对市场和社会的正当干预？个体利益、集体利益和社会公益之间该如何兼顾？都说政府要更多地发挥"掌舵"而不是"划桨"作用，那么，这个舵该怎么掌？如何提升监管的效果，行政审批和市场监管究竟应该保持何种良性关系？服务型政府究竟应该怎么建？凡此种种，都是简政放权之后必须解决的问题。

中央关于全面深化改革的顶层设计已然呈现，从国务院到地方政府也在推进简政放权之路上砥砺前行。要保证改革的成果锁得住、不反弹，就需要不断健全政府职责体系，按照推进国家治理体系和治理能力现代化的要求，科学厘清行政审批、提供公共服务和监管方面的职责，分解到位，立法确认，使各级政府在宪法和法律的框架下，真正做好该做的，放开不该做的。

（作者：叶晓楠；原载《人民日报·海外版》2014 年 3 月 27 日第 5 版）

当农民当上公务员

导语

古语言，"朝为田舍郎，暮登天子堂。"而今，不独大学生，工人、农民中的优秀人士也有机会当上公务员。哪些工人和农民有志于、有资格当公务员？身份的转换，他们需要经历什么样的考验？

在刚刚过去的6月里，四川省举行了首次从优秀工人、农民和村（社区）党组织书记中考录乡镇（街道）机关公务员的笔试。都江堰胥家镇38岁的村民董波也参加了这场考试，近日，他在与本报连线时说："没想到我也能考公务员！如果考上了，我希望自己的猕猴桃种植经验可以得到大范围推广。"

近年来，中国多地先后开展了面向优秀工人、农民招录公务员的工作，打破身份限制，为公务员队伍注入了新鲜血液。本报对此进行了梳理，并采访了广东、陕西、四川等省份参加过这类考试的亲历者，听他们讲述考试究竟是怎样进行的，公务员的工作与他们原本的想象是否相符，在具体工作中，他们又有哪些独特的优势。

10多年前地方已敞开大门

从中央到地方，公务员招考正在越来越重视基层，通过不断打破身份和户籍等各种限制，向那些最具基层工作经验同时也可能是学历竞争力不够的优秀工人、农民敞开了一扇扇大门。

在 2011 年度的中央机关及其直属机构考试录用公务员中，除了继续加大招考有基层工作经验的考生比例外，还积极探索从优秀工人、农民等生产一线人员中考录公务员的办法，并在海关、国税、铁路公安等直属机构县级以下职位进行试点。

虽然这是国家公务员考试首次吸收工人、农民进入公务员队伍，但是，在这之前，一些地方早已先行一步，且屡受好评。

1995 年，通过在河北、吉林等省进行的试点，一些优秀工人、农民已经能够通过考试录用进入公务员队伍。

1997 年，山东省率先打破身份、地域和户籍限制，不拘一格选拔人才，当年有 41 名农民被录用为乡镇公务员；2002 年，山东允许农民报考县级机关国家公务员；2004 年，在山东省招录公务员考试中，身份限制再次放宽，规定"凡履行了合法就业手续的农民合同工可报考山东省各级机关，不受户籍限制"，这意味着省、市级机关的大门也开始向农民敞开。2002 年，浙江省各地也启动了定向考录优秀村（社区）干部进入乡镇（街道）公务员队伍的尝试。

2010 年，广东、甘肃等地纷纷明确以优秀工人、农民为对象正式开展这一试点工作，广东还首次将外来劳务工纳入公务员选拔范围。

目前，浙江、山东、广东、甘肃、陕西、新疆、重庆、四川等多个省区市都开展了将优秀的工人、农民纳入公务员队伍的工作。

从报考条件来看，多省对报考的工人、农民在一线直接从事生产经营活动的工作经历做出了具体规定，从 3 年以上到 5 年以上不等，对其受到过表彰的情况也有具体规定。对年龄和学历的要求也有所放宽，比如四川的规定是优秀工人、优秀农民为 40 周岁以下，优秀村（社区）党组织书记为 45 周岁以下，阿坝藏族羌族自治州、甘孜藏族自治州、凉山彝族自治州面向优秀工人、优秀农民、优秀村（社区）党组织书记招考公务员的学历要求为高中（中专）及以上。

从考试项目来看，除广东省仍考《行政职业能力测验》和《申论》外，大部分省份只考以公共基础知识等为主要内容的一科。但细节上各省有不同，陕西省笔试和面试各占 40%，还有 20% 的考察分；四川省笔试和面试各占 50%……

"面向工人、农民招录公务员的政策，我个人觉得有必要在试验的基础上，稳步地、逐渐地去扩大范围。"北京大学社会学系副教授卢晖临在接受本报采访时说。

秸秆茄果进入考题

6 月 15 日，复习了一个月的董波自信地走出考场。"考题的内容大多是农业生产中的实际问题，我在田里干了十几年了，有信心！"考试结束后，董波在与我们连线时说。

"我们的笔试和面试各占 50%。笔试只考一门《公共基础知识》，共 92 道题，满分 100 分，考试时间 2 小时，题型是选择和判断等。"董波回忆道，"其中有两道考题是'以下作物不属于茄果类的菜是：A 马铃薯、B 番茄、C 茄子、D 辣椒'、'以下秸秆还田方式生态环境影响最大的：A 堆沤还田、B 过复还田、C 焚烧还田、D 直接还田'。"在他看来，这些题目很简单，只要有农村生活经验就可以答出来。

7 月 11 日，董波告诉我们，他的笔试成绩已经出来了，但他还在等待能否进入面试的通知。"我希望能够与乡邻们一起做大猕猴桃产业，希望公务员身份能给自己一个更大的平台，多了解市场信息发展种植基地。这也是对自己的锻炼，并不是以做官为目的。"董波说，"如果今年没考上，只要政策不变，我会一直报考下去！"

观察可发现，不考死记硬背，主要考查考生的实际能力，考查考生对国家政策的把握以及能否满足用人单位的需求，是面向优秀工人、农民公务员考试的重要特点。

陕西西安市户县石井镇的宋世峰，因为农村生产经验丰富，由养猪户"变身"为镇政府科员，成为陕西第一批 457 名工人、农民公务员中的一分子。

"我记得当时因为养猪场好多活儿要干，没有那么多时间可以准备复习，而且我们是第一批参加考试的，周围也没有能够借鉴的经验。"宋世峰说。

"笔试有选择、填空、简答、论述四种题型。笔试考了一些国家有关农业的政策法律法规，比如农村 60 岁老人每月发放补助多少钱；面试题中有一道是考上之后工作有什么规划，还有一道是考一个农业谚语。"宋世峰告诉我们。

面试成功"晋级"后，接下来是 20% 的考察量化打分成绩。当时，市人社局、组织部和纪委等工作人员到石井镇对宋世峰进行考察，了解他平时的邻里关系、为人处世、是否孝敬父母等。按规定要有 20 人参与座谈，听到消息后，村两委干部、镇党委委员、村民代表等 30 多人参与了座谈。

"我记得当时的考试题目还结合了'外来务工人员'这个特殊的身份与广东的实际，比如涉及论述一些'怎样开展社区活动来丰富外来务工人员业余文化生活'等相关话题。"广东东莞市城市管理综合执法局石龙分局的科员伍学成回忆道。

能吃苦接地气是强项

考试通过后，他们能否很好地适应新的工作环境呢？公务员面向工人、农民招录，其中涌现出的一批实践经验丰富、工作能力精良的优秀人才，和其他公务员相比有什么区别和优势呢？

"为了让我们尽快适应身份的转变，提高工作能力，省里在省委党校组织了为期两周的岗前培训，内容为国家法律法规、公务员心理、职业操守等，其间还有乡镇书记和优秀村干部作报告。"宋世峰说。

上岗后，宋世峰被分配到了镇政府城建办，负责农村危房改造业务。他坦言，公务员的工作和想象中的不太一样。"没想到每个月工资只有 2700 元。养殖场虽有风险，但好的时候一年赚上几十万元都有可能。一开始我觉得工资挺低，有点失落，但后来觉得可以为老百姓做实事，心里就舒坦了。"

已经工作了几个月的宋世峰，将自己的长处和弱点也看得很清楚。"我有一定的群众基础，更了解村民需要什么，因此和他们打交道更容易。但写文件还不太在行，刚开始接触，还需要锻炼。"他说。

聊到宋世峰，同事杨普达赞不绝口，"宋世峰比一般学校出来的人能吃苦、认真。对待工作不挑三拣四，安排什么工作都认真完成。他工作非常卖力，又因为是从农村出来的，有一定的群众基础，所以工作进展得比较顺利。"

和宋世峰一样，湖南邵阳人伍学成也通过考试在东莞当上了公务员，2011年2月正式到岗就职后，担任东莞市城市管理综合执法局石龙分局的一名普通科员。

"做公务员之前，我觉得这应该是一份非常轻松的职业，入职之后才发现工作量大、工作要求高，五天八小时之外的加班也很常见。"不过，伍学成很快适应了现在的工作，"虽说忙，但忙得值，我原本就从事的是人力资源方面的工作，与人沟通是强项。"

伍学成的同事严胜齐告诉我们："他之前接触的社会层面较多，对社会生态认识较丰富，作为外来工，铸造了吃苦耐劳的品格，对完成繁重的工作任务打下了素质基础。"

由于工作表现好，不到两年，伍学成被评为东莞市城市管理综合执法工作先进个人。

有评论指出，在外来务工人员比较多的市县乡镇，如果能让其中的优秀者参加管理，在处理治安管理、协调矛盾等问题上就能更好地反映这个群体的意见，更有利于解决问题。

成长靠特长和优势

对于公务员考试更多地敞开大门面向优秀工人、农民招录，评论纷纷认为，公务员是为民众提供公共服务的人，特别是一些面向基层的岗位，最需要的是了解基层信息，而工人、农民长期扎根基层，最了解情况，更多地吸收他们中的优秀分子充实到公务员队伍中来，有利于促进机关更好地服务民众。

四川省都江堰市人社局副局长郑建军表示，今年，都江堰市面向优秀工人、农民、村（社区）党组织书记招考公务员，共准备了3个职位，最终录取的3人都将充实到乡镇政府。"总体来说，乡镇对有丰富基层经验的员工普遍持欢迎态度。"郑建军说，很多乡镇都争先恐后申请把最终的名额落实到自己所在的乡镇。

然而，如何才能让优秀的工人、农民"公务员"成长壮大，更好地发挥特长和优势？

卢晖临指出："针对工人、农民这两个群体的特点，应该让他们去承担更有优势的工作，比如农民可以充实到农村管理岗位中，工人可以派到工业地区或从事工人管理工作。再比如关于农民低保、农村社会保障等工作，他们面对工作对象时，可能会更有经验，会更有感情，这可能是最重要的。当然，他们可能也会存在知识上、技能上的局限性，可以开展一些针对性强的培训工作。"

卢晖临还表示："从增强公务员综合素质的角度看，这样的尝试是值得肯定的。但是，我们还得根据公务员的标准来录用，以求达到德能兼备的要求。目前来看，要想做好这项工作，除了招录之外，一系列评估也是很重要的。当他们融入公务员队伍之后，所承担工作的水平、完成工作的质量，要与之前招录的公务员进行比较、评估。这都是一些非常细致的工作。不是说简单地把他们招进来就可以了，怎样去安排也很重要。这项工作要走向实处，实质性地推动，重中之重是公平，要真正做到制度不变形、不扭曲。"

（原文标题：《"工农牌"公务员招得来用得好》；作者：叶晓楠、史文静、鲁晓钰；

原载《人民日报·海外版》2014年7月12日第6版）

☆评论

为多些"泥土气"点赞

当下，公务员考试很是火热，动辄出现几百上千人竞争一个岗位的情况，虽然这一两年略有降温，但仍然是众人追捧，炙手可热。在这种情况下，每当传出面向优秀工人、优秀农民考录公务员的消息，都令人关注，被视为公务员招录多元化力度进一步加大的体现，为社会提供了一种重视基层、崇尚实干的用人导向。

从20年前那个炎热的8月中央国家机关首次招考公务员起，到2006年1月1日中国开始实行《公务员法》，再到现在各地的常态化"公考"，采用公开考试、严格考察的办法选拔公务员的考试录用制度已经深入人心。"凡进必考"的方式让全社会符合条件的适龄人员都可以在考场上一显身手，这大大提升了公务员队伍的素质，优化了公务员队伍结构。

多年来虽然没有明文规定工人、农民不能考公务员，但由于公务员考试多对学历、年龄等方面有相关的要求，而且由于考试竞争激烈，需要事先做大量的准备功课，因此，即使有一些工人、农民符合报名条件，面对同样的考卷，他们闯关成功的概率并不大。另一方面，公务员的工作内容本来就是多种多样的，不同岗位的需求不尽相同。有人就抱怨说，"选个服务田头的公务员，为啥一定要本科生才能考？"因此，"一刀切"的标准和门槛选拔出的人才和岗位需求可能存在不尽契合之处。

事实上，来自基层和一线的优秀工人、农民，学历可能偏低，学习时间也不太够，论考试可能分数不行，年龄有时还超过了要求，但是，他们自有其优势，经验丰富，有的应考者就是本乡本土人，在亲和力和人际关系上也有优势，这些都使得他们在应对各种复杂问题时可能更为成熟。另外，长期在基层的经历，使他们对普通群众的生活有更深的了解，一旦成功考上，不论是扎根意识还是服务意识，都能体现出一定的长处。因而，通过有针对性的公开招考，让一些优秀分子进入公务员队伍，相信他们在很多直接服务群众、直接服务"三农"、直接服务社区等岗位上都能大有作为。

因此，随着时代的进步和服务型政府的提速建设，招录公务员不仅在报考条件上应更多地呈现向基层倾斜的特征，在选拔方式上也应该更多地体现这一点，从试题到考核的内容设计，都应该根据岗位的实际需求而定，更多地突出实践内容，更多地考核实际能力与经验。只有考试的指挥棒更有泥土气，不同群体中的优秀者才有更多的机会充实到公务员队伍中，使这支为人民服务的队伍更加富有生活气息、泥土气息。

（作者：叶晓楠；原载《人民日报·海外版》2014年7月12日第6版）

多党合作的"联合党校"

导语

　　60 年前的 10 月 15 日，全国政协礼堂，社会主义学院在这里举行了首期开学典礼，从此，中国的民主党派与无党派人士在新中国历史上第一次有了一所学习政治理论的学校。

　　从那时起，社会主义学院的种子在中国大地上开枝散叶，与其后诞生的散布在全国各地的 400 余家社会主义学院一起，形成了各具特色、优势互补、协调发展的良好格局，共同成为党和国家干部教育培训体系的重要组成部分。

　　60 载风雨兼程，中央社会主义学院累计培训党外代表人士和统一战线各类人才 8 万人次，已经发展成为民主党派和无党派人士的联合党校、统一战线人才教育培养的主阵地，并正在积极建设统一战线的高端智库。

　　60 年前的 10 月 15 日，全国政协礼堂，社会主义学院在这里举行了首期开学典礼，从此，中国的民主党派与无党派人士在新中国历史上第一次有了一所学习政治理论的学校。

　　从那时起，社会主义学院的种子在中国大地上开枝散叶，与其后诞生的散布在全国各地的 400 余家社会主义学院一起，形成了各具特色、优势互补、协调发展的良好格局，共同成为党和国家干部教育培训体系的重要组成部分。

一个甲子过去了，作为鼻祖的中央社会主义学院，创下了在新中国历史上多个"第一"：第一所民主党派和无党派人士的政治学院、第一家中央政府批准成立的中华文化学院、第一家中国政党制度研究中心、第一部政党制度专业性年鉴、第一次设立统战学专业（2015 年 9 月 10 日，中央社会主义学院与山东大学联合培养了首批统战学研究生）、第一次提出"五史合一"理念并应用于教学实践、第一家统一战线高端智库。

60 载风雨兼程，中央社会主义学院累计培训党外代表人士和统一战线各类人才 8 万人次，已经发展成为民主党派和无党派人士的联合党校、统一战线人才教育培养的主阵地，并正在积极建设统一战线的高端智库。

毛泽东亲自命名 "联合党校"汇聚党外代表人士

在中央社会主义学院的档案室里，有一个铁皮档案柜，其中有一份薄而泛黄的"人员名册"非常珍贵。名册是用打字机打出来的，蓝黑色油墨到现在仿佛还能隐隐闻到墨香。这份"人员名册"以姓名、性别、年龄、职务、住址、电话为序，记录了 60 年前的 1956 年，社会主义学院主要人员的详细信息。查看名单可知，当时学院的 6 名领导分别是吴玉章、邵力子、杨明轩、聂真、千家驹和刘孟纯。

档案中处处可见一些有意思的细节，比如名单中的电话号码的位数一般是 5 位数的，有的还注明需要人转接或者喊人……

珍贵的史料，讲述的是社会主义学院这个民主党派和无党派人士的联合党校诞生的往事。

1956 年年初，民主党派负责人陈叔通、章伯钧、邵力子等根据当时形势的需要和党外人士的要求，向时任中共中央统战部部长李维汉提出：各界民主人士应有一所学习政治理论的学校，建议成立毛泽东思想学院。李维汉做了调查研究后，向毛泽东汇报了民主人士的意见，毛泽东同意办这样的学校。关于学校的名称，毛泽东说："还是叫社会主义学院好。"

经过紧张的筹备，1956 年 10 月 15 日，社会主义学院在全国政协礼堂举行了第一期开学典礼，首任院长为吴玉章。首期学员直至 1959 年 2 月才结业，学员在这里学习哲学、政治经济学和中国革命史三门课程。

参加过第一期学习的郑洞国曾表示："我是黄埔军校第一期的学员，又成了社会主义学院第一期的学员。与我同期的同学有卫立煌、覃异之、王葆真、马松亭等。大家都是从旧社会过来的人。学习期间，陈毅等领导同志来作过报告，孙冶方、胡华、宋涛等同志来讲过课。这次学习，对坚定我的社会主义信仰起了很大作用。"

在第一所社会主义学院成立之后，许多省市也相继成立了社会主义学院。于是，1961 年，在北京成立的第一所社会主义学院改名为中央社会主义学院。从此，中央社会主义学院逐步发展成为民主党派和无党派人士的联合党校，成为党开展统一战线工作的重要阵地。

曾在 20 世纪 80 年代担任中央社会主义学院秘书长的朱真颇为感慨地表示，中央社会主义学院有光辉的历史，在社会上、在民主党派当中都享有很高声誉。

的确，作为"联合党校"，社会主义学院既不同于普通高等学校，也不同于党校。从招收的学员来看，许多著名的民主人士，比如翁文灏、黄炎培、朱学范、胡子昂、经叔平等都曾在这里学习；从学院方面来看，五任院长中，有四任来自民主党派，比如孙晓村、杨纪珂、何鲁丽、严隽琪；从办学任务来看，主要是开展政治共识教育，增强中国特色社会主义信念，自觉接受中国共产党领导，坚持走中国特色社会主义政治发展道路。

作为党外人士的"联合党校"，中央社会主义学院的发展得到了中共中央的高度重视，在《中共中央关于坚持和完善中国共产党领导的多党合作和政治协商制度的意见》《2010—2020 年党外代表人士教育培训改革和发展纲要》《中共中央关于加强新形势下党外代表人士队伍建设的意见》等重要文件里，对社会主义学院都有明确的定位和具体的规定。

党的十八大以来，以习近平同志为核心的党中央高度重视统一战线教育培训工作。2014 年 10 月，中共十八届四中全会通过的《中共中央关于全面推进依法治国若干重大问题的决定》明确要求："把宪法法律列入党委（党组）中心组学习内容，列为党校、行政学院、干部学院、社会主义学院必修课。"这是中国共产党的重要文献中第一次对社会主义学院提出明确而具体的要求。中共中央还颁发了《中国共产党统一战线工作条例（试行）》，要求社会主义学院发挥民主党派和无党派人士联合党校和统一战线人才教育培养主阵地作用。

"在 60 年的历史进程中，中央社会主义学院与社会主义事业同前进，培养了一大批与中国共产党亲密合作的民主党派、无党派代表人士和统一战线其他方面的代表人士，为坚持和完善中国共产党领导的多党合作和政治协商制度、巩固壮大最广泛的统一战线作出了重要贡献。"中央社会主义学院有关负责人说。

凝聚共识是主线　8 万余党外人才接受培训

2016 年 9 月 29 日，第 36 期民主党派干部进修班正式结业，74 名学员领到了由中央社会主义学院院长严隽琪签名的结业证书，进修班里最年轻的"80 后"学员万李娜，兴奋地在朋友圈里晒出了自己的证书，收获了来自朋友们的点赞。

回忆起在中央社会主义学院 1 个月的学习，万李娜感慨地说："执政党如此重视学习，作为参政党，要有与执政能力相匹配的参政能力，同样要有学习的紧迫感，这一点，我们在中央社会主义学院的培训中得到了提升。"

民主党派干部进修班和培训班，是中央社会主义学院常设的主体班次之一。事实上，作为统一战线人才教育培养的主阵地，中央社会主义学院已形成了以培训民主党派和无党派代表人士为主体，覆盖统一战线各个领域，分级分类的统一战线培训格局。

中央社会主义学院中华文化教研部主任李道湘告诉本报记者，中央社会主义学院的培训班分为两类，一类是主体班次，包括为期 1 个月的民主党派干部进修班和 3 个月的民主党派干部培训班，自 1998 年起连续举办，每年春秋季各举办一期，迄今两个班已分别举办 36 期，学员主要包括民主党派的专职干部和在政府、司法系统、高校科研机构任职的非中共实职干部等；另一类是各类委托性培训，主要培训对象是民主党派中央、全国工商联和统战单位，也包括国务院参事室、国资委等中央一些部门人员的培训，从一年来看，各类班次大约 120 期，培训规模大约在 6000 多人次。截至 2016 年 9 月，中央社会主义学院共举办各类班次 1500 多期，培训学员 8 万多人次。同时，中央社会主义学院与中华文化学院是"一个机构、两块牌子"。中华文化学院致力于传播中华文化和中国声音，迄今培训海外学员 6000 多人次。

那么，什么样的人能进入中央社会主义学院学习？

据中央社会主义学院有关负责人介绍，中央社会主义学院有别于一般的全日制普通高等院校，不会参与高考的录取，参加培训的都是不同时期全国各民主党派、无党派人士、党外知识分子、少数民族人士、宗教界人士、非公有制经济人士、新的社会阶层人士、出国和归国留学人员及其他需要联系和团结的人员，其中很多学员都是所在领域的业界翘楚和领军人物。

今年 3 月，中国互联网协会秘书长卢卫、优酷土豆集团副总裁陈丹青、小米科技副总裁陈彤、百度副总裁朱光等网络"大 V"，在中央社会主义学院参加了由中央统战部主办的"新社会阶层人士理论研究班"，并且享受了由全国政协副主席授课的待遇，这是中央统战部第一次将新媒体从业人员成规模地纳入培养体系。"带一个笔记本去报到，带回家满满的笔记。"这是卢卫回忆在中央社会主义学院"闭关修炼"的日子时的感受。

学员是业界翘楚，老师自然也是实力不俗。

据介绍，在师资方面，中央社会主义学院的办法是专兼结合，在招聘引进学科带头人和加强培养专职教师的同时，还聘请了一批著名专家、学者和中央国家机关等党政部门以及各民主党派中央的领导担任兼职教授，来自院外的专家也常来授课或是作报告。

比如今年秋季的进修班和培训班，就邀请了国务院参事、国家发改委原副主任徐宪平来解读"十三五"规划，还邀请了北京大学原副校长梁柱讲中国共产党党史、北京大学哲学系教授杨立华讲中国古代思想文化史、北京大学教授孙熙国讲马克思主义与当代中国，以及来自政府部门的官员讲授关于人口、资源、环境方面的国情教育课程等。

从培训内容来看，中央社会主义学院的培训是政治培训，而政治培训的核心是共识教育。共识教育就是坚持走中国特色社会主义道路，坚持中国共产党领导的多党合作和政治协商制度，坚持走中国特色的政治发展道路。此外，新的理论研究成果、中央的大政方针政策、社会的热点时事等都在教学内容之中，尤具特色的是，从今年秋季开始的进修班，引进了全新的教学模式。

中央社会主义学院有关负责人说，此次教学改革的一大亮点是，以"大统战""大文化"的理念谋篇布局，以"五史合一"为引领，以"五位一体"为主线，启动模块化教学模式。"五史合一"是模块化教学中的亮点，它将"中国古代思想文化史""中国近现代思想史""民主党派史""中共党史""中国政党制度史"融为一体作为必修课。授课以史为证、以史为例，内容相互贯通，观点相互印证，先讲三千年来影响中国的几大思想流派以及中华民族的民族文化性；然后再讲1840年以来的民族危机与各种政治思想探索；最后讲在中华民族伟大复兴进程中，中国共产党团结各民主党派选择社会主义道路的历史必然性，突出强调"历史选择了党、人民选择了党"的历史合法性，深刻阐述"坚持和发展中国特色社会主义"这个最大共识的历史文化基础。

中央社会主义学院的教学改革，也赢得了学员的好评。

第36期进修班学员、民革北京市东城区区委会主委姚卫海说："鉴古知今，把中国近现代思想史、民主党派史、中共党史，放在'三千年未有之大变局'的背景下去研究讲述，使学员更深刻地领会到，近代以来，为了团结御侮、救亡图存，为了民族复兴、奋发图强，经过百年艰辛探索，历史最终选择了中国共产党，民主党派也最终选择了跟共产党走。"

"大统战""大文化"双重视角　首家统一战线高端智库面世

"统战条例如何贯彻及参政党建设理论如何实践""如何破解'协商民主'中的相关难题?"……9月27日上午,9位民主党派和无党派人士,与中央社会主义学院领导进行了两个小时的对话。与会者直面问题,坦诚建言。他们参加的,是一场名为"统一战线高端智库"的座谈会。

在两个月前的7月20日,中央社会主义学院统一战线高端智库正式启动。从此,统一战线高端智库成为中央社会主义学院的一个全新身份。

名为统一战线高端智库,其特色之一就在于统战理论政策和对策研究。

中央社会主义学院有关负责人介绍说,高端智库将在"大统战"和"大文化"的双重视角下,围绕党的统一战线理论与实践问题、中华文明继承与创新问题、多党合作和政治协商问题、马克思主义中国化问题等十大重点方向,开展前瞻性、针对性、储备性政策研究,为中央重大战略决策提供建议参考,为凝聚党内外、体制内外、海内外中国人的思想文化共识提供学术支持,为中外文化交流与文明互鉴探索新的路径与方案。

关于这一点,看看智库第一批立项的课题就知道了:中华民族共同体认同研究、社会主义协商民主机制创新研究、参政党思想共识研究、社会流动性与非公经济发展研究、社会组织与基层社会治理研究、新媒体精英阶层研究、生态文明问题研究……课题非常宏大,领域极其广泛,立意又相当深远。其中,第一个课题"社会流动性与非公经济发展研究"已经完成报告,并得到了来自中央的肯定。

第二个特色是,社会主义学院智库可以借助的研究力量,既有统战系统和各民主党派、工商联、无党派人士中的研究力量,也有高校、科研机构的研究人员;既有民间团体、社会研究力量,也有港澳台海外研究机构的研究人员。"这样一个纯开放的研究平台、多元化的研究结构,确实可以为凝聚共识、资政建言提供大思路,发挥大作用。"中央社会主义学院有关负责人这样评价说。

不仅如此，中央社会主义学院高端智库还有一个和一般性社会智库的区别，就是其为民主党派履行参政议政和民主协商职能提供了新的协作研究平台，因为社会主义学院智库将专门建立与民主党派研究资源相对接的工作机制。

"中央社会主义学院统一战线高端智库，可以充分调动起各民主党派精英在'大统战'视角下展开综合问题研究。最重要的一点是，这个过程本身就体现着浓郁的民主协商色彩，实质上形成了民主党派通过统一战线高端智库表达参政议政诉求的新方式。"这位负责人说。

（原文标题：《中央社会主义学院的三张面孔》；作者：叶晓楠；原载《人民日报·海外版》2016 年 10 月 12 日第 8 版）

☆评论

擘画同心圆

肩负中国梦。只有社会主义才能救中国，只有社会主义才能发展中国，只有走中国特色社会主义道路才能实现中华民族伟大复兴的中国梦。社会主义学院是在中国迈入社会主义初级阶段的关键历史时刻，由毛泽东亲自命名而建立的，从诞生之日起，就将社会主义写在了自己的旗帜上。1956 年 10 月，在社会主义学院第一期开学典礼上，首任院长吴玉章提出："我们社会主义学院，顾名思义，就是要学习社会主义，也就是要学习马列主义。"成立 60 年来，虽历经坎坷，但不忘初心，始终坚持"社院姓社"的办学宗旨，不断探索办学的新路子，而今创设的中国古代思想文化史、中国近现代思想史、中国共产党党史、中国民主党派史和中国政党制度史"五史合一"课程，就是要引导教育学员不能忘记走过的路，不能忘记为什么出发，从而坚定中国特色社会主义的道路自信、理论自信、制度自信和文化自信。

弘扬传家宝。统一战线是中国共产党夺取革命、建设和改革事业胜利的重要法宝，是中国共产党人的传家宝。统战工作是一门科学，没有很强的业务水平和工作能力是做不好的。现实工作中存在的"拿着海龙王法宝不会用"的问题，主要是思想认识上的结没有解开，而这正是作为统一战线人才培养基地、理论研究基地、方针政策宣传基地的中央社会主义学院的庄严使命。学院一直致力于统一战线理论的教学和研究，将统一战线理论打造成为国内最具影响力的特色学科和优势学科。2015 年与山东大学联合招生统战学博士、硕士研究生，标志着统战学作为独立学科首次纳入国民教育系列。近十年来，学院教研人员在核心期刊发表论文 700 余篇。在"大统战""大文化"视野下创建的首家统一战线高端智库，已经并将继续为统一战线的发展壮大献上锦囊妙计。

助力同心圆。人心向背、力量对比是最大的政治。中央社会主义学院作为民主党派和无党派人士的联合党校，作为高等政治学院，作为统一战线人才教育培养的主阵地，以凝心聚力为目标，以共识教育为核心，以求同存异为原则，遵循"爱国、团结、民主、求实"的校训，发扬"自己提出问题、自己分析问题、自己解决问题"和"不抓辫子、不扣帽子、不打棍子"的优良传统，累计举办各类班次 1500 多期，培训学员 8 万余人。同时以中华文化学院的名义，传播中华文化和中国声音，培训海外学员 6000 多人次。这些代表性人士，以良好的社会形象和影响力，发挥了引领、示范、带动作用，极大地巩固了劳动者、建设者和爱国者的联盟。

而今迈步从头越。站在新的历史起点上，中央社会主义学院将不忘初心，继续前进，充分运用统一战线法宝，努力画出最大的同心圆，为实现中华民族伟大复兴的中国梦凝聚共识、凝聚人心、凝聚智慧、凝聚力量。

（作者：孙信；原载《人民日报·海外版》2016 年 10 月 12 日第 8 版）

高压反腐的逻辑

中纪委反腐的时间规律

导语

"苍蝇""老虎"一起打，是习近平总书记对于反腐的要求，其实何时打苍蝇，何时打老虎，有着很强的规律性——周一拍"苍蝇"周末打"老虎"。本文标题长期流行于舆论场，为观察中国反腐提供了时间维度的视角。

"苍蝇""老虎"一起打，是习近平总书记对于反腐的要求。什么时间打苍蝇，什么时候打老虎，常态化的反腐以什么节奏进行，本报分析中央纪委公布案情的时间后发现，有一定的规律可循。

"五一"假期到来之前的这个月，中央纪委的曝光台栏目每周一公布全国各地的违反中央八项规定精神的典型案件，这个被外界称为"周一见"的曝光方式，已经在4周内公布了719起案件，指名道姓地通报了一批干部。

而据本报记者统计，在党的十八大以来的一年半时间里，落马的省部级高官的消息有近一半是在周末公布的，同样有着很强的时间特点。

"周一见"渐成反腐节点

从4月7日到28日，根据中央纪委狠抓"五一"重要节点的统一部署，中央纪委官网连续4个周一公布违反中央八项规定精神的典型案件，通报的案件范围涉及全国各地。

"在周一公布的好处是，人们会在这个时间点形成习惯，长期下来，会形成一个注意力的节点，这对于宣传反'四风'和反腐败是有好处的。"国家行政学院教授竹立家告诉记者，选择周一公布，也使人们一上班就能看到对上周情况的总结。

"周一见"，这个因某娱乐事件而广为人知的新词，在不经意间成为中央纪委强势反"四风"的代名词。在受访专家看来，人们以这个词表达了对于中央纪委反腐败和净风气的高期待。

尽管"周一见"所涉及的主要是作风问题，但其规模庞大，且指名道姓，处罚方式也直接公布出来，专家认为，其震慑作用不容小视。

在被公布的 823 名干部中，从其级别来看，以"苍蝇"为主。其中厅局级 9 人、县处级 122 人、乡科级 692 人，这些人所涉及的案件，也主要是公款公车违纪、大操大办、楼堂馆所违规等。

"无论怎么强调反腐败，都是抽象的、道德层面的，远远比不上公布这些具体的个案意义大。"在接受记者采访时，北京大学法学院教授强世功认为，这些大大小小的案例，使得公务员群体真切地感受到这些事情是不能做的，至少对涉事者身边的人是种警示。

值得注意的是，中央纪委官网上线 8 个以月来，其通报案情所构成的压力之网已越发绵密：从开始的以表格方式通报数字，到现在具体到人；从之前的每月一通报，到"五一"前后连续的"周一见"。

而针对节日"反四风"本身，中央的做法也在悄然改变。仅 2013 年，中央针对节假日连发十几道禁令，在今年，类似的方式并没有延续，而是用了更为频繁的通报，对作风问题形成震慑。

在中央纪委 4 月"周报"通报的案情中，主要以"公款旅游""违规使用公车""大操大办""公款吃喝"和"楼堂馆所违规"为主，占到了总案件的45.48%。事实上，自中央纪委在官网设置"曝光台"以来，与公款和公车相关的违纪就是占比最大的，对此本报曾专门报道。

在对案件的处置中，有 2 人被开除公职，都因酒后驾公车，有 86 人被免职或撤职，原因包括有多种违规行为等。

"固定时间公布对于纪委的工作也是个督促，以往查处之后一般不马上公布，现在形成了工作惯例，就需要一直不懈怠地进行这项工作，没有因为替相关官员保存'面子'而不予公布。"强世功表示。

近半落马"老虎"周末公布

据本报记者统计，自党的十八大以来，已有至少 20 余名省部级官员落马，大多数都为舆论所高度关注。而在这些人中，有 11 人是周六、周日公布的，1 人是周五晚上公布的，相当于在周末"休息时间"公布的占了总数的近一半。

"选择哪个时间点并不重要，但固定时间点之后，与老百姓之间会形成一种默契，每到这个时间，就可以上一下中央纪委的网站，看看有没有公布新的落马官员。"在接受记者采访时，国家行政学院教授汪玉凯这样分析道。

汪玉凯认为，这一届中央纪委对于时间段肯定是有所考量的，"为什么选择周末？可能周末大家休息、有时间，所以会有更多人关注。"

除了从统计上看倾向于在特定时间公布案件之外，中央纪委公布案件的时效性也在一年多来大为提升。

以最近被查的谭栖伟为例。身为省部级官员——重庆市人大常委会副主任，4 月 30 日他参加活动的报道还见诸报端，而紧接着，中央纪委迅速在下一个周六（5 月 3 日）就公布了消息。

去年落马的原贵州省委常委、遵义市委书记廖少华，则是在巡视组发现线索后，由中央纪委优先办理，仅用一个月就决定立案采取调查措施。处理的速度则更快，在廖少华被宣布受调查的 10 月 28 日，媒体上还有他出席活动的消息，当月 31 日，中央决定免去其领导职务。

越来越高的时效性换来的是网民对反腐监督更为热情的参与，据统计，开办 8 个月后，中央纪委官网共收到检举控告类举报 74049 件，是网站开通前 8 个月的近 2.5 倍。

事实上，专家认为，在中央纪委官网上以相对固定的时间点公布案件，是中央纪委自身公信力的一部分。而成立才 8 个多月的中央纪委官网，也在发展过程中，逐渐有了时间因素作为公信力的保障。

自从去年 9 月初中央纪委官网"五网合一"上线以来，这一网站作为中央纪委对外发布信息的渠道，由中央纪委查办的重大案件都是第一时间在这一网站公布。据统计，从开通至今，由该网站第一时间发布的接受组织调查和移送司法机关的省部级干部和其他中管干部案件信息至少 33 条。而在"案件查处"栏目中，3 月 27 日一天就通报了 15 名干部。

竹立家从社会心理学的角度分析说，在相对固定的时间点公布并形成习惯后，每当公布新的案件，会引起社会更多的关注，因为老百姓每到节点，都会主动去看中央纪委又发布了什么新的反腐信息。

反腐既坚持抓节点又快速抓事件

中央纪委对于作风问题和腐败问题的治理，正在日趋常态化，既坚持抓节点，又快速抓事件，并逐渐将其措施制度化。

一位长期关注反腐的人士对本报记者表示，在他看来，本届中央纪委很大的一个特点，就是"时间感很强"。

抓住重要节点，是自党的十八大以来引人瞩目的整风和反腐手段。2013 年，中央在重要节日连发禁令，例如中秋节狠抓公款送月饼、大闸蟹等节礼，元旦前禁止公款订购贺年卡，春节前禁止公款买烟花爆竹等，由于针对的是具体节点的细节，很好地堵住了节日的不良风气。

而在今年，节点反腐依然是重要内容，区别是这次主要不再是发禁令，而是推出了震慑力更大的"周一见"，用固定的曝光形式形成震慑。在强世功看来，此举会让官员群体很紧张，因为这里面的案件可谓事无巨细，谁的身边都可能发生。

中央纪委逐渐完善的网络平台，也使得节点时期的监督成为可能。在推出针对"五一"的"纠正'四风'监督举报直通车"专题后，截至5月2日，中央纪委的"'四风'问题举报窗"收到了近2万件举报，网民手里的鼠标和手机，第一时间将那些隐藏在各处的"四风"问题传到了这个平台上。

在此过程中，汪玉凯认为，中央纪委已经与网友之间形成了时间上的默契。例如，在网友多种渠道的举报中，中央纪委需要在规定时间内回复；而在公布案件时，选择特定的时间，也是为了让网友更容易获取信息。

在日常的反腐中，中央纪委对于具体事件的处理速度通常都引起舆论广泛关注。

例如，在时任华润集团董事长宋林被举报后仅2天，中央纪委就发布消息称其正在接受调查。而在有媒体爆出，河南当地基层官员拦截向巡视组反映情况的人之后3天，中央纪委就在网站头条区域作出回应，打消疑虑："河南正抓紧办理中央第八巡视组交办应由河南办理的信访件"。

在今年3月22日，中央纪委简短地通报了时任江西省副省长姚木根涉嫌严重违纪违法的消息后，同一天，当地有媒体仍发表了姚木根的署名文章，可见此前一天尚无明显动静。中央纪委的处理速度可见一斑。

在竹立家看来，中央纪委当下"时间感很强"的特点，很可能会成为其常态化的状态，作为净化风气和反对腐败措施的重要组成。尽管过去一年多中央反"四风"的建设取得了很大成绩，以后"四风"问题也可能会逐渐减少，但竹立家认为，需要用常态化的决心，常抓不懈，才能稳定已有的成果。

而中央纪委的这些措施若要常态化，在受访专家看来，制度化是必经之路。最近有出版社将党的十八大以来的廉政新规定汇编成书，其中的规定，在专家看来，就属于这一年多来中央反腐的制度化成果。

"下一步必须要有细化的、可操作的制度，不然无法执行。"强世功表示，当下在整体上快速遏制腐败的势头是对的，但一定要在法治的轨道上，进行制度建设。

（原文标题：《周一拍"苍蝇"周末打"老虎" 中央纪委反腐时间感很强》；作者：刘少华；

原载《人民日报·海外版》2014年5月9日第5版）

☆评论

作风问题从来无小事

4月7日起，在对各地违反八项规定行为的"曝光"频率上，中央纪委由过去的不定期通报、月报制，改成了周报制。此后的4月14日、21日、28日，这一栏目都准时与群众见面，成了名副其实的"周一见"。

按照常理推测，之所以选择在每周一发布，是因为中央纪委要把各地上报的违纪案件进行汇总统计，这项工作可能会在周中到周末完成；而在一周伊始把情况发布出来，既可以指导各地纪委的一周工作，也可以早早对庞大的公务员群体形成警示与震慑作用。

不过，相较于"周一"这个具体的时间节点分析，笔者更倾向于另一个角度理解：中央纪委的动作变化，体现出的是党在反腐、作风建设思路上的变化。如果说"老虎""苍蝇"的纷纷落马，彰显了高层反腐的决心与力度，那么八项规定、节日"禁令"、群众路线教育实践活动等一系列与作风建设有关的活动，则将这场反腐风暴引向深入——作风，是与腐败关系最紧密的领域。

"四风"中，享乐主义、奢靡之风易生腐败自不必说，官僚主义、形式主义同样会滋生腐败。脱离群众的官僚主义作风，可能带来滥用权力、权钱交易、权力寻租等行为；形式主义的作风，则可能使腐败以不作为的形式表现出来。

而中央纪委在"曝光台"制度建设上的变化，正体现出对作风建设的全方位重视。

查看"周一见"栏目中曝光的行为，很多人会冒出这样的想法：连这种"小事儿"都会被中央纪委点名道姓地通报，甚至受到撤职、降级等严厉处分？

这种想法并不奇怪。以往人们"见怪不怪"的公车私用问题，比如开公车接送孩子上学、拿公车给孩子办婚礼的行为，被查了；公款给单位职工买点福利，发个月饼、用购物卡"犒劳"一下下属，被查了；工作日午间喝个酒，被查了；上班时用电脑浏览购物网站被查了；办事人员对群众态度不好，也被查了。

这些是"小事"吗？被处分的官员可能觉得是。正因为他们觉得是小事、不值一提，才会犯这样的错误。但这真的是小事吗？当然不是。群众问题、作风问题从来就无小事。一个党员的错误，影响的是群众对党的整体观感；一件小事上的作风不正，累积起来，在庞大的党员队伍里就成了不正之风。习近平总书记讲的"天下大事，必作于细"，就是这个道理。

同时，中央纪委的"周一见"，更体现出党"言出必行"、对作风问题常抓不懈的决心。

相较于以往，这次"廉政风暴"的洗礼，比以往更猛烈、更深刻：不仅力度大，还用制度给公务员群体套上了一个又一个"紧箍咒"。

抓作风建设的意义也不止于此。在多地的通报中，除了一般意义上的"作风"问题，还有一些涉及诸如公务员在行政上不作为、在市场上乱作为，或是失职渎职、玩忽职守等。这不仅宣告了一些官员用"懒政"躲避"风暴"的希望之破灭，更说明了作风建设与全面深化改革的关系：官员不仅要廉政，还要勤政；不仅要约束好自身，更要服务好改革。

（作者：申孟哲；原载《人民日报·海外版》2014年5月9日第5版）

中纪委反腐的地域特征

导语

　　中纪委的官方通报，是让整个官场都为之震动的持久举措。以往官员们漠视或习以为常的"小事小节"，被事无巨细、毫无掩饰地公之于众，违纪的官员再也没有了"遮羞布""挡箭牌"。值得注意的是，官员"犯"的事项有地域性特征，比如山东和河南工作日午间饮酒多、东北"人情礼往"严重，等等。于是，通过大数据分析，可以得出一份有趣而发人深省的"反'四风'地图"。

　　4月14日，中央纪委网站"曝光台"再次通报220个各地违反"八项规定"的典型案例。和以往不同的是，这一次，中央纪委发布"曝光"案例的频率，由过去的一月一报，变成了一周一报。

　　据本报不完全统计，到目前为止，在中央纪委网站的"曝光台"上，全国各省区市、中央与国家机关、国企、金融机构加在一起，已有超过1600名官员、1000多个案例被当作典型案例通报。其被通报的原因，有大操大办婚丧宴请、公车私用、公款吃喝、违反工作纪律等。

　　那么，在这份"中国反'四风'地图"上，各地呈现出哪些不同的特点？被处分的官员都有什么特征？哪些类型的违纪被曝光的频率较高？本报对中央纪委网站"曝光台"开办半年多以来所通报的案例进行了不完全统计，尝试回答这些问题。

公款公车违纪最多

"上班时浏览无关网站""违规使用公车接送孩子""大操大办儿子婚宴收取礼金""违规接受被管理对象宴请""违规中秋节公款购买发放月饼"……翻开被中央纪委曝光的案例，诸如此类的被通报理由不时出现。

"事无巨细"，是这些通报理由的共同特点。

在本报的统计中，官员被通报处分的违纪行为，大约可以分为4大类：

涉及公款的违纪，包括公款旅游（含出国、出境）、公款发放实物及现金福利、公款购物、公款娱乐、公款吃喝、违规公务接待、公款使用违纪（如私设"小金库"、违规报销等）等。

在统计中，本报发现，公款违纪成为全国被通报案例最多的违纪类型。在全国的1000多个违纪案例中，涉及公款的违纪案例有近400个，占比达37.3%。其中占比最高的是公款旅游，达23.2%；公款发放现金和实物福利紧随其后，占22.3%。在多地的通报中，单位"一把手"由于在节日期间违规给员工发放月饼、水果、购物卡、提货券等而受到处分的案例比比皆是。

公车违纪，包括违规购买配备公车、公车私用等。其中，"公车私用"一项，成为全国案例最多的单项违纪类型——在被统计的1000多个案例中，涉及"公车私用"的有154个，占比达14.2%。

涉及党员干部工作纪律的，如违规建设楼堂馆所、办公用房超标、大操大办婚丧宴请、违规收受礼金红包、失职渎职、滥用职权、贪污受贿等。其中"大操大办婚丧宴请"的案例达到130个，占全国违纪案例的12.1%，成为名副其实的处分"重灾区"。

涉及日常工作纪律的违纪，如工作日午间饮酒，上班迟到早退不请假，上班时间浏览无关网站、玩游戏，工作时间娱乐、赌博等。公车、公款违纪案例多，不仅是全国各省区市的"通病"，也适用于中央及国家机关、国企甚至是纪检监察系统内部。在中央及国家机关被通报的28个案例中，涉及公款违纪的有13个，涉及公车私用的则有5个，二者相加的比例占到64%。而在纪检监察系统内部被处分的 22 名官员中，违规接受宴请的就有 10 名，因受贿被处理的官员有 4 名，另有 2 名因大操大办婚丧事宜被处分。

违纪行为的 "地域特色"

在被通报的案例中，不同的省区市、不同国家机关之间，还因为不同的特点显示出某些 "地域特色"。

比如，在上班时间由于打麻将、打牌而被通报的违纪案例中，全国排在前 3 位的，是贵州、湖北、四川 3 省，3 省的总和，占到全国总数的 67.7%。

因 "工作日午间饮酒" 被处分的案例，最多的是山东和河南两省。其中，山东因为午间喝酒被通报的有 8 个案例，还有 4 个酒驾案例——仅 "涉酒" 一项，就占山东全省被通报案例的近 1/10。

而在因 "人情礼往" 被处分的案例中，全国排名前 3 的是辽宁、黑龙江和四川。3 省的大操大办宴请案例共有 41 起，超过全国案例总数的 1/4。但在其中，黑龙江和辽宁除大操大办婚丧事宜之外，还有许多涉及子女 "升学宴" "乔迁宴" 等。大操大办此类宴请的官员，多数同时还有收受礼金、借机敛财的行为。

值得注意的是，在简政放权、激发市场活力的改革背景下，在被通报的案例中，专门有一项是 "扰乱经济秩序"，如对企业吃拿卡要、乱收费、乱作为等。同时，官员的不作为与失职，也经常成为被处分的原因。如甘肃，被专门通报了与之有关的 23 个案例，占该省违纪案例总数的近 1/3；河北的秦皇岛市，也被专门通报了 5 个与此有关的案例；而在中央和国家机关中，涉及此类违纪案件最多的是教育部，在全部的 10 个违纪案例中，有 8 个涉及乱收费。而在广东省，因为不作为、失职而被处分的案例就有 9 起，超过该省全部案例的 20%。

同时，在一些地方，由于去年被专项整治的 "文山会海" 现象依然没有改观，因此也被纪委点名通报，而这种通报批评、责令整改的对象，则是某些政府部门甚至是地方政府。比如云南省就通报了楚雄市商务局、开发区文件多、会议多的问题，湖北省汉川市政府则因超发文件被曝光。

此外，涉及基层的案件，也在多个省区被单独列出。如在山西，有 22 起基层信访案件被通报，占该省全部案例的 27%；宁夏、吉林也分别单独列出了 8 项和贪污截留惠农基金有关的案例，分别占到两省案例总数的 61.5% 和 22.8%；广东省也单列出了 10 起农村基层干部违纪违法典型案件。在这些涉及基层的案件中，大部分的违规主体是村干部，他们的行为则包括贪污挪用集体资金、截留各种惠农款项和补贴、违规征地、变卖集体资产、转卖矿产资源等。

而如果简单地统计上报违纪案例数量的话，全国各省区间的差距则更大——被通报案例最多的是山东省和山西省，分别有 83 个和 80 个案例，加起来占全国总数近 17%；案例最少的则是上海市，只有 2 个案例被通报，其中包括去年被媒体曝光后引发社会强烈反响的"法官嫖娼案"。

基层干部占比最大

案例曝光了，处理的都是什么人？

据本报统计，在全国被处分的 1600 名左右的党员干部中，基层干部占绝大多数。在全国各省区市以及中央和国家机关被处分的官员中，县处级干部有 300 人左右，不到 20%；厅局级干部有 52 人，省部级干部只有个位数。剩下的 1200 多名干部，多数是县处级以下的基层干部，包括基层公务员、村干部、事业单位工作人员以及"临时工"。

在全国各省区市中，处分基层干部最多的是湖北省和湖南省。在湖北全省被处分的 31 名干部中，只有 1 名是县处级干部；湖南省处分的 61 名干部中，则只有 5 名是县处级，被处分的基层干部比例近 92%。

而处分"高级干部"最多的省市，则是北京市和山东省。在北京市被处分的 40 名干部中，县处级有 31 人，厅局级有 8 人，二者相加的比例达到

97.5%；而在山东被处分的近百名干部中，县处级有 30 人，厅局级有 9 人，相加的数据比例也近 40%。

那么，这些官员受的都是什么处分呢？

根据统计，这些处分分为三种：党内处分、行政处分和移交司法机关处理。

在党内处分中，按照严重程度，依次会给予党内警告、党内严重警告、撤销党内职务、留党察看、开除党籍的处分。而在行政处分方面，则有行政警告、行政严重警告、行政记过、行政记大过、行政降级、行政撤职、开除公职等。

由于有些干部身兼党政二职，因此在接受处分时，可能同时被党内处分和行政处分，因此，全国被处分的 1600 名左右的干部，共受到了 1800 多个处分。其中，需要接受组织立案调查、甚至移交司法机关处理的案件，大多性质严重、涉及犯罪，因此占比相对也较小。党内处分和行政处分，是占比最大的处分类型。

本报统计发现，在党内处分中，经常被使用的是"党内警告"和"党内严重警告"两种处分方式，在统计中，党内警告出现了 440 余个，党内严重警告则有 360 个左右；在全部的 950 多个党内处分中，这两种就占到了84.1%。受此类处分的官员，一年内不得在党内提升职务和向党外组织推荐担任高于其原任职务的党外职务。

而在行政处分中与党内处分类似的是，行政警告和行政记过的使用方式也非常多，二者相加的总数占比达 76.8%。据了解，公务员在受处分期间不得晋升职务和级别，其中受记过、记大过、降级、撤职处分的，还不得晋升工资档次。

值得注意的是，还有两种不在党政处分序列中的处理方式也高频出现："诫勉谈话"与"免职"，分别被使用了 217 次和 136 次，比行政警告和记过处分的使用次数还要多。前者一般是由纪检部门对党员干部进行谈话训诫，重在防范"小病"苗头；而免职虽然不算是党政处分，但是在中央纪委的曝光中，这种处理方式已经称得上是"下狠手"。

前文已经提到，在全国各地通报的案例中，除了"违纪"，工作不力、不作为、乱作为、失职渎职等也成为被通报的重要内容，这样的特点也解释了这一数据。这一数据体现出，除了"治病"，通报违纪案例还有一个目的就是"治庸"。这也呼应了"既要做清官，又要当能吏"的要求。

（原文标题：《中央纪委亮出"反'四风'地图"》；作者：申孟哲、胡程远；

原载《人民日报·海外版》2014 年 4 月 17 日第 5 版）

☆评论

中央纪委"周一见"震慑官场"离轨者"

一个朋友说，除了人民网、新华网，他现在最常用的官方网站之一，是中央纪委监察部网站，尤其期待每周一次的"周一见"。所谓"周一见"，他说，从上周一 4 月 7 日深夜开始，中央纪委设立"各级纪检监察机关查处违反中央八项规定典型案件"周报制度，当日公布 183 起典型案例。本周一 4 月 14 日，则公布了 220 起。相比去年的"月报"，中央纪委现在的"周报"，频度加大了 3 倍，有分析认为"更解渴，更及时"。除了典型案例每周通报外，同在 4 月 7 日，中央纪委监察部网站还开通了纠正"四风"监督举报直通车，设置"四风"问题举报、晒晒"四风"隐身衣等专栏。

这意味着，无论是远离北京身处大山，还是身处闹市或人在僻乡，只要你手机能上网，就可以把你看到、听到、拍到的"四风"问题，瞬间送达中央纪委监察部工作人员案头，并成为他们的工作线索。

截至 1 月，中国手机上网用户超过 5 亿，网民总数达 6.18 亿。可以想见，畅通群众举报渠道，引导群众网络举报公款吃喝、公款旅游等违规行为并及时公开曝光，必将提高震慑力度。越来越多信号显示，中央纪委"打虎无禁区"，而中共对于作风问题同样零容忍。"四风"问题，常常是"小问题"。但小事小节是一面镜子，照在领导干部身上，所反映的生活作风无小事。大多数腐败分子，是从一桌饭菜、一次旅游、一场婚宴的不拘小节逐步走向腐化堕落的。现在，中共抓落实八项规定、反"四风"问题，抓得如此之细，如此之实，既是回应民意解决群众反映最多的问题，也是警醒保护干部。

"巴豆虽小坏肠胃，酒杯不深淹死人"，这揭示了由量变到质变的深刻哲理。严是爱，宽是害。及时提醒一些小事小节问题，可以将"离开正轨"的干部及时拉回正轨。

（作者：正楷；原载《人民日报·海外版》2014 年 4 月 17 日第 5 版）

中纪委的反腐辩证法

导语

十八大之后，中共反腐的力度与持续时间，可谓前所未有。境内外对反腐目的、反腐未来的看法与论调也层出不穷。不少研究者或以古喻今，估计走向；或拼凑爆料，揣测内幕，却忽视了中共深谙的辩证思维。随着反腐的深入，中共反腐的辩证思维也日渐清晰。

在反腐高压之下，公众对中纪委的一言一行都保持高度敏感。不久前，中纪委网站一句"反腐败是把双刃剑"，激起了外界的强烈反响，"反腐要转向"的论调也随之而生。

其实，"双刃剑"只是一种典型的辩证思维——"打的是违纪违法党员干部，疼的是组织，损害的是党的形象"。从主体责任与监督责任并重到"树木"与"森林"分清，再到"破"与"立"结合，在中共的反腐理念里，辩证法无处不在。只有理解这些辩证法，才便于厘清反腐形势，认识反腐走向。

"树木"与"森林"分清　重点盯住"三类人"

观察纪委最近的动作不难发现，对人大、政协副职的查处，人数较之前少了许多；而对手握实权、年轻并看似有前途的官员，查处力度不断加大。

这一趋势，在中纪委网站的一篇文章里得到了印证。

《把握好"树木与森林"的关系》一文，将能不能处理好"树木与森林"的关系，定位为"关系到纪律检查机关能否完成中央交给的目标任务"。

"树木"与"森林"的关系，简单理解，就是重点与一般的关系。那么，今后反腐的重点在哪儿？上述文章直截了当指向"三类人"：要重点查处十八大后不收敛、不收手，问题线索反映集中、群众反映强烈，现在重要岗位且可能还要提拔使用的领导干部。

除了从原则上划出重点，在操作层面上，中纪委也给出了明确的"套路"：三种情况同时具备的是重中之重，必须马上严肃处理；有两种情况的要重点关注，抓紧处理；有一种情况也要认真对待，不能放过。

在中纪委看来，另外一个重点是班子："班子问题最重要，不管哪个地区或部门，都要先分析掌握班子情况。"

这一思路在最近公布的 2015 年中央巡视组第一轮专项巡视反馈情况里得到了体现。在被巡视的 26 家央企里，除了中国电科、国电集团两家企业之外，其余均被直接指出了领导人员的违纪问题。

从领域来看，依然有反腐重点。中国社会科学院中国廉政研究中心副秘书长高波向本报表示，当前以央企、追逃追赃、军队等为反腐重点，这是在清理存量；而遏制增量的手段主要是抓早抓小，防线前移。

显然，"树木"与"森林"也是一种局部与整体关系。因此，"有点有面、点面结合，把查办腐败案件与推进党风廉政建设大局结合起来，既见'树木'，又见'森林'"，达到治"病树"、拔"烂树"、护"森林"的效果，已经成为纪委的反腐思路。

主体责任与监督责任并行　反腐渐转向常态化

2015 年中央巡视组第一轮专项巡视反馈情况着重指出，被巡视央企的党组织主体责任履行不到位。因此，才有了诸如"重经营、轻党建，党的领导弱化""管党治党不严""对违纪问题处理偏轻偏软""纲纪不张，软弱涣散"

等表述。

专家表示，反腐倡廉和作风建设从来就不仅是各级纪委、尤其不仅是中央纪委的事，而是需要举全党之力进行的长期工程。要做到这一点，就要将压力层层传导、将责任明确和细化。只有这样，才能使反腐成为一个不可逆的常态化进程。

谁来负责？十八届三中全会已经明确指出，党委负主体责任，纪委负监督责任。

长期以来，由于体制和观念等方面的原因，各级党组织多多少少都存在"重业务、轻作风"的倾向，这在中央巡视组的历次反馈报告中都可以看出。各级纪委也如中央巡视组指出的那样，存在"不敢管""执纪失之于软"的现象，甚至为了所谓地方形象而"瞒案不报"。

有分析指出，这样的局面不转变，反腐就无法治本。如果各级党委和纪委无法扛起分内的主体责任和监督责任，仅靠外界和上级的压力发现问题，这样的局面注定无法持久。

因此，如中纪委研究室理论研究处处长苏静所言，2015 年是反腐的"责任追究年"——不仅要推动主体责任的层层落实，而且会强化责任追究，尤其是要突出问责。

问责早已开始：此前 1 个月，在 2014 年中央第三轮巡视单位晒出的"整改清单中"，因下属党员干部的违法违纪问题，神宁煤业集团董事长、党委书记和纪委书记被追责；中国国际广播电台的 1 名局级干部，则因对有关违纪案件存在主体责任履行不力问题，被给予党内警告处分。

在宁夏，近日出台一项规定，将主体责任的落实情况纳入基层党组织的考核，作为选拔任用的重要依据；在四川，在去年落实"两个责任"的基础上，又细化了各级纪委及人员的 20 项职责；而在安徽，此前出问题的省国土资源厅、省环保厅党组、纪检组和班子成员的党风廉政建设责任也被追究。

有力度、有速度，有查处、有规章，以这样的节奏推进"两个责任"，反腐岂有放缓、"转向"的道理？

"破"与"立"结合　不敢腐态势正形成

4 月 26 日，兰州军区联勤部原部长占国桥等 3 名军队高官被查，"老虎"数量破百。正在人们猜测反腐走向的时候，4 月 27 日，中纪委宣布中国石油化工集团公司总经理王天普被查；6 月 6 日，两名"军老虎"被查处的消息发布。"打虎"不停歇，中央的反腐决心不言而喻。

"'老虎''苍蝇'一起打"已经成为中国老百姓熟知的一句话，除了"打虎"，拍"苍蝇"也一刻没有停止：据统计，去年中纪委平均每天查处 1.9 人，除去节假日，日均查处人数达 2.7 人。

反腐势如破竹，但不只"破"，还有"立"——建制度、立规矩。"破"与"立"已经成为典型的反腐"辩证法"。中共中央总书记习近平在十八届中央纪委五次全会上强调，深入推进党风廉政建设和反腐败斗争，做好"破"和"立"这两篇文章。

早在 2013 年 5 月，《中国共产党党内法规制定条例》《中国共产党党内法规和规范性文件备案规定》公布，立制度从严治党迈出了重要一步。

3 个月后，中央审议通过了《建立健全惩治和预防腐败体系 2013—2017 年工作规划》，将建立健全惩治和预防腐败体系作为反腐败的国家战略和顶层设计。

2014 年，中共制度建设节奏加紧且制度更加细密。2014 年 1 月，中央印发《党政领导干部选拔任用工作条例》，该条例被视为从源头上预防和治理选人用人不正之风的有力武器。2014 年 6 月，中央审议通过《党的纪律检查体制改革实施方案》，党委在党风廉政建设中的主体责任意识大大增强。除此之外，对领导干部在企业兼职（任职）、参加社会化培训、配偶移居国（境）外等具体问题，都作出了明确规定。进入 2015 年，6 月颁布的《中国共产党党组工作条例（试行）》，首次将党组工作纳入制度化轨道。"不敢腐的态势正在形成。"中央党校党建教研部副主任戴焰军在接受本报采访时表示："但不能腐还要靠制度，制度建设是长期而艰巨的任务。"

在戴焰军看来，制度建设应该合乎实际，并且十分明确；同时，在程序上要有严格的执行、监督、追究环节，防止制度成为"稻草人"。

反腐与改革互补　共同打破利益格局

反腐究竟会给中国社会带来怎样的影响？这是一个需要放在长时段内进行考量的话题。但至少从现在看，有两种说法是不攻自破的："反腐影响经济发展""反腐影响改革大局"。

专家认为，因为反腐和改革本来就相辅相成，反腐打破的利益格局，将为中国的改革推进进行良好铺垫，是中国改革的长期利好。

体现最明显的是国企。在被巡视组毫不客气地指出"近亲繁殖""靠山吃山""蚕食国资""内部体制机制不透明"等问题之后，在有相关责任人被追究责任甚至移送司法机关之后，国企迎来了改革的契机。

例如，在中国船舶，巡视组指出，其内部物资采购尚未全面推行公开招标，竞争性采购严重不足，因而存在权力寻租的空间。为此，在其晒出的整改方案中，物资采购机制的全面改革、减少采购寻租空间和自由裁量权就成为重要一环。在今年第一批总计约6亿元的物资采购招标中，信息已经全部公开透明，各类物资最少有4家供应商、最多有20家供应商参与投标。

神华集团也以巡视为契机，推进总部管控模式改革，重新梳理工作流程，并探索实行权力清单制，最大限度减少以审批为主的事前控制。

国务院发展研究中心企业研究所研究员项安波指出，是腐败而非反腐才是真正影响国企发展与改革的障碍。反腐是特殊时期清理国企发展与改革障碍的有效利器和特殊手段，治标为治本获取时间，为国有企业防腐倡廉制度化建设和健康发展创造条件。

类似的"反腐推进改革"的效应也出现在军队领域。在不断有"军老虎"落马的同时，军队体制改革也在不断进入深水区——从今年2月开始的全军财务大清查，到今年 6 月开始实施的全军工程建设项目和房地产资源管理专项整治，都切中可能滋生腐败的重点区域，"刮骨疗毒"地为军队现代化进程开路。

在政府和社会层面，反腐带来的改革效应同样显而易见。反腐震慑效应不仅是为了震慑，更是为了带来良好的政治生态；而党政层面的政治生态改革传导到社会层面——两年多来的餐饮、礼品、奢侈品市场从畸形繁荣到良性震荡再到探索转型，已说明了这一点。

（原文标题：《中共的反腐辩证法》；作者潘旭涛、申孟哲；原载《人民日报·海外版》
2015 年 6 月 25 日第 5 版）

☆评论

一个大党的哲学素养

中共的反腐思想和实践中，不时地闪现辩证法的光芒。这一点也不奇怪，因为中共是一个有着丰厚哲学素养的大党。对于哲学的重视和理解，让她区别和超脱于一般性的政党。哲学是一切学问之母，抓住了它，也便掌握了解决大量问题的智慧。

这个拥有 8600 万党员的政党信仰的马克思主义，本身即包含"马克思主义哲学"等哲学思想。每到关键时期，这个政党都会加强对哲学的学习。历史上的危难关头如是，当下的"四个全面"时期也如是。2013 年，十八届中央政治局第十一次集体学习，学的是"历史唯物主义基本原理和方法论"。2015 年 1 月 23 日，中央政治局新年来第一次集体学习，学的是"辩证唯物主义基本原理和方法论"。

没错，这又是一堂哲学课。负责授课的孙正聿，是吉林大学哲学教授。习近平总书记在课堂上明确谈及，"必须不断接受马克思主义哲学智慧的滋养，更加自觉地坚持和运用唯物主义世界观和方法论""增强辩证思维、战略思维能力"，旨在"努力提高解决我国改革发展基本问题的本领"。

近年来，世界范围内"中共学"越来越受重视，普遍关注的一个问题是："中国共产党为什么能"，她将中国经济社会治理得井井有条的本领从何而来？原因有很多种，对于哲学的非同寻常重视即是之一。中共的实践证明，哲学并非空中楼阁，而是饱含解决现实难题的智慧和方法。

日前，在中共中央纪念陈云同志诞辰110周年的座谈会上，习近平用了不短的篇幅谈及陈云对于哲学的热爱和理解。他引用陈云的原话："要把我们的党和国家领导好，最要紧的，是要使领导干部的思想方法搞对头，这就要学习马克思主义哲学。"

在中共的治理思想和实践中，对于"学习"和"学好"哲学，尤其对辩证法（辩证思维）的重视和熟稔，随时随处可见。如一周前，习近平在贵州调研时强调："适应我国经济发展新常态，保持战略定力，加强调查研究，看清形势、适应趋势，发挥优势、破解瓶颈，统筹兼顾、协调联动，善于运用辩证思维谋划经济社会发展"。一方面，他明确要求领导干部要"善于运用辩证思维"；另一方面，他提到的"统筹兼顾、协调联动"则是辩证思想的体现。

除了辩证思维，中共还十分重视战略思维、底线思维、系统思维、创新思维等。而这些思维方式，无不是受哲学思想的启发。"学习哲学，可以使人开窍。学好哲学，终身受用"（陈云）。对人如此，对党亦如此。

（作者：正楷；原载《人民日报·海外版》2015年6月25日第5版）

中央巡视狠话里的真问题

导语

对很多人来说，十八大以来中纪委的"狠话"让人眼前一亮。2015年2月，中纪委官网公布了2014年中央巡视组第三轮专项巡视反馈情况，用语较之以往更为尖锐，直戳问题核心。这些"狠话"反映了中国反腐的决心以及巡视制度的日渐成熟。

这一次，中央巡视组的反馈意见格外"狠"。

对环保部，中央巡视组批评"红顶中介"现象突出；对中国南方航空集团公司，中央巡视组批评其"权钱交易、利益输送"；对文化部，中央巡视组批评有些干部"玩风较盛"；对中国海运（集团）总公司，中央巡视组批评"靠船吃船"问题突出……

2月初，中纪委官网先后公布了2014年中央巡视组第三轮专项巡视反馈情况。人们发现，中央巡视组的用词较之以往更为尖锐，直戳问题核心。

专家认为，作为反腐制度建设的重要一部分，巡视制度正在日渐成熟。直言不讳的话语背后，是直面问题的决心与态度。

狠话扎堆里的共性与个性

狠话，既有共性，也有个性。

本轮巡视 13 个巡视点中，有 8 家央企，占比超过一半，出现了很多普遍存在的问题。仅"利益输送"一词，在巡视反馈意见中就出现了 13 次，与其搭配的包括"黑洞""权力寻租""关联交易""以权谋私"等词。

与之相匹配的是，在利益输送这个层面上，巡视意见指向了不少被巡视单位大同小异的问题。例如，在东风公司，"靠山吃山"问题突出；在中国海运，则变成了"靠船吃船"。

无论在文化部、环保部等部委，还是在中石化、中国联通、中船集团等央企，企业领导人员及亲属子女等谋取不正当利益的问题都成为被指出的共性问题。

针对各巡视单位的个性化语言，也成为舆论热议焦点。

以文化部为例，"文艺评奖过多过滥，评奖中存在暗箱操作、利益交换""'两个责任'落实不到位，内部管理不严，干部玩风较盛""退而不休"等，用词堪称犀利。

而在环保部，环评技术服务市场"红顶中介"现象，环评机构资质审批"花钱办证"现象以及因"把关不严、批而不管、越权审批"导致的污染隐患和权力寻租空间加大，都被直接指出。

相比之下，针对央企神华集团的用词尤为严厉。除"黑金""黑洞""暴利工程""'链条式'腐败""利益同盟""涉嫌严重违纪违法"等定义之外，"操控""故意制造""谎报""放任管理""放弃管理""思想退坡""情况堪忧""监督不力""形同虚设"等说法，其用词之犀利，是十八大以来中央巡视组反馈意见中所罕见的。

同为央企的中国海运，问题与公司业务特点高度相关。"靠船吃船"问题，"吃里扒外"现象，"损公肥私"行为以及"虚构业务往来，侵吞国有资产，或在职时照顾关联企业，退休后被关联企业高薪聘用"等，都与巡视组所下的判断高度相关——"一些领导人员及亲友和特定关系人围绕航运业务开办关联公司进行利益输送"。

分析人士认为，如果说过去巡视反馈情况以"一针见血"而闻名，那这次的许多话就是"刺刀见红",毫不留情面地直戳问题核心。

"向被巡视地区、单位反馈时，要直指问题，一五一十把问题抖搂出来，根本不要搞任何遮掩，责成其认真整改。"这是去年 6 月 26 日，习近平总书记听取 2014 年中央巡视组首轮巡视情况汇报时提出的要求，如今正在转化为巡视组越发犀利的言辞。

公布完这一轮所有巡视反馈情况后的第二天，中纪委就召开了中央巡视工作动员部署会，并确定 2015 年第一轮巡视对象为 26 家央企。在会议新闻中，对"选人用人问题突出""买官卖官、搞团团伙伙""家属子女靠山吃山、谋取私利"等问题的指出，也直截了当。

直指问题已成反腐新风气

"无论巡视组说了什么，肯定是以充分的事实依据为基础的。尤其是说狠话，一定反映出了背后存在很多问题。"在接受本报记者采访时，中央党校教授谢春涛认为，话说得重，是因为问题确实严重。

央企问题，成为最近以来反腐工作的重点和焦点。

事实上，除 2014 年第三轮巡视外，自十八大以来，还有 4 家央企曾被巡视。在这 12 家央企中，的确存在许多共有的问题。例如，涉及采购、招投标和销售腐败的有 7 家，超标使用办公室或公车的有 2 家，家属子女"靠山吃山"的有 6 家，存在买官卖官、带病提拔等问题的有 7 家，对违规行为处理不力的有 5 家，存在公款旅游、吃喝等问题的有 6 家……

针对央企的专项巡视反馈情况，舆论所关注的关联交易、利益输送等，转化成了更为具体的问题。比如华电集团，存在违规向民营企业让利，造成国有资产流失；再如中船集团，有的企业部分物资长期由一家供应商提供，或以各种理由指定供应商；又如中国海运，有人开办私人公司，依托中国海运经营同类业务，面上干工作，底下揽私活，吃里扒外。

在中纪委官网上，公布了被巡视央企的"一把手"们听取反馈意见时的情景。无论是中国联通董事长常小兵，还是中船集团董事长胡问鸣，普遍眉头紧锁，表情凝重。

事实上，不只2014年第三轮巡视，无论是把2015年首轮巡视全部定为央企，还是近期以来中纪委、国资委的一些会议与表态，都对央企腐败的问题直言不讳。

2月11日，国资委主任、党委书记张毅发表署名文章，言辞之间，对于央企存在的问题也颇为焦虑。

"我们有些分设的领导班子，开党政联席会一般是董事长主持，有的党委书记是不是都没有主持过？董事长主持这个会，叫行政会，也叫党委会，恐怕这个要改一改，要不然党委书记怎么负这个第一责任？有的企业党委书记太客气了，没有责任追究稀里糊涂的。中央企业今年就要问责一批，抓典型。我希望谁也别当这个典型，赶快把主体责任、监督责任负起来。中央都讲到这个程度了，我们还不落实，还等什么?!"

在谢春涛看来，无论巡视还是专门指出的问题，非常明显的特点是"绝对不是走过场"。他认为，在中央和公众的共同重视之下，除了言辞激烈地提出问题所在，还会有更多的实际措施。被巡视单位如果不重视、力度不够大，很可能面临巡视的"回马枪"以及更为严厉的问责。

犀利的底气从何而来

党的十八大以来，已经共计推出了五轮中央巡视。有网民感叹说，事不过三，但五轮之后，中央巡视组依然随时具有"上头条"的能力，说明其抓住了核心问题。一个自然而然的问题是，中央巡视组越来越犀利的底气从何而来？

在受访专家看来，日渐犀利的言辞背后，是中国反腐的决心，以及日渐成熟的巡视制度。

2月12日的中共中央政治局会议，对十八大以来的中央巡视工作高度认可。会议认为，党中央高度重视巡视工作，对加强和改进巡视工作作出重大部署，明确了中央巡视工作方针。在党中央有力领导下，巡视工作聚焦党风廉政建设和反腐败斗争这个中心，着力发现腐败、纪律、作风和选人用人方面的突出问题，形成有力震慑，做到巡视全覆盖、全国一盘棋。

而在此前的讲话中，习近平直言，中央给了巡视组尚方宝剑，是"钦差大臣"，是"八府巡按"。分析人士认为，这种比喻背后，是中央对巡视工作的重视与信任。

"巡视发现的问题线索，凡是违纪违法的都要严肃查处。不要怕问题多，问题多的单位可以把握节奏。要一网打尽，有多少就处理多少。"习近平说，"不管级别有多高，谁触犯法律都要问责，都要处理，我看天塌不下来。"

自党的十八大以来，中央巡视组已经巡视了 66 个地区和单位，实现对 31 个省区市和新疆生产建设兵团全覆盖，工作成效显著。这其中，既有常规巡视，也有最近以来抓的最多的专项巡视。

在谢春涛看来，目前"巡视制度已经比较成熟"，改进非常明显。在常规巡视和专项巡视的搭配中，走出了一条很好的路子，探索出了比较好的办法和制度。他认为，在反腐败过程中，巡视体现出了越来越多的优势。

2014 年第三轮巡视反馈情况中，13 个巡视组都提出还了解到了被巡视单位一些领导人员的问题线索，已经按规定转中央纪委等有关部门处理。由于巡视组本身是党中央的"千里眼"，着力于发现问题，所以舆论关注的后续处理情况，都需要其他相关部门按照程序介入。

"巡视工作必须巩固成果、深化拓展，做到利剑高悬、震慑常在，用最坚决的态度减少腐败存量，用最果断的措施遏制腐败增量。"2 月 12 日的政治局会议指出，要把巡视监督作为党风廉政建设和反腐败斗争的重要平台，作为上级党组织对下级党组织监督的重要抓手，作为党内监督和群众监督结合的重要方式，为全面从严治党提供有力支撑。

即将开始的 2015 年第一轮巡视，还未开始就已经有了新词——"一托二"，意思是每轮一个组巡视两家，13 个组同类同步安排、分批集中汇报。创新的分领域、分行业巡视，为今年的巡视工作拉开大幕。

有理由相信，2015 年，中央巡视组还会造出更多新词。

（原文标题：《从"一针见血"到"刺刀见红" 中央巡视狠话里的真问题》；作者：刘少华；

原载《人民日报·海外版》2015 年 2 月 14 日第 2 版）

☆评论

巡视意见是"亮剑"不是"打太极拳"

"环评技术服务市场'红顶中介'现象突出，环评机构资质审批存在'花钱办证'现象"，"干部人事工作不规范，有的干部'退而不休'"，"机关纪委查处案件不力、处理'偏轻偏软'"……

这些表述都来自 2014 年中央巡视组第三轮巡视的反馈结果。从十八大至今，中央已推出五轮巡视。对比来看，每一次新的巡视都比前一次加重力度，而每一次新的反馈结果也都比过去更加"直面问题"。

十八大以来，中国共产党展示了强大的反腐决心，以"壮士断腕、刮骨疗毒"的勇气惩治腐败。周永康、徐才厚等大老虎的落马，中央巡视工作的常态化，违反"八项规定"、触及"四风"行为的公开曝光，不论涉腐事件大小、不论当事人职务的高低，各级纪委发现一起查处一起，发现多少查处多少，让反腐只有"进行时"，没有"完成时"。如今，中央巡视组反馈意见里频出的"狠话"更将腐败问题一五一十地暴露出来。

而中央巡视组反馈信息里让人眼前一亮的新词、充满"火药味儿"的狠话，既是"利剑高悬、震慑常在"的体现，也是对"八项规定"中"转变文风"的具体实施。

不再是"打太极拳式"的轻描淡写、模糊重点的说辞，不再是套用模板、让人费解的"一堆空话"。直白的表述，犀利的语言，直接拎出"干货"，让公众一目了然，了解被巡视单位问题出在哪里，又有多么严重。

面对部分官员在落马前干出不少实在的政绩、受当地群众"称赞"的现象，中央巡视组反馈意见里用"能人腐败"形容了这些有聪明才干却在金钱、权力等私欲前败下阵来的官员。

面对一些员工依托所在国企开办私人公司、运营同类业务，面上干工作、底下揽私活的行为，反馈意见用"吃里扒外"将这种行为作了简洁明了的概括。

"花钱办证""小官巨腐""一家两制""吃里扒外""暴利工程""靠山吃山"，这些文件里的新词让人"耳目一新"，一针见血，直戳要害。把问题"直直落落"地抖出来。

在听取2014年中央巡视组首轮巡视情况汇报时，习总书记就明确指出："向被巡视地区、单位反馈时，要直指问题，一五一十把问题抖搂出来，根本不要搞任何遮掩，责成其认真整改。"

当下中央巡视组用通俗易懂的新词讲出了"狠话"、点明了问题，正是对习总书记这一要求的落实。只有这样，各级地方政府及有关部门才能更好地查清"病因"，找准"病根"，着眼"根治"，让"党风廉政建设"不只是一句空话。

(作者：柴逸扉；原载《人民日报·海外版》2015年2月14日第2版)

被巡视后央企如何应对

导语

    2015 年 4 月 30 日至 5 月 8 日，2014 年中央第三轮巡视的 13 家被巡视单位（以央企为主），在中纪委网站上晒出了各自的"整改情况报告"。这些报告中，13 家单位对中纪委查出的问题作出了怎样回应，值得关注。其实，巡视整改不仅是"当头棒喝"，也为被巡视单位带来了改革的正向激励。

4 月 30 日至 5 月 8 日，2014 年中央第三轮巡视的 13 家被巡视单位，全部在中央纪委监察部网站上晒出了各自的"整改情况报告"。

去年第三轮巡视，是中央首次大规模采用专项巡视，巡视的 13 家单位中，有 2 家中央部委、3 家事业单位和 8 家央企国企。

而在今年 2 月晒出的巡视组反馈意见中，8 家央企均被查出"利益输送"的通病，而"红顶中介""吃里扒外""链条式腐败""牟取黑金""退而不休""花钱办证"等反馈"新词"，也属于本轮巡视中首次采用的反馈表述。

因此，这 13 家单位公布的整改清单如何对上述问题作出回应，备受社会各界关注。他们如何处理自身存在的这些问题，又将如何开出药方，铲除类似问题滋生的土壤？

查案：处理人，震慑一片

"先止血，再治病"，是中石化在本轮巡视整改清单中晒出的一个原则。所谓"止血"，就是把巡视中暴露出的突出问题整改好，采取果断措施，堵住"出血点"。

而整改措施中最为外界关注的，就是处理了哪些问题人员。

以中国国际广播电台为例，在其通报中，就对巡视组移交的干部问题线索进行了处理。其中，2名正局级干部因为公款报销个人费用和填报个人事项不明等原因，分别被处以党内严重警告和行政免职处分；2名被立案调查的问题干部，则被处以留党察看、撤职、辞退等处分；国际台下辖的出版社，则解聘了主要负责人，面向社会公开招聘社长、总编辑。

类似情况也出现在其他被巡视单位的整改报告中。

在中石化，针对部分企业存在应招标未招标、违规转包分包等问题，14家企业被全系统通报批评，98家单位、184人因"应招标未招标及违规转包分包"被处罚，其中包括中层管理人员61人；中国联通党组纪检组的5件立案中，12人被给予党纪政纪处分，同时清理裸官11人、违规兼职12人；中国船舶则针对"内外勾结、权钱交易"的问题，决定对2名成员单位的领导班子成员进行立案调查。

而外界非常关注的神华集团"灭火腐败"问题，负有直接领导责任的神宁煤业集团分管副总经理被给予党内警告处分，神宁煤业集团安全监察局原党委书记兼副局长牛进忠和安全监察局主任师刘宝龙，则因涉嫌严重违纪违法被开除党籍、解除劳动合同，已移送司法机关。

不仅直接违纪的人员要被处理，负有主体责任和监督责任的人员也要被处理。

在神华集团，神宁煤业集团党委因下属党员干部的违法违纪问题被通报批评，并按照程序追究集团董事长、党委书记和纪委书记的责任；巡视中被信访举报的20件纪检监察干部案件中，1人被撤销纪委书记，1人被免去纪委领导职务，调离原岗位；中国国际广播电台的 1 名正局级干部，则因对有关违纪案件存在主体责任履行不力问题，被给予党内警告处分。

"查处一人，震慑一片"。止血，自铁腕始。

肃纪：明制度，斩利益链

本轮巡视中最为外界关注的，莫过于暴露出的内部交易、吃里扒外、亲属违规经商办企业等权钱黑幕。如何斩断利益的链条？各家被巡视单位也开出了自己的药方。

在中国船舶集团公司，通过对 2000 多名中层以上干部的自查、申报、公示和审核，共发现 211 人的亲属经商办企业，其中 5 人的亲属所办企业与其本人所属单位有业务往来和关联交易，个人申报涉及合同总金额 18736 万元。其中涉嫌违纪违法的关联交易，集团党组纪检组正展开调查。

在中国联通，巡视组提交了"一些领导纵容支持亲属、老乡或其他关系人承揽项目或开办关联企业谋利，一些领导及关键岗位人员收受客户、下级礼金和有价证券问题"的反馈。之后，中国联通全系统县公司领导班子副职以上各级领导人员全部进行了相关事项的填报，共注销企业 21 个、转让企业 63 个、退出股份 16 个、辞去高管职务 8 个、终止业务往来并签署承诺书 85 个；同时，所有领导成员在上缴收受礼金、有价证券和高尔夫球卡之后，均填写并向纪检监察部门提交了"零持有"报告书。

针对协调航线、编排航班中存在权钱交易的问题，中国南方航空公司改变了以往的做法，不再与代理人、旅行社等经营性单位合作，规定今后只与地方政府或其指定的部门、单位签订合同。而针对一些领导干部亲属代理机票销售牟利的问题，南航下发规定，对管理人员的家属、亲戚及其特定关系人经营或参股客货代理公司的情况开展地毯式排查，在排查的 2729 人中，查出 8 人存在此类情况，依规定进行处理。

而被社会诟病已久、容易产生利益输送的"红顶中介"，环保部做出了整改：全部"脱钩"。其公开发布的《全国环保系统环评机构脱钩工作方案》，要求全国环保系统所属环评机构 2016 年年底前与环保部门完全脱钩。环保部部属单位全资或参股的 8 家环评机构，则要做出表率，于 2015 年年底前率先脱钩，逾期未脱钩的，一律取消环评资质。这一做法，将从根本上解决环境评估方面的权力寻租问题。

文化部则对可能产生腐败和不正之风的文化评奖亮出重拳：减少 60% 以上的全国性文艺评奖，原有的 41 个奖项，只保留 15 个，同时在评奖中，落实评委实名制及遴选、回避、轮换、保密等制度，杜绝不正之风。

用人：配队伍，优化选人

被巡视单位出现腐败问题，除了党委、党组落实主体责任不足、抓党风廉政建设意识不足之外，纪检监察力量长期"失之于少、失之于软"的问题也非常突出。在国企、央企这样的"抓业务"单位，和一些长期被认为是"清水衙门"的机关，这样的问题尤为明显。

为解决此类问题，各单位首先是"配备队伍"。

中国船舶集团整合并加强了集团公司监察部和地区公司纪委的力量，增加编制 8 人，增加领导职数 4 人，将 25 家规模较小成员单位的信访举报核实及案件处理工作集中由地区公司纪委和监察部负责，解决其纪委"长期无案可办"、"需要办案时又能力不足的问题"。同时，中船还清理了纪委书记身上的兼职和分管工作，确保较大规模的企业纪委书记"只分管纪检监察工作"，较小规模的企业纪委书记不分管敏感业务，使纪委书记将主要精力放在监督执纪问责主业上。

华电集团也有类似的做法。今年 3 月，华电集团为 5 家二级单位配备了专职纪检组长，改变了以往党组书记兼任纪检组长的做法，并正在酝酿考察另外 4 家二级单位纪检组长人选，并建立二级单位纪委书记（纪检组长）交流任职和定期轮岗制度。

在神华集团，《神华集团公司纪检监察干部2015—2017年培训规划》正在编制，集团将用1年时间对全集团所有专兼职纪检监察干部进行轮训。

同时，被巡视单位也制定相关制度，为改变选人用人方面的不正之风进行努力。毕竟，"用人腐败是最大的腐败"。

东风汽车集团党委制定了干部选用方案会前审议制度，要求在讨论决定干部任免事项之前，召开由党政领导、分管人事领导和纪委书记参加的"干部选用方案会前审议会"，在选人用人中加进"纪律"一条。同时，在干部选用方面，东风集团还将在5月集中调整公司高管后备干部队伍，坚持"五湖四海"，选拔年轻人才。

而在全国工商联，针对"调入干部把关不严"的问题，党组制定了《全国工商联机关选调干部工作办法》，防止干部"带病"调入、"凭关系"调入和突击提拔调入。对下辖《中华工商时报》长期由"一把手"独自决定干部任免的问题，全国工商联进行了"历史清查"，从2004年到现在，发现问题就做出整顿。

立制：讲规矩，促进改革

在北京大学廉政建设研究中心副主任庄德水看来，"靠山吃山""吃里扒外"等央企国企的通病，与国企本身的改革不到位密切相关。其中，纪检监察部门"有制度不用""制度不管用"的现状，一定程度上让特殊利益集团将国企变为"私产"，不仅坐吃山空，将国有资产转为个人资产，更与官场腐败形成利益同盟，利用自身的市场竞争优势和政策便利，实现更大程度的腐败和垄断。

巡视发现问题，是为了指出病灶，更是为了解决问题。在这个意义上，巡视不仅是"当头棒喝"，让这些问题暴露在光天化日之下，更给予了被巡视单位改革的契机。

以中国船舶为例，为了解决物资采购"尚未全面推行公开招投标，竞争性采购严重不足"的问题，集团正在进行物资采购体制机制的全面改革，旨在通过加强顶层设计和宏观管理，优化采购流程、重构权力配置，从制度层面减少或消除采购行为的寻租空间和自由裁量权，降低廉政风险。在2015年第一批涉及12类材料及机电设备类物资共计约6亿元的船用物资集中采购招投标中，已经实现了各类物资中最少有4家供应商参与投标、最多有20家供应商参与投标，集中采购信息全部公开透明。

在中国科协，财经纪律执行不严、违规使用经费等问题，是巡视组反馈的重点。为此，中国科协梳理了近年出台的经费管理使用制度，新制定22项制度，修订13项制度。同时，他们还新设经费资产监管处，负责内控建设、经费监管、政府采购和资产管理；除四个业务部门保留二级预算权外，机关其他综合部门公用经费统一收归计划财务部门管理，其支出报销须经计划财务部门审核签字认可。

而在神华集团，巡视也给他们提供了改变改革滞后、监管缺失问题的契机。神华正在推进总部管控模式改革，重新梳理工作流程并探索施行权力清单制，最大限度减少以审批为主的事前控制，推行备案制和事中事后监督检查制，同时以生产经营独立性较强的单位为试点，下放部分经营权。

巡视整改也确实为被巡视单位带来了改革的正向激励。

比如南方航空，巡视整改期也正是春运生产旺季。但在"一手抓巡视整改，一手抓安全经营"的理念下，到3月底，南航创造了连续安全飞行1395万小时的中国民航最好安全纪录，1—3月份的同比增盈也达到30.7亿元，是南航历史同期最好业绩。

而在华电集团，今年一季度，公司销售收入超过480亿元，利润同比增长30%，实现了巡视整改和企业中心工作"两不误、两促进"。

（原文标题：《查案件，止血治病；严规矩，建章立制——被巡视单位开出"整改清单"》；

作者：申孟哲；原载《人民日报·海外版》2015年5月9日第8版）

☆评论

巡视工作为何能一直"上头条"？

这两年，恐怕没人会以为中国的巡视是走过场或者儿戏。所有人都意识到，对相关单位来说，"被巡视"是长达数十天的被放在显微镜下的体验，是让人脸红心跳的整改意见，是在制度和舆论等多重监督之下的具体整改措施。

所以我们无需惊讶于在 2015 年进入第五个月的时候，才等来了 2014 年第三轮巡视的整改意见。因为巡视制度所规定的严密程序以及整改本身需要解决的问题之多，都需要这么长的时间。

我们看到，即使是过去这么久，许多单位的整改意见一出炉，还是能立马"上头条"。一般来说，决定新闻能否"上头条"的，有时是时效性，有时是重要性，这些新闻毫无疑问是凭借够多的"干货"上的头条。

一项制度最为人所看重的特质之一就是生命力。对于巡视制度来说，自从在十八大之后重新焕发生机以来，就一直显示出旺盛的活力。第一轮巡视很"给力"，人们可以理解，但是在多轮巡视之后，为何还会如此"给力"，这生命力来自哪里？

十八大之后的反腐制度建设中，巡视是其中很大的亮点，日趋完善，不断精进。无论是常规巡视与专项巡视的搭配，还是巡视的"三个不固定"（即中央巡视组的组长不固定、巡视对象不固定、巡视组与巡视对象的关系不固定），都有效确保了巡视不会变味。

可以认为，制度本身的完善，是其生命力的重要来源。在与一些专家探讨时，他们普遍认为，我们很多时候不缺制度，而是缺制度的执行和监督。巡视制度无疑是做出了表率。

同样不能忽视的是中国反腐的决心。从中央领导人到普通民众，对于这一问题的认识、态度与期待是一致的。中国反腐，必须一反到底，而巡视就是反腐的一项利器。

　　这应当给我们其他领域的制度建设带来启示。我们说"实践是检验真理的唯一标准"，一项制度是否成功，其成果老百姓都看在眼里。媒体之所以给巡视工作以"头条"，就因为老百姓关心这个，喜欢这个。

　　在看到过去成果的时候，今年首轮巡视的"巡视进驻"阶段也已全部结束。过去几个月，不断有被巡视的国企高管落马消息传来。巡视组继续"给力"，舆论也自然不会吝啬让巡视新闻"上头条"。这是对这一制度的认可，更是对中国反腐决心的认可。

（作者：刘少华；原载《人民日报·海外版》2015年5月9日第8版）

纪委对"自家人"的态度

导语

　　刮骨疗毒，勇者所为；虽疼痛入骨，然去毒护体。中央纪委在不断加大力度查处腐败的同时，是怎样向内部开刀、清理自家人的？"武松"缘何生病？灯下黑又是怎样被照亮的？中央纪委不护短的决心，将用行动来告诉你。

　　在这个即将结束的 5 月，中央纪委清理了两个"自家人"。先是第四纪检监察室主任魏健，10 天后是副局级纪律检查员、监察专员曹立新，两人都因涉嫌严重违纪违法，接受组织调查。

　　中央纪委不护短的举动，被外界纷纷点赞，认为这体现了中央纪委敢于向内部"开刀"的勇气，释放出"中央纪委自我监督作用显现、打铁还需自身硬不是一句空话"的信号，不管是不是"纪委的人"，只要敢于以身试法，就会被"零容忍"地查处，印证了"反腐不留空白区，反腐不设保险箱"这个反腐的鲜明特征。

"内鬼"落马警示大

　　据公开资料统计，今年以来，包括魏健、曹立新在内，已经有 4 名与中央纪委有关的官员落马，还有 2 名分别是中纪委委员、中科协原常务副主席申维辰，山西省人大常委会原副主任金道铭。

从他们的基本情况来看，申维辰是中纪委委员；金道铭在山西任纪委书记近5年，此前还在中央纪委、监察部任职16年，当过中央纪委副秘书长兼五室主任、中央纪委副秘书长兼办公厅主任、中央纪委驻交通部纪检组组长等要职。而曹、魏两人都是中央纪委在职官员。

位置高且重要也是共性。其中，申维辰、金道铭是省部级，申维辰还是党的十八大以来被查的纪委系统级别最高的在任官员；曹立新、魏健虽是厅局级，但是均在纪检战线一线任职，魏健所在的第四纪检监察室负责联系金融口的单位等。但是，不论腐败分子资格多深、职位多高多重要，他们都受到了坚决的查处。

从落马情形来看，据媒体报道，魏健是上班后从办公室被带走的。有报道指出，申维辰被查处前并无明显征兆，还正常参加公开活动，但4月12日，中央纪委工作人员在机场将申维辰及下属直接带走。此外，2月24日，中央第六巡视组向山西省反馈巡视情况，金道铭还出席了会议。3天后的2月27日，中央纪委监察部网站即发布了金道铭的落马消息。

对于这些"自家人"的被查处，制度反腐专家李永忠对本报表示，这表明了中央纪委不护短、不偏袒，坚决杜绝"灯下黑"的坚强决心，彰显了中央纪委"清理门户"的鲜明态度，为各级纪检机关抓队伍自身建设树了典范。

除中央纪委外，今年以来，一些地方也公布了一些纪检系统相关官员被查处的案例。

比如5月23日，广西壮族自治区人民政府驻广州办事处主任、党组书记，原广西贺州纪委书记徐励明被查处；5月21日，海南临高县纪委副书记陈廷防因涉嫌严重违纪违法，接受组织调查；4月21日，广州市协作办党委副书记、纪委书记何继雄涉嫌构成犯罪，被移交司法机关处理；4月10日，广西壮族自治区国土资源厅纪检组原组长罗卫国涉嫌严重违纪违法，接受组织调查；3月6日，山西省监察厅副厅长谢克敏涉嫌严重违纪，接受组织调查；1月10日，福建省烟草公司原党组成员、纪检组长孙佳和涉嫌严重违纪被立案调查。

"应该说，纪检系统内部人员的落马，在打击腐败分子的气焰方面，要比普通的腐败分子落马更有力度，既告诫人们反腐败没有死角，也为全国纪检监察干部敲响了警钟。"李永忠评价说。

作风不正要被点名通报

在高调反腐的同时，中央纪委也不断加大制度创新力度，强化自我监督，不仅刮骨疗毒，也大力改进工作作风。

今年2月28日，中央纪委常委会审议通过了《关于公开曝光纪检监察干部违反中央八项规定精神案件的通知》，要求对纪检监察干部违反中央八项规定精神的案件，一律点名道姓公开曝光。

继去年12月25日中央纪委在官网通报了4起纪检监察干部违纪违法典型案件之后，今年2月9日，中央纪委再次通报的4起典型问题中，点名道姓地对纪检监察干部违反中央八项规定精神的行为进行了曝光。其中，既有江西省南昌市安义县委常委、县纪委书记吴强酒后驾车肇事致人死亡问题，也有湖北省襄阳市国家安全局纪委书记吴基绵驾驶警用车辆交通肇事致人死伤问题；既有河北省邯郸市临漳县纪委副科级纪律检查员、监察员申万灏违规接受宴请酒后殴打镇纪委书记等问题，也有山西省河津市纪委工作人员任建刚大办其父丧事违规收受礼金问题。这些人有的受到党内严重警告处分，有的被开除了党籍、公职，涉嫌犯罪问题还被移交司法机关依法处理。

除此之外，根据中央纪委官网等网站，各地被曝光的纪检系统相关干部的违纪还有多起。比如，甘肃武威市凉州区永昌镇纪委书记程熙因出具虚假证明、干扰办案工作等问题，被给予党内警告处分。云南省纪委公开通报3起纪检监察干部违纪典型问题。湖北省十堰市纪委监察局召开新闻发布会，通报了郧县柳陂镇党委副书记、纪委书记李胜祥带"彩"打麻将违反"八项规定"的典型案例。

"纪检监察干部的地位与扮演的重要角色，决定了他们必须承受更严格的监督，要带头正风肃纪，只有高标准、严要求，才能使纪检监察干部被严密而有效的纪律和规范约束，划明'底线'，标明'雷区'，从一开始就管住吃拿卡要等行为，即使有人想沉沦也并不容易。"中央党校党建部教授、博士生导师张希贤对本报分析说。

风险为何增高

本是"打虎的武松"，缘何因为自身不洁而成为"被打者"？

在分析这些落马的纪检系统相关官员的特点时，李永忠认为，共同点在于他们都处在反腐败的第一线，处于风口浪尖之中。

张希贤进一步分析说，纪委系统的办案人员出问题，很多表现在所办案件上，在查处过程中经不起诱惑，被拉下水，或者有人透露一些信息给腐败分子，出现所谓的"内鬼"。

"所以纪委人员出事，多属徇私舞弊的问题，包括包庇犯罪问题。"张希贤分析，他们的落马，说明腐败与反腐败的斗争越来越复杂，其间的博弈牵扯到的内外部矛盾交织到一起，内部的一些干部经不起考验，发生了问题。

李永忠认为，纪委干部发生腐败的现实性、客观性和机会性都存在，在这种情况下，本来是反腐的机构和办案人员，结果反而比其他岗位风险更大。纪检监察干部没有天生的"腐败免疫力"，一旦思想抛锚，放松警惕，就容易被金钱打倒，成为腐败分子的工具。比如，中央纪委监察部网站去年12月25日通报的4起纪检监察干部违纪违法典型案件中的吴汉林、唐春刚、朱明义、姜伟等人，就是利用办案受贿。"'80后'的科级纪委干部吴汉林，1个多月受贿就有1000多万元，不是因为他本身有多大本事，而是利用办案查案权力，疯狂受贿，这不能不令人警惕。"李永忠说。

再比如近年来3个因为腐败问题落马的担任过省纪委书记的官员：一个是担任过广东、浙江两省省纪委书记的王华元，一个是四川的李崇禧，一个是山西的金道铭。"这 3 个纪委书记正好担任过 4 个省的省纪委书记，王华元一人就占了两个省：王华元是南（广东）和东（浙江）、李崇禧是西（四川）、金道铭是北（山西），东南西北都有省纪委书记中箭落马了。"李永忠说，"还有湖南郴州市的原市纪委书记曾锦春留下的那句话：'权力大也害死人，我就是被权力害死了'，这是一个曾经的纪委书记死前掏心窝子的话。"

对自身的监督要更严

中央领导曾多次公开表示，"打铁还需自身硬，正人先正己"。今年 3 月 11 日，中共中央政治局常委、中央纪委书记王岐山在参加四川代表团审议时指出：纪委作为党内专门监督机关，对自身的监督必须更加严格，执行纪律必须更加刚性，对跑风漏气、以案谋私等违纪违法行为零容忍，坚决查处绝不手软。

事实上，党的十八大以来，纪检部门的机构改革与制度创新不断推进，制度之笼正越编越密。今年 3 月，最新一轮的中央纪委监察部机关的机构改革，新成立了编制 30 名的纪检监察干部监督室，设 4 个处，专门负责对纪检监察干部的监督，由中共中央书记处书记、中央纪委副书记赵洪祝直接分管。

中央纪委副书记陈文清对此表示，增设纪检监察干部监督室，就是为了加大对纪检监察干部违纪违法行为的查处力度，加强对纪检监察系统自身的监督，防止我们队伍内部出现"蛀虫"，及时把"害群之马"清理出去。

李永忠认为，由于被监督对象都是纪检干部，而他们是办案的内行，反侦查、反监督和反办案的能力比较强，可能隐藏更深、更熟悉调查方式，所以对纪检监察干部监督室工作人员的业务能力、政治素质的要求会更高。他比喻说："要抓住狐狸就必须比狐狸更狡猾。"对于由赵洪祝直接分管这个室的安排，李永忠认为，赵洪祝在担任中央纪委副书记的同时还是中央书记处书记，他的这一身份不仅说明了决策层对此事的重视，也在某种程度上体现了中央对纪检系统的监督，有些情况他可以直接向中央书记处报告。

李永忠认为，纪检监察干部监督室的成立很快便发生了作用，中央纪委机关内一些违纪违法案例的查出与之密切相关。不过，他也表示，设立这个室更多只是应对当务之急的权宜之计，虽然对改变纪委书记的监管难题会有一定程度帮助，但本质上并未摆脱"同体监督"的老路，不外乎是在纪委内设立机构来监督纪委，因为纪检监察干部监督室仍然立足于同体监督，而非异体监督。若要治本，最终还要靠纪检系统外的"异体监督"解决。

张希贤认为，对纪检监察干部的监督与管理问题，党内党外十分关注。如何加强对纪检干部的监督和管理，应当在体制机制制度改革上有新的思考。比如，应当有办案过程预警机制，矛盾博弈风险防控机制，案件处理结果意见反馈机制，纪检监察对案件办理过程跟踪监督管理机制，及时受理内外举报机制，案件结案后内外征求意见、综合评估、细检查漏机制等。

"再锋利的刀刃，也砍不了自己的刀把儿。"李永忠建议，要通过民众的监督包括媒体监督等体系外的监督，从"同体监督"变成"异体监督"，彻底根除"灯下黑"。

（原文标题：《中央纪委"刮骨疗毒"》；作者：叶晓楠、石磊；原载《人民日报·海外版》2014 年 5 月 30 日第 5 版）

☆评论

反腐不论"自己人"

无论是近日被查的曹立新、魏健等人，还是稍早前落马的金道铭、申维辰，消息一出，均引来了舆论的强烈关注，其原因无非是这几名纪委的"内部人"身份。昔日专查别人的"包大人"，如今也在中央纪委"刮骨疗毒"中"中枪"，打虎者倒在了"打虎拍蝇"的反腐征途上，焉能不令人感慨！

这么多"自己人"被查，无疑反映了中央对反腐的力度之大以及反腐的全面，不留死角。警示作用当然也是巨大的：纪委对"自家人"都那么"绝情"，谁还认为纪委能够对那些心存侥幸者网开一面？

我们说，纪检监察干部没有天生的"腐败免疫力"，在当前反腐败的高压态势下，纪检监察干部往往成为腐败分子拉拢腐蚀的对象。在自党的十八大以来强势推动的反腐进程中，多个部委、系统和地方都有级别不等的干部倒下，而且有的干部是退休后才被查的，查案的过程中"拔出萝卜带出泥"，在这样的情形下，纪检系统查出曝光一些违法违纪徇私舞弊、受贿索贿的行为，自然有了可能。事实上，从2013年年底中央纪委公布的4例纪委系统内违纪违法的案例来看，全部都涉及利用职务便利受贿。

同时，正是由于纪检干部本身就是反腐工作监督者、执行者，他们一旦变质蜕化，其腐败危害性可能更大。因为如果有一个纪检干部出现问题却未被追究，将使反腐败的积极性备受打击，同时也会助长一些心术不正的干部的侥幸心理。

正所谓"其身正，不令而行；其身不正，虽令不从。"

武松不仅打虎，而且成了人人称赞的打虎英雄，不仅是因为他的拳头硬，更因为他是为乡邻除去大害，行得正立得端。同样，作为纪检干部，执纪监督只有"把自己摆进去"，说话才有硬气，拳头才有硬度，监督才有底气，执纪才有威严，办案才能公正。

在反腐倡廉中，如果"老虎""苍蝇"都还未打好，自身却先被腐蚀，那么这样的"武松"，就不成其为"武松"，也不再是反腐大业的"自己人"，而是腐败的助手帮凶，被打也在所难免。

（作者：叶晓楠；原载《人民日报·海外版》2014年5月30日第5版）

政法部门如何"清理门户"

导语

　　长期以来，社会上有种错误认识：为官就需"官官相护"，因为需要维护权力的形象和"面子"。但现实显然并非如此。

　　2014年2月11日，中央政法委公开通报了10起政法干警违纪违法典型案件。执法部门"向内部开刀"的举动，与中央全面深化改革、大力反腐的精神相呼应，而未来，这项工作还将建立长效机制。

　　2月11日，中央政法委公开通报了10起政法干警违纪违法典型案件。这是中央政法委首次向社会公开通报政法系统内部违纪违法案例。

　　在专家看来，政法部门这样"自曝家丑"、敢于"不护短"的通报，体现了党在反腐败和作风建设领域的决心。他们表示，在未来，这项工作还将常抓不懈，并且将通过制度建设建立长效机制。

曝光"灯下黑"

　　2月17日，此前在舆论上引起轩然大波的"广西警察枪杀孕妇案"一审宣判，凶手胡平被判处死刑。

　　"胡平案"是此次中央政法委公布的10起典型案例中的一例。在这10起案例中，曾像"胡平案"一样成为舆论焦点的，还有湖北高院原庭长张军与女律师"开房门"、广州派出所原副所长刘钊受贿案等4起案例，其中有些案件还源于网络爆料。余下6起案件，则属于首次公开。

在中央政法委公布的10起案例中，涉及公安系统的案例有5例，法院系统2例，检察系统2例，司法系统1例；涉事单位中，级别最高的是最高人民法院和公安部；涉事人员中，级别最高的是最高人民法院咨询委员会原秘书长刘涌，正厅局级。

此次中央政法委公布的10起案例，涵盖公安、检察、法院、司法等执法部门，涉事人员从基层干警到厅局级官员，行为包括违法犯罪与顶风违纪。直面舆论焦点，揭出部门内幕，中央政法委"自曝家丑"的通报，范围之广、类型之丰富，让外界看到了党对反腐败、转作风的决心和力度。

政法委相关负责人表示，向外界通报政法系统内部的违法违纪案例，是"史无前例"的。这显示了整个政法系统抓队伍建设的决心，也释放了要严抓严管政法队伍的强烈信号，目的则是让群众树立起信心。

中央党校教授戴焰军对本报记者表示，执法队伍本身非常庞大，因此暴露出来的问题也是多方面的。通报涉及的范围广泛，既有基层机关，也有高层单位，而且涵盖了公检法司，可以看出，政法反腐已经进入全面"不护短"的阶段。这也说明，这项工作不是单从哪一个方面入手，而是着眼于整个执法队伍素质和水平的提高，体现了解决问题的决心。

"政法部门不护短，不怕露丑，而且在全国范围内通报，反映了他们的决心和力度。"在接受本报记者采访时，中央党校教授谢春涛指出，这一方面会让当事人付出代价，另一方面也警醒整个系统内的其他人员。

几乎同时进行通报的还有中央纪委。2月9日，中央纪委通报了4起纪检监察干部违反八项规定精神典型问题。在公布的4起典型案例中，涉及的都是"作风问题"，包括酒驾肇事、违规宴请等。

之前，2013年12月25日，中央纪委还通报了4起纪检监察干部违纪违法典型案件。"向内部开刀"的行为也让地方向其看齐，如北京市纪委就在一周后的 12 月 31 日，通报了 6 起本市纪检监察干部违纪违法案件。

"打铁还需自身硬"

事实上，政法系统内部的反腐工作自党的十八大以来一直在稳步进行。

今年 1 月，以往的"全国政法工作会议"被更名为"中央政法工作会议"，习近平总书记亲自主持，强调要"以最坚决的意志、最坚决的行动扫除政法领域的腐败现象，坚决清除害群之马"，"以铁的纪律带出一支铁的政法队伍"；2013 年和 2014 年年初，国务院总理李克强分别主持了两次国务院廉政工作会议，表示对腐败"零容忍"。

高层的重视，带出其后一系列动作。

2013 年 12 月，原公安部党委副书记、副部长李东生涉嫌严重违纪违法接受调查，成为党的十八大后首位落马的政法系统高官；2014 年 2 月，中央政法委首次公开通报系统内部违法违纪案例；在东莞扫黄行动中，公安部要求严查地方"保护伞"……政法系统内部反腐的力度，可谓"空前"。

在国家行政学院教授杨伟东看来，从今年的中央政法工作会议就可以看出，中央要加大对司法腐败的打击力度。"政法本是公平正义的化身，司法不公和司法腐败对社会公平破坏力极大。"他说。

事实上，近年来，无论是网络曝光还是其他媒体的报道，只要涉及"公安干警""法官""检察官"等字眼，总会引发舆论的广泛关注。广西的"胡平案"、湖北的"开房门"以及此前上海"法官招嫖"案，损害的都是执法队伍的公信力。

因此，国家行政学院教授竹立家将中央政法委的首次公开通报视为"反腐工作在深化的重要标志"。他对本报记者分析说，作为执法者和监督者的司法部门，其腐败对于行政部门的腐败产生了重要的影响。

"司法部门的腐败对于社会的负面影响更大，因为司法部门本身就是维护社会公正的重要方面。司法部门的腐败，是权力与利益的交换，是把社会的公正和良心出卖了。因此，严厉打击司法部门的腐败，意义非常重大。"他说。

戴焰军则表示，习近平总书记说"打铁还需自身硬"，执法部门本身担负着反腐的重任，担负着解决各种社会问题的执法重任。如果队伍本身的素质跟不上要求，整个执法状况就比较堪忧了。因此，要提高国家治理的现代化水平，体现党的廉洁执政的要求，首先执法队伍人员自身素质就必须提高。

"不管是反腐败还是从依法治国的角度来看，执法者本身的素质以及他们的守法情况，对一个国家的法制和政治的清明都是有决定性作用的。"戴焰军说。

"想滥用权力也很难"

在专家看来，执法部门"向内部开刀"的举动，是和中央全面深化改革、大力反腐的精神相呼应的。

在已公开的"深改组"下设的6个专项改革组中，"纪律检查体制改革组"的设立引人瞩目。可以说，一方面，这是"反腐风暴"还将持续的标志；另一方面，也体现出未来反腐工作将更多向制度建设层面探索。

因此，中央政法委变以前的内部通报为公开通报的"一小步"，蕴含的是未来改革"一大步"的意味。

中央政法委表示，未来将探索集中公布与不定期公开通报机制，使公开通报变成常态。同时，还要求中央政法单位公开设立举报网站，鼓励、支持人民群众通过上网、来信等方式，举报违纪违法问题。

同时，中央政法委要求，中央政法单位的举报网站要与省、市、县政法单位联网，确保在全国任何地方对任何一级政法干警的举报，中央政法单位都能够第一时间知道，并且第一时间对外公布查处的政法系统违法违纪、腐败案件。

受访专家都表示，像这样的制度建设，将是执法执纪机关下一步反腐败与作风建设的工作重点。

"现有的制度覆盖面其实已经很广，关键是要解决好制度的执行问题。保障制度的执行同样需要制度，也就是'程序性的制度'。你必须有一整套保证这些制度得以执行的程序。制度有了，谁来执行、监督、检查？执行不下去时要怎么解决？所以程序性的保证必须健全。"戴焰军说。

竹立家告诉记者，下一步的关键是要使司法体制公开透明，以后凡是不涉及国家安全的案件，都要公开透明，这是很关键的。他同时认为，制度建设也需要强化监督，让人民参与到司法案件的处理过程中。

体制性的问题同样重要。戴焰军表示，如果体制理顺了，对于权力运行的设计会更为科学，对于权力的制约会更加到位。有些执法队伍出现问题，就是制约不到位的结果。"十八届三中全会决定加强反腐败体制创新和制度保障，实际就是要从体制上解决问题。中央已经意识到这个问题，但是解决也需要时间。"他说。

记者看到，在开设举报网站、公开通报等举动之外，中央政法委还要求探索建立符合职业特点的司法人员管理制度，开展省以下地方法院、检察院人财物统一管理试点工作。

"司法方面的腐败，往往是因为滥用手中的权力。"谢春涛说，未来制度建设的目标，就是"让他们想滥用权力也很难"。

☆链接

中央政法委公布的十起典型案件

1. 山东省曲阜市公安局刑警大队民警颜斌酒后驾车案。2013年1月，颜斌酒后驾驶制式警车，被暗访组查获。目前，颜斌已被辞退。

2. 湖北省高级人民法院刑事审判三庭原庭长张军违纪案。2010年以来，张军多次与律师王某发生不正当两性关系，多次收受下级法院所送礼金 1.5 万元。目前，张军已被开除党籍、开除公职。

3. 贵州省司法厅原副厅长、省监狱管理局原局长曹云平等人违纪违法案。2009 年以来，贵州省部分监狱违禁品问题突出，王武监狱违规为罪犯办理减刑，省监狱管理局对违纪违法问题查处不力。曹云平等人对此疏于管理，负有重要领导责任。曹云平受到撤销党内职务、行政撤职处分，其余责任人也被问责处分。

4. 山西省晋中市榆次区人民检察院原副检察长杨晓萍受贿案。2008 年 5 月以来，杨晓萍先后收受当事人及请托人贿赂 158 万元，伙同他人收受贿赂 1791 万余元，利用影响力受贿 5 万元，另有个人财产 4005 万余元及 1800 克黄金不能说明来源。目前，杨晓萍已被开除党籍、开除公职，判处无期徒刑、剥夺政治权利终身，没收个人全部财产。

5. 最高人民法院咨询委员会原秘书长刘涌涉嫌受贿案。2008 年以来，刘涌接受多名案件当事人的请托，为案件审理说情，涉嫌收受贿赂 200 余万元。目前，刘涌已被依法移送司法机关处理，有关部门已决定开除其公职。

6. 公安部居民身份证密钥管理中心原主任佟建鸣涉嫌受贿案。佟建鸣利用职务便利，为相关企业谋取利益，涉嫌索贿、受贿 223 万元。目前，佟建鸣已被开除党籍、开除公职，依法移送司法机关处理。

7. 广东省广州市公安局地铁分局鹭江站派出所原副所长刘钊受贿案。2010 年 1 月至 2011 年 2 月，刘钊利用负责安排亚运会地铁沿线安保人员入住酒店职务之便，收受酒店贿赂 20 万元。目前，刘钊已被判处有期徒刑 5 年，有关部门已决定开除其党籍、公职。

8. 贵州省龙里县公安局治安管理大队原大队长胡正昌涉嫌滥用职权、受贿案。2003 年至 2011 年，胡正昌多次为他人违规办理虚假户口 121 个、第二代居民身份证 45 个，涉嫌收受贿赂 27.5 万元。目前，胡正昌已被一审判处有期徒刑 5 年。

9. 广西壮族自治区平南县公安局民警胡平涉嫌故意杀人案。2013 年 10 月

28 日晚, 胡平酒后滋事, 持枪将平南县个体经营人员蔡世勇、吴英夫妇击伤, 吴英 (怀有 5 个月身孕) 经抢救无效死亡。目前, 胡平已被开除党籍、开除公职, 依法移送司法机关处理。2014 年 2 月 17 日, 胡平一审被判死刑。

10.黑龙江省伊春市伊春区人民检察院原副检察长于立峰交通肇事案。2013 年 2 月, 于立峰驾车肇事逃逸, 受害人经抢救无效死亡。于立峰逃离现场后找人顶替, 后投案自首。目前, 于立峰已被开除党籍、开除公职, 被判处有期徒刑 2 年。

(原文标题:《首次"曝家丑"反腐不护短　中央政法部门"清理门户"》; 作者: 申孟哲;

原载《人民日报 · 海外版》2014 年 2 月 20 日第 5 版)

☆评论

"业内人士"也要常晒"日光浴"

日前, 中央政法委公开通报了 10 起政法干警违纪违法典型案件, 并宣布今后将不定期公布已查处的典型案件。

打铁还要自身硬, 政法系统这样点名道姓地自揭"家丑", 甚至将公安部身份证密钥中心原主任涉嫌受贿等之前未公开报道的腐败案件公之于众, 对于这样不护短的行为, 社会上点赞者众。这说明了什么? 那就是我们既要正视"灯下黑"的存在, 又要勇于纠正"灯下黑"。出了问题越捂越糟, 还不如趁早该做手术的做手术, 该挤脓包的就挤出来, 以短痛换来肌体的恢复健康。

必须承认, 政法干部并不是生活在真空中, 难免也会受到不良社会风气的影响和腐蚀, 看看本次通报的案例就知道, 身为民警酒后滋事枪杀孕妇者有之, 身为法院领导受当事人请托为案件审理说情打招呼者亦有之, 涉及公检法司各个部门……这表明, 只要是不受监督的权力, 就难保不会觅出一条滥用的灰色渠道。尤其是执法者作为社会规则和法律底线的"守门员"，他们一旦越过"红线"出了问题，所造成的影响更为恶劣，因为"捕鼠者"一旦沦为"硕鼠"，不仅会影响个案的公正，更挑战了全社会对公平正义的渴望，只有以零容忍的态度主动查处并公之于众，才能更好地维护公平正义和司法尊严，取信于民。

点名通报更是一种进步，用实际行动扫荡了"家丑不可外扬"的迂腐观念。

应该说，长期以来，各级政法机关一直没有放松过查处和打击违法乱纪现象的力度，但往往是内部查处多，即使是公开通报，公布的也多是宏观数字。这样一来，虽然也进行了打击和惩处，社会公众却常有雾里看花之感，大大降低了监督、打击的警示效果，也不利于澄清事实。如今点名之后，媒体纷纷转载，不仅亲属、同事知晓，社会公众也一清二楚，真正让违法乱纪者露了脸、丢了丑。不给违法乱纪者留面子，党纪国法才不会失了里子，才能真正堵住腐败的口子。正所谓"一个个点名通报，就是一次次警钟长鸣"，更何况有关部门还表示今后将不定期通报。这样的自揭家丑，非但不需担心"脸上无光"，还可以让公众看到中央坚定的反腐决心，促进政府公信力的修复和提高，促使党员干部更加勤勉、清廉。

正所谓正人先正己，从严监督是一种率先垂范、向我看齐的自信，更是打造一支信念坚定、清正廉洁的好干部队伍的应有之义。

肩负特殊的使命，政法干部更要拿出"踏石留印，抓铁有痕"的精神，以"专业眼光"紧盯"业内人士"，持之以恒，自觉接受监督，常晒"日光浴"，在阳光下"补钙"，清除害群之马，让"病菌"无处藏身。

（作者：叶晓楠；原载《人民日报·海外版》2014年2月20日第5版）

官场生态的变化

当下的官场灰色心态

导语

  在反腐高压下，一些人出现了不作为、懒政怠政的倾向，也有人"观望风向"、伺机而动。他们认为反腐有"负面效应"，信奉官场"潜规则"。要破解这些心态，就要依靠政治规矩。

2015 年 1 月 29 日，本报刊发《中共的政治规矩是什么》一文，引发读者热议。对于"政治规矩"这一理解中国当下政治思路的关键词，不仅需要厘清概念，同时要理解为何立政治规矩、如何执行政治规矩。

在我们看来，讲政治规矩，题中之义是要打破长期以来官场存在的一些"灰色心态"。这些心态，有的已经被十八大以来的党风廉政建设和反腐败斗争所震慑、所涤荡，有些目前依然在官场上存在。

换句话说，讲政治规矩，事关"破"，也事关"立"。破除积弊、立下新规，"明制度于前，重威刑于后"。

对反腐性质认识的灰色心态

十八届中央纪委五次全会上，对于反腐的态势，习近平下了"依然严峻复杂"的判断。这场"输不起的斗争"，注定是一场攻坚战、持久战。

这着实打破了一些人此前的"观望"心态。这种心态，通俗地说，就是认为"反腐败是刮一阵风，搞一段时间就会过去"，大不了"现在打枪，暂且低头"。

但十八大以来反腐风暴的持续之久、力度之大，已经给予了这种心态以事实上的打击。十八大以来，以周永康、徐才厚、令计划、苏荣等"大老虎"的倒掉为标志，对高级干部的查处力度称得上"前所未有"。仅2014年，中央就立案查处了54名中管干部。同时在"'老虎''苍蝇'一起打"的原则下，即使是"蝇头小吏"，只要违纪违法，也逃不过高压的反腐态势。

那么，反腐败的力度如此之大，是不是会损害党和政府的形象？是不是如一些人说的那样，"不反腐亡国、真反腐亡党"？当然不是。习近平在多个场合论述道，不反腐确实有亡党的危险，真反腐才能净化党的肌体，才能真正兴党兴国。至于查处了多少高级干部、和以往相比力度加大了多少，习近平也说，"不要算这个账，有贪必反，有腐必惩"，"不定指标、上不封顶，凡腐必反，除恶务尽"。

之所以有观望的灰色心态，说到底，还是因为对反腐败斗争性质的认识出了偏差，低估了中央对反腐的决心和态度。

反腐败是一件"得罪人"的事情。但如果不得罪成百上千的腐败分子，就要得罪13亿人民。这是一笔再明白不过的"政治账"，也是一笔人心向背的账。之所以对腐败采取零容忍的态度，说到底，就是为了赢得党心民心。

还有一些人，将反腐认为是"政治斗争""排除异己的工具"，这种心态就更加错误甚至是荒谬了。无论是已经被公诉的官员，还是一些落马贪官写的"忏悔录"，都已经明白无疑地交代了违法乱纪的事实，铁证如山。

也就是说，反腐从来不是什么"个人恩怨"。正因此，习近平才提出，无论是谁，无论担任过什么职务，只要违反党纪国法，都绝不姑息。

在反腐问题上，没有谁能当"铁帽子王"。打破对反腐性质的错误认识和错误心态，就是要明确一条政治规矩：在思想上、认识上，要自觉同党中央保持一致。

认为反腐有"负面效应"的灰色心态

在高压的反腐态势下，还有一种灰色心态，认为反腐具有"负面效应"。

这种效应，习近平在一些场合也论述过，就是"认为反腐败查下去会打击面过大，影响经济发展，导致消费需求萎缩，甚至把当前经济下行压力增大与反腐败力度加大扯在一起；有的人认为反腐败会让干部变得缩手缩脚、明哲保身，不愿意干事了"；等等。他也明确指出：这些认识都是不正确的。

比如，中国经济的下行压力，一方面受到国际经济不景气的影响，而在内因方面，则是受到经济结构调整、化解过剩产能、产业升级等多方面影响。如果说以往公款消费、公款购买奢侈品等"消费需求"是以腐败为支撑的话，这种消费也注定是畸形的、不健康的需求。去除这种"拉动经济"的毒瘤，是为了经济更健康、更持久地发展。

而反腐，是不是会让官员不敢干事儿、明哲保身？

这需要厘清逻辑。有些贪腐官员，在位时的确称得上是"能吏"。因此，有一些人也会议论，"做了那么多工作，就这一点小事就要抓住不放？"

并非如此。这些官员被查，并非因为做事，而是因为贪腐。同时，他们在位时的"能干"，很多时候也是凭着游走于灰色地带、以"擦边球"甚至是违纪违法方式完成的。查处这些官员，不仅是肃贪，也是对官场政治生态、政治规则的一种重塑。

还有一种灰色心态值得注意。八项规定出台之后，大多数干部觉得解脱了、身心舒畅，家庭也有亲切感了。但也有官员感到"失落"，觉得身上的约束多了，以往的"风光"不再，发出"为官不易""官不聊生"的感慨。

能感叹"为官不易"，说明以往为官太易。因为现在要求的、提倡的，都是基本的政治伦理。习近平也在谈到这种错误心态时说："看来，减少应酬要进一步提倡，健康的工作方式和生活方式要进一步提倡。"

"官不聊生"的说法，事实上也是官僚主义心态在作祟，把自己当成高高在上的"官老爷"，而不是为人民服务的公仆。作为公仆，就不应该"拍脑袋决策、拍胸脯表态,盲目铺摊子、上项目,最后拍屁股走人,留下一堆后遗症",也不能"对上吹吹拍拍、曲意逢迎,对下吆五喝六、横眉竖目",更不能"不给钱不办事,收了钱乱办事"。

打破这种心态,也是为了让官员更自觉地守规矩、明纪律,不仅不能明哲保身,反而要更加"为官有为"。

对"为官责任"的灰色心态

讲规矩、明纪律,是为了让党员干部更加明白自己的责任,明白什么可为、什么不可为。要做到这一点,必须要打破对于"责任"的灰色心态和认识。其中最需要明确、也最能反映反腐趋势和走向的两点,是党委的主体责任和纪委的监督责任。

从"主官"的角度说,立政治规矩,就是要打破当"太平官""甩手掌柜"的灰色心态。

比如,有的党委对主体责任认识不清、落实不力,有的没有把党风廉政建设当作分内之事,每年开个会、讲个话,或签个责任书就万事大吉了;有的对错误思想和作风放弃了批评和斗争,搞无原则的一团和气,疏于教育,疏于管理和监督,放任一些党员、干部滑向腐败深渊;还有的领导干部只表态、不行动,说一套、做一套,甚至带头搞腐败,带坏了队伍,带坏了风气。

也有的人认为,只要干部没有腐败问题,其他问题就都可忽略不计,没有必要加以追究,也不愿意加以追究。或者认为自己没有腐败问题就行了,其他问题都不在话下,没有什么可怕的。

也有的主官很"委屈":腐败现象,很多是之前的"政治遗产"或者当地的政治生态问题,跟自己的任内"没有太大关系"。习近平在批评这种心态时说:"不能新官不理旧账",不能"失之于宽、无能为力",出了事,要追责。

说到底,出现领导干部"不敢抓、不敢管"的现象,主要还是因为有"鸵鸟心态",唯恐得罪人、丢选票。

在腐败现象面前当好人，在党和人民面前就当不成好人，二者不可兼得。

而在执纪的纪委方面，有的地方担心查办案件会损害形象、影响发展，有时存在压案不办、瞒案不报的情况。因为"在一口锅里吃饭"，所以很难监督别人。有的地方纪委领导甚至对反映同级党委领导干部问题的同志说：你不要讲了，我们也没有听见。

这种状况很不正常。要打破"打成一片""一口锅里吃饭"的心态和现状，就要明确纪委的相对独立地位，建立双重领导制，让纪委能够"一心一意履行监督职责"。有问题不报告、不反映、也不惊动的"好官我自为之"心态，在"立规矩"的今天，必须"俱往矣"。

信奉官场"潜规则"的灰色心态

其实，树立政治规矩，就是在向一些官场的"潜规则"开刀。

习近平罗列了这些现象。他指出，在思想政治上，一些人信奉"马列主义对人，自由主义对己"，"两个嘴巴说话，两张面孔做人"。在组织生活中，一些人信奉"自我批评摆情况，相互批评提希望"，"你不批我，我不批你；你若批我，我必批你"，"上级对下级，哄着护着；下级对上级，捧着抬着；同级对同级，包着让着"。在执行政策中，一些人信奉"遇到黄灯跑过去，遇到红灯绕过去"，"不求百姓拍手，只求领导点头"。在干部任用中，一些人信奉"不跑不送，降职停用；只跑不送，原地不动；又跑又送，提拔重用"。在人际交往中，一些人信奉"章子不如条子，条子不如面子"，"有关系走遍天下，没关系寸步难行"。

官场"潜规则"，看起来无影无踪，却又无处不在，听起来悖情悖理，却可畅通无阻，成为腐蚀党员和干部、败坏党的风气的沉疴毒瘤。对待"潜规则"，一些党员干部或是认为无可奈何，或是持默认态度，甚至以深谙其道为荣。

这些心态，说到底，都是违反党的政治纪律、组织纪律、财经纪律等的，也是不遵守政治规矩的体现。

而"潜规则"蔓延的后果，即是形式主义、官僚主义、享乐主义和奢靡之风。换句话说，十八大以来党中央不遗余力推行的作风建设和反腐斗争，就是向这些官场陋习开刀，重塑政治生态、营造清明政治环境。立规矩，就是"破中求立"。

归根结底，对"潜规则"的默认、对自我要求的放松，都是对党员干部身份认识的不清楚。

比如，有贪官落马之后说，"我的一个批示可以让一个企业获得巨大利益，可以让亲朋好友获取好处，可以让一个人改变处境，可以办事顺利、一路绿灯"，认为自己手中的权力，和获得的"收益"是不成正比的，导致心态扭曲。也有的官员认为自己"当公务员收入不高，约束又多，同在企业工作或下海经商相比牺牲了很多"，是一种奉献。

但习近平早已说明，"鱼和熊掌不可兼得，当干部就不要想发财，想发财就不要当干部"。以为"法不责众"，认为"检查一阵子，享受一辈子"的随波逐流的心态，在重塑政治规矩、严明政治纪律的今天，是再也行不通了。

（原文标题：《政治规矩打破官场灰色心态》；作者：申孟哲；原载《人民日报·海外版》2015年2月6日第9版）

☆评论

你不撞钟，时间也动

"做一天和尚撞一天钟"的心态，一直是官场上的"老大难"问题。

区别是，这种现象本身也在随时代潮流而变化。以前可能主要表现为上班喝茶、看报，现在媒体上爆料出来的为官不为现象，可谓包罗万象，打游戏、逛电商网站甚至色情网站，不一而足。

为官不为古已有之。让人不能接受的是，有人举例子说，一些官员在十八大以来声势浩大的反腐进程中，开始畏首畏尾，从过去的"勤政"变成了"懒政"。

这种逻辑的荒谬在于，将全国人民乐见其成的反腐，放在了官员"勤政"的对立面，变成了为官不为的借口。这种逻辑的可耻在于，默认当官的收入是与腐败行为有关的，否则当官动力不足。

公务员的个人利益，政府当然要关心。比如最近出台的《关于县以下机关建立公务员职务与职级并行制度的意见》，将让那些多年未得到提拔的基层公务员得到待遇提升；再如前一阵人社部有关负责人确认，公务员工资即将调整。

但这并不意味着，在从政心态中，如果工资不涨，就要将权力之手伸向利益的诱惑之中。无论雷厉风行的反腐，还是越来越多的带电高压线，都是在用外部力量解决问题，真正能让政风晴朗的，是政治规矩之下人的心态变化。

如果说"不敢腐""不能腐"能让我们看到制度和治理发威，"不想腐"的局面，才是在8600多万党员中真正地形成了规矩。

"欲知平直，则必准绳；欲知方圆，则必规矩。"用政治规矩治理为官不为，在中共历史上有着丰富的经验。这种经验到了今天这个时代，被重新擦亮了剑锋。

如今正处在全面深化改革时期，重新被擦亮的政治规矩，对于凝聚全党力量啃下改革的硬骨头，有着无可替代的作用。我们的改革任务出炉的时候，举国上下一片惊呼，对于改革的力度与决心始料未及。这些改革任务，不是在办公室打游戏、逛淘宝能解决的，是要下基层，找问题，将自己置身于改革最前沿，带领人民踏实苦干才能解决的。

空幽的寺庙中，无论小和尚撞不撞钟，时间都在流动。广大官员所身处的并不是庙，而是改革的热土之中，用"做一天和尚撞一天钟"来自欺欺人，显然是没能理解这样一个事实：政治规矩之下，焉有遁世之理。

（作者：刘少华；原载《人民日报·海外版》2015年2月6日第9版）

谁将贪官们推下了台

导语

　　苍蝇和老虎，成了这些年中国最著名的动物，不过二者都成了腐败分子的形象代名词，为千夫所指。哪些"老虎""苍蝇"上过中纪委官网的头条？在"苍蝇""老虎"频频落马的同时，反腐制度的建设也在明显提速。

　　9 月伊始，两条与反腐有关的消息广受关注。

　　一是 9 月 1 日，国务院国资委主任、党委副书记蒋洁敏涉嫌严重违纪，目前正接受组织调查。蒋洁敏成为十八大以来又一位被查处的省部级高官。

　　另一条消息发生在 9 月 2 日，由中央纪律检查委员会、监察部主办的综合性政务门户网站——中央纪委监察部网站（www.ccdi.gov.cn）正式开通，中共中央政治局常委、中央纪委书记王岐山在当天调研该网站建设时强调，突出纪检监察特色，架起与群众沟通桥梁。该网站在首页显著位置设置了"接受网络信访举报"功能，搭建了纪检监察部门与网民交流的新平台，广受关注。

　　分析认为，自去年 11 月十八大召开以来，中共不断祭出反腐重拳，并推出了改进工作作风等一系列重大举措，显示出新一届中央领导从严治党的坚定决心，同时，中央政治局会议明确提出了建设"不敢腐的惩戒机制、不能腐的防范机制、不易腐的保障机制"的反腐机制，反腐制度建设明显提速。

多名省部级高官被查

十八大召开至今已近 10 个月，中共的反腐力度空前。

这 10 个月中，已有李春城、周镇宏、刘铁男、倪发科、郭永祥、王素毅、李达球、王永春、蒋洁敏等省部级官员、央企高管因为严重违法违纪相继落马。

除了正在接受调查的官员，对于贪官的审判也进入了密集期。山东省原副省长黄胜、铁道部原部长刘志军、重庆市原市委书记薄熙来、吉林省原常务副省长田学仁等副部级以上高官，已经或即将接受审判。

经梳理公开材料可发现，落马者中，多人涉嫌权权交易、权钱交易、权色交易。

9 月 4 日，中央纪委监察部网站发布了王素毅、李达球严重违纪违法被开除党籍和公职的消息，其中，王素毅的问题有：利用职务上的便利，为他人谋取利益，本人或通过其亲属收受巨额财物；收受礼金礼品。李达球的问题包括：利用职务上的便利，为他人谋取利益，本人或通过其亲属收受巨额财物。

再如，此前周镇宏被通报的问题包括：利用职务上的便利，为他人谋取利益，收受贿赂；收受礼金、贵重礼品；对茂名市发生的系列严重腐败案件负有主要领导责任；生活腐化。

中央党校教授辛鸣对本报记者表示，蒋洁敏等官员因涉嫌违纪被调查是中共坚决推进反腐的必然结果，中央不仅反复强调了反腐，而且以现实的查处结果来有力印证了我们的反腐决心。"中央提出'老虎''苍蝇'一起打，反腐态度坚决、立场坚定。因为如果不打'苍蝇'，有一天'苍蝇'也有可能变成'老虎'，而不打'老虎'的话，'苍蝇'也会有恃无恐。所以，必须不管官员职位高低，只要发现腐败，一查到底。"

信访举报仍占最大比例

对于公众来说，除了对落马官员的贪腐情况广为关注外，对贪腐案件的线索来源渠道也很关心。

据了解，纪检部门案件的来源渠道正在不断拓宽，除了来信、来访还有中央纪委监察部举报网站、12388举报电话等。去年立案的案件中，案件线索来源于信访举报的占41.8%，来源于公检法和审计机关移送的占20.9%。纪检监察机关还注重对办案中发现的有关线索进行深挖细查，查处了一批"窝案""串案"，案件线索来源于办案中发现的占7.1%。

而盘点十八大后落马的这些高官，可以发现，刘铁男、李春城、倪发科、王素毅、李达球等人的案发均与群众举报有关。比如据报道倪发科卖掉机关大院，导致老干部持续上访等。

值得注意的是，还有一些举报来自于网络，比如刘铁男的落马与网络举报有一定关系。去年12月，媒体人罗昌平公开在微博上实名举报刘铁男。今年5月，刘铁男涉嫌严重违纪被调查。而在此前，去年11月，微博爆出了时任重庆北碚区区委书记雷政富的不雅视频，从被举报到其落马前后仅约63个小时。

另外，还有相当数量的官员落马与纪检监察部门的调查有关，比如蒋洁敏的落马，据报道与对他的离任审计有关。他和几天前被查的多名中石油高管一样，都是纪检机构直接查出来的。这些官员的落马，从发现线索、启动调查到公布消息，纪检监察部门均发挥了重要作用，充分彰显了纪检部门在反腐败中的核心角色。

网络反腐有利也要规范

在目前所有的举报方式中，网络举报是最易受到舆论关注的一种方式。据不完全统计，十八大后至今年7月，产生一定影响的网络举报官员腐败案件约有30起，地域涉及北京、上海等多省市。但是，随着网络反腐的日渐活跃，如何依法规范也是呼声渐高。

一方面，相比传统的社会监督模式，网络反腐具有公开性、便捷性、互动性、低成本等优势，容易形成舆论热点。一些贪腐线索经网络披露之后，有关部门及时跟进立案调查，揪出了一些问题官员，产生了良好的社会效果。另一方面，网络反腐也有可能存在夹带私利、成为不法分子谋财手段等不良倾向，比如"中石化女处长非洲牛郎门""情妇举报公安分局局长"等消息，就是不折不扣的网络谣言，对当事人构成了巨大伤害。再如有关部门在调查雷政富不雅视频事件时也发现，其中存在一定的敲诈行为。

对此，中国政法大学副校长马怀德对本报记者指出，十八大后，网络反腐效果明显，但是，通过网络爆料反腐有时也存在一些问题，比如诬告、误伤、传播虚假信息甚至是谣言。由此看来，网络爆料只是有关机关收集信息掌握线索的一种渠道，要真正推动反腐进程，还是要研究如何通过制度和规则设计，打破网上网下界限，实现举报与查处的良性互动。

事实上，为克服网络监督的短板，将其纳入制度性反腐体系，中央已经进行了多项有针对性的设计。

今年4月，人民网、新华网等国内多个重点网站推出了网络举报监督专区，并链接了中纪委监察部、中组部、最高法、最高检以及国土资源部的举报中心。

此次，中央纪委监察部网站一经开通，立刻引起了轰动。与其他官网相比，该网把"领导活动""政策发布"等其他官网一般在主页呈现的内容"藏"到了二级页面，在主页突出了"信访举报""互动交流"等分区。特别是"信访举报"分区，设置了"举报指南""我要举报""举报查询""其他举报网站""举报方式"5个"菜单"，让网民一看就懂，便捷易操作。

马怀德认为，中央纪委监察部开通新网站的积极意义非常明显，传递出了两个信号：一是高度重视舆论监督和民主监督，体现了纪检监察机关重视民意、强力反腐的决心；二是体现了推进制度反腐和法治反腐的决心，必将促使公民监督、网络反腐走上规范化、法治化的轨道。

"如果说过去的网络反腐是'守势',只是网民通过微博等方式爆料、官方接报后查处,那么新网站就是'攻势',突出了接受信访举报、互动交流等功能,使信访举报、舆论监督透明化,更便于由此把握、引导舆论主动权。"马怀德说。

制度反腐稳步推进

"打铁还需自身硬""物必先腐,而后虫生"。去年11月,中共中央总书记习近平在履新伊始就厉声反腐,警示官员。随后,习近平在多场重要讲话中,反复表达了反腐的决心,密集吹响了反腐"集结号"。

今年年初,习近平提出,"把权力关进制度的笼子里",此后,注重反腐制度建设,构建权力之"笼",被视为未来一个时期中国反腐的基本路径。

此后,从派出中央巡视组到清理会员卡行动等,一系列制度反腐的有益尝试陆续展开。人们看到,十八大以来中国的反腐举措,一手是打击,一手是预防,正在以多措并举、标本兼治的"组合拳"形态呈现。

8月27日,中央政治局会议审议通过了《建立健全惩治和预防腐败体系2013—2017年工作规划》。专家认为,新规划体现了新一届执政党中央的反腐新思路,对今后5年惩治和预防腐败工作作出了"顶层设计"。

"正如中央政治局会议所言,要形成不敢腐的惩戒机制、不能腐的防范机制、不易腐的保障机制。那么怎么建立这种机制?除了会议提出的健全和完善四个体系:党内监督体系、民主监督体系、法律监督体系、舆论监督体系外,会议还提到,要改革党的纪律检查体制,完善纪委派驻机构统一管理,改进中央和省区市巡视制度等,这些都为下一步的反腐体制机制创新指明了方向。"马怀德说。

辛鸣认为,目前,我国反腐正在向科学化迈进,"治标治本兼顾,既打'老虎',又拍'苍蝇';既重视导致腐败的根源问题,又重视群众反映强烈的现实问题;惩戒预防结合,且更加侧重预防;政党群众协力,群众参与反腐的积极性很高。"

不过，一贯强调制度建设的辛鸣也指出，反腐的制度建设绝不仅仅意味着一系列严密的规则体系，更在于严格的执行。这当中，制度的主体建设很重要，现阶段应通过制度化、法制化设计，完善举报机制和奖励机制，发挥群众反腐的力量。

（原文标题：《十八大以来"苍蝇""老虎"频频落马　重拳打出反腐决心》；作者：叶晓楠；

原载《人民日报·海外版》2013年9月6日第5版）

贪官蜕变的路径

导语

　　"受警醒、明底线、知敬畏",自 2015 年 2 月 25 日起,中央纪委监察部网站推出大型专题栏目《忏悔录》,将违纪违法者们用他们的政治生命写成的警世教材,作为广大领导干部明断得失的镜子。官员的忏悔通过公开平台扩散出来,不仅可以在腐败预防方面起到一定作用,而且还能够对权力的有效监督和约束提供更多警示。

　　"回首我的人生,以奋斗为开始,以辉煌为展现,以自我毁灭为结局。"在中纪委官网上线不久的栏目《忏悔录》中,徐州市政协原副主席张引这样总结自己的一生。

　　贪官的忏悔,为看待贪腐问题提供了一种独特视角,也为当下的反腐败进程提供了鲜活的案例与提醒。

一条雷同的人生轨迹:他们中的许多曾经是能吏

　　不可否认的是,许多落马官员曾经是"能吏",甚至在当地或其所在领域内颇有口碑。"很典型的就是最近落马的仇和,多年来他一直有争议,其劲头是不可否认的,但是方法不能服众,尤其是十八届四中全会以来,在全面依法治国的视角下看更是如此。"在接受记者采访时,中央党校教授谢春涛认为，很多落马官员之所以能到那么高的位置，本身是很能干的。

谢春涛认为，尽管能干是一个好干部的必要因素，但很多"能吏"也往往会刚愎自用、狂妄自大，很多人就是在这种心态之下出的问题。"掌权之后经不起诱惑，而且自信度过高。"

因贪污、受贿案被判处无期徒刑的云南省德宏傣族景颇族自治州政协原主席、党组书记杨跃国就是这样典型的案例。当地干部评价他："有能力，也有水平，就是权力太集中；想干事，也能干事，就是干事没原则。"他自称，在任瑞丽市委书记期间，"没有我办不了的事情"。

阅读这些落马官员的忏悔书，许多人有一个共同的特点，就是人生轨迹经历了一条抛物线。

在看了23名贪官的《悔过书》之后，陆军第三十一集团军政治委员张学杰总结说，他们的人生轨迹大体相同：都经历过苦难的童年、奋斗的青年、上升的中年，最后都走向悲惨的晚年；他们的血泪教训也几乎相同：那就是丧失了理想信念和党性原则。

比如全国政协原副主席苏荣在忏悔书中写道，他出身贫农，从大队会计干起，一直干到副国级，连续参加六届全国党代会，连续四届当选候补中央委员、中央委员。

在接受记者采访时，国家行政学院教授竹立家认为，官员并非一开始就贪污，也是一步步上来的，但是随着手中的权力增大，所受到的约束反而会越小，这样就形成了一个悖论。

问题出在哪里？落马官员的《悔过书》中，自己寻找了一些答案。

思想蜕变是普遍的。安徽省原副省长倪发科认为，他的问题主要是在人生的晚年放松了学习，世界观、人生观、价值观出现了问题，导致了思想滑坡。"担任副省长后接触的面广了，层次高了，看到的听到的各种社会现象也多了，致使我思想产生了错觉，把社会不正之风非主流现象误认为是社会普遍主流潜规则。"他说。

转变的过程并非一蹴而就，"温水煮青蛙"是常态。全国人大环境与资源保护委员会原副主任白恩培在《悔过书》中认为，他的严重违纪违法是一步一步发展的，从请客送礼、接受礼品馈赠到权钱交易、收受巨额贿赂，数量上由少到多、由小到大，心理上由小心不安到心安理得。

一种不良的政治生态：个人贪欲带来家族腐败

落马贪官与周遭环境间的互动，是忏悔书中的重要内容。无论是周边环境中对官员的"围猎"，还是家庭因素，都成为其落马过程中的关键环节。

全国政协原副主席、原江西省委书记苏荣忏悔，家就是权钱交易所，他本人就是权钱交易所所长，不仅全家老小参与腐败，也带坏了干部队伍、败坏了社会风气、损坏了政治生态。

在省政府分管国土资源工作的倪发科，因为长期收受玉石、玉器等贿赂，如今已在舆论中成为"雅贿"的代名词。他反思说，正是因为自己痴迷到了爱不释手、不能自拔、玩物丧志的境地，老板们才"上有所好，下必甚焉"，送来的玉石、玉器经鉴定价值1000多万元。倪发科本人也栽倒在了"疯狂的石头"上。

认为自己对不起家庭，也是落马官员《悔过书》中体现出的一种共性。

湖南省交通厅原党组成员、省高速公路管理局原局长冯伟林，作为湖南省交通系统系列腐败案中的一员，也"坑"了家人。在为弟弟妹妹一次次打招呼捞取利益的最后，他忏悔道："我爸妈在世时，我曾向他们保证要带着弟弟妹妹吃好饭，但现在，我却带着他们一起吃牢饭。"

"一想到母亲，就想流眼泪，她是最要面子的人，怎么能接受这种现实！她曾经很为儿子自豪，一谈到儿子就欣喜若狂，而今面对社会的议论和指责，她如何受得了这个打击！"张引的忏悔书里，对家人的愧疚也很深。

官员自身的主观意识和客观的政治生态，造成了他们人生中的关键转折。竹立家认为，从马克思主义的观点出发，人是环境的产物，也可以反作用于环境，两者之间是相互的。

受访专家认为，问题首先出在官员自己身上。与其说官员们被"围猎"，不如说一些官员主动选择了被"围猎"。

竹立家做过一个统计，在他收录的媒体曝光的官员中，90% 的腐败过程都有家人参与。"中国古人讲，'修身齐家治国平天下'，很多人自己品质不好，只知道为老婆孩子谋私利，或者坐视他们打着自己的旗号做事，既没有修身，也没能齐家，你怎么能指望这些人治国平天下？"

心态的失衡，是贪官们提及的一个重要因素。张引写道，看着老板们住豪宅开好车，穿名牌出入高档会所，灯红酒绿纸醉金迷，反观自己，层次比他们高，文化水平也比他们高，没日没夜地加班，每个月就拿这点工资，"觉得太亏了！"

政治生态的影响同样不可忽视。在谢春涛看来，十八大以来大批官员的落马可以说明的是，此前政治生态和从政环境肯定出了问题，对于一些干部来说，坚持原则的成本很高。尤其是一把手贪腐，对于下面人的影响会非常直接。

"但是另一方面，哪怕环境再不好，难道是非黑白的界线还不清楚吗？同样的环境，有人出问题，可有的人不出问题，不能只推卸责任到环境上，而忽略了个人主观意志的巨大作用。"谢春涛认为，"环境当然要改善，但是关键还是靠自己。"

一种必须重视的警示：不让"双面人生"逍遥法外

"公布忏悔录，对于许多官员来说有着警示意义，让他们真正意识到腐败的严重性和危害性，以及对于社会甚至自身家庭的伤害。"竹立家认为。

不少观察人士都认为，官员的忏悔通过公开平台扩散出来，在腐败预防过程中可以起到一定作用。中国人民大学反腐败与廉政政策研究中心主任毛昭晖认为，廉政风险防控机制应该逐渐开始与治本并重。

更进一步的是，这种忏悔录所公布的细节和情节发展的逻辑，为我们对权力的有效监督和约束提供了更多的警示。竹立家认为，这些忏悔录提醒我们，我们在对官员的有效监督方面，还有很多漏洞，让他们有越界的可能性。

就连落马官员自己都这么认为。

"一个人的权力太大了，独断专横，他就会将权力为自己所用。"辽宁省广播电影电视局原党组成员、辽宁广播电视台原台长史联文，就是因为把权力当成了谋取私利的工具，利用影视行业内的贪腐"潜规则"，最终在去年被判处无期徒刑。

进一步扎紧制度的笼子，对权力进行制约，早已成为近年来中国反腐败自上而下的共识。3月8日，中共中央政治局常委、十二届全国人大常委会委员长张德江在关于全国人民代表大会常务委员会工作的报告中，陈述2015年的主要任务时，提到了推进反腐败国家立法。

全面从严治党极其重要，写下忏悔录中的官员对此深有感触。

"血的代价和沉痛的教训让我认识到，党中央对党员领导干部从严要求和严格管理是对党员领导干部的最大关心和爱护。"政治生命终结之后，倪发科如是说。

每当有重要官员落马，人们总会发现，此前他们在一些场合谈反腐问题时慷慨激昂，有些官员如苏荣等，反腐讲话中甚至"狠劲"十足。有网友因此戏称这些人为"演技派"——人前一套人后一套，台上台下风格迥异。

"这是一种彻底的讽刺，能在台上讲出那些话，说明他们知道党和人民对他们的职务期望是什么，结果下来照贪不误。"谢春涛表示，这是一种"双面人生"。

冯伟林自己是这么分析的，"在单位，我对我的下属也有严格的要求，经常在外面演讲写文章，表明自己的道德情操。但是，在我的内心深处，还是有一种贪图享受的欲望"。

有别于在台上时大谈特谈反腐，这些官员在落马后的忏悔，对贪腐问题的认识看上去更为深刻。

"假如'八项规定''反四风''老虎、苍蝇一起打'的重大举措早出台3—5年，我可能也不至于痴迷上疯狂的石头，犯下如此重罪"，倪发科这样觉得。

（原文标题：《当落马贪官回首人生：权力任性酿就苦果》；作者：刘少华；

原载《人民日报·海外版》2015年3月20日第10版）

☆评论

贪官与能吏

贪官往往都有点所谓的"本事"，或大刀阔斧，马到成功；或八面玲珑，善于协调；或见风使舵，头脑灵光，给人以"能吏"的印象。

如果是廉吏加能吏，多几把刷子，就会对社会作出更大的贡献，传递更多的正能量。如果是能吏加贪官，则所谓的"本事"越大，危害就越大。《三国演义》里有个吕布，本事不可谓不大，中华民族历史上最仗义的三个人"刘关张"合起来都斗不过一个吕布，这就是"三英战吕布"的故事。可这吕布是个"三姓家奴"，先拍（马）后（出）卖，已背叛出卖了三个主子，最后被火眼金睛的曹操识破。曹操爱才，对关羽、张辽亲敬有加，却唯独对吕布不"用其所长"，坚决杀掉，因为凭着政治家的直觉和经验，今天不杀吕布，明天就要被吕布所杀，董卓等的下场是前车之鉴。

贪官具有两面性，他们对群众和部下颐指气使，盛气凌人，这是他们的本相、真相；对影响升迁的权力人物则阿谀奉承，指鹿为马，竭尽谄媚溜须之能事，此时的殷勤周到是他们的假相。需要权力人物的提携时，这些人物就成为他们围猎的对象，不需要的时候，就成为他们出卖的对象。这就是为什么贪官相貌很丑却能屡屡得志。其实，识破贪官并不难，就看他或她对群众的态度。

所以，领导干部选拔使用干部，还是要以德为先，不管能力大小，关键看他或她是不是一个真诚的人、一个友善的人、一个有着美好精神境界的人，千万不要成为贪官围猎的牺牲品。

（作者：严冰；原载《人民日报·海外版》2015年3月20日第10版）

顽固的官场"风水圈"

导语

　　如今，"豪华""气派"这些字眼，是许多官员唯恐避之不及的。中央的一道道禁令，纪检部门的一次次清查，豪华办公场所已基本得到遏制。但是，藏在政府大楼里的"风水"之念，却不是短时间可以祛除的。官员与"风水"以及各路"大师"，是如何勾连在一起的？这个"风水圈"又该如何破？

　　"如果是'官衙'搞得堂皇富丽，我看着不舒服。"2013 年 7 月 23 日，习近平总书记在湖北武汉考察时这样说。与此同时，中央关于"党政机关停止新建楼堂馆所"的通知也发布了。通知一出，百姓顿感"舒服"了许多。

　　其实，围绕着党政机关楼堂馆所的，一直以来有两件事情令人感觉不舒服，一件是外在富丽奢华的气派，一件是内在对"风水"的信奉与膜拜。中央禁令在前，欲建大楼者知难而退，纷纷取消在建或未建项目。但楼堂馆所内包藏的"风水"思想，该如何祛除？专家认为，大楼易停，"风水"难去，还需加强制度建设，让官员问苍生而不问鬼神，唯有如此，机关大楼"内""外"才能都让人看着舒服。

严令之下纷纷停建

　　在湖北襄阳市卧龙大道边上，一个挖开的巨大基坑，两个塔吊矗立其中，但不见施工机械和人员。这里原本是襄阳市地税局要建的综合业务大楼，现在已经停工。襄阳市地税局办公室主任张兴汉说，中央下达停建新建楼堂馆所的通知后，他们便停建了该工程。

近日，为整治奢侈之风，中共中央办公厅、国务院办公厅印发了《关于党政机关停止新建楼堂馆所和清理办公用房的通知》(以下简称《通知》)。《通知》要求，5年内各级党政机关一律不得以任何形式和理由新建楼堂馆所；已批准但尚未开工建设的楼堂馆所项目，一律停建。

《纽约时报》撰文指出，《通知》比停建大楼走得更远。以前地方官员绕开禁令的一些做法，在此次《通知》里都禁止了。

有评论指出，从中央政治局带头执行"八项规定"，到此次政府从制度设计层面来整治奢侈之风，表现出了新一届政府对停建楼堂馆所的决心。

《通知》虽严厉，但来得并不突然。早在3月17日，国务院总理李克强就为新一届政府"约法三章"，提出新一届政府任职期间，政府性楼堂馆所一律不得新建。5月，国务院办公厅再次印发通知，对修建政府性楼堂馆所情况开展清理检查。

《通知》至今印发已逾半月，本报调查发现，全国各地不少拟建工程已停工。四川、云南等多个省份出台经费管理方案，不再安排经费用于新建楼堂馆所，将财力投向教育、科技、医疗卫生、社会保障等重点民生领域。

对此次《通知》的执行情况，有期盼的眼神，也有疑虑的声音。毕竟"停建令"早已有之，但楼堂馆所问题并未根治。此次中央应该如何杜绝个别地方钻空子，走过场？

"停建楼堂馆所，关键不是靠通知喊停，而是靠制度保障，靠惩处约束。"国家行政学院教授竹立家说，《通知》具体措施很完善，最大的难题还要看政策落实情况。在执行中绝不姑息，对违规建设楼堂馆所和豪华、超标配置办公室行为的惩处力度，一经发现就应该开除公职，并追究法律责任。要靠制度保障"一刀切"贯彻落实，杜绝"偷梁换柱"，打擦边球。

楼堂馆所易于停建，楼堂馆所中包藏的风水思想，是短时间难以叫停的，也是需要重点解决的。国家行政学院公共管理教研部教授董明如是分析。

信仰缺失利益驱动

近日，"风水"越发不甘寂寞，屡屡上演"闹剧"。

"风水大师"王林成为舆论披露的焦点。他曾承诺帮原铁道部部长刘志军在办公室放置一块靠山石，"保其一辈子不倒"，结果双双自身难保；山东省泰安市原市委书记胡建学，听信"大师"之言，认为自己可当副总理，但命里缺桥，便下令将已施工的国道改道，在水库上修起一座大桥，帮助其"飞黄腾达"，谁料仕途断裂，跌入牢中。

"要叫停的不只是外在的楼堂馆所，更要叫停建筑背后的风水思想，"资深媒体人高严说，"而今，政府办公大楼正被越来越多地融入风水因素，部分官员用权力'造风水'，将风水之事拖入到公共生活领域，不仅让政府机关太奢华，更是劳民伤财的愚昧行为。"

"狮子"成群、"奇石"成林、"怪石"扎堆……在政府办公大楼，这些景象各处可见。"可怜夜半虚前席，不问苍生问鬼神。"如今，和汉文帝夜半问鬼神之事相似，政府官员信"风水"，大有"风生水起"之势。

"官员信仰价值的混乱与缺失，是'风水'怪象层出不穷的根本原因，"竹立家分析说，"部分官员'不信马列信鬼神'的现象，与政府本应倡导和宣扬'无神论''唯物辩证论'的价值观形成强烈的反差，需要社会反思。"

部分官员的"风水病"，不仅折射出其理想信仰的缺失，还有强烈的"官本位"心态。对于一些官员而言，风水最大的功能就是保佑升官发财，而公共建筑就成为他们寄托对官运、财运无限憧憬的载体。

内心恐惧也是官员迷信风水的原因之一。"一些贪官污吏，因为心中有鬼，害怕犯罪事实败露，希望通过风水之术求得神灵的保佑。"武汉大学社会学教授周长城在谈到办公楼风水"怪象"的原因时说。

官员在迷信风水的背后，还有经济利益的驱动。一般而言，具有"镇宅化煞"功能的"转运石""镇邪兽"之类的奇石价格都非常昂贵。

据了解，仅仅磨盘大小的"泰山石"最低能卖8000元，而像"灵璧石""太湖石""五彩玉"这些高档的"转运石"一般都能卖到五六十万元，有些甚至能卖到上百万元的价格。

"黄金有价石无价"。因为高档奇石、石雕等的价格具有主观、随机且无法比较的特点，官员容易打着风水的旗号"钻空子"，难逃公款"埋单"的嫌疑。

"在官员和商人之间，风水师有时候仅仅是充当一个道具，在风水的遮掩之下，隐藏着许多潜规则。""风水大师"密坤乾透露。如今，新型的"风水腐败"悄然而起。

"一些官员请风水先生来看一看，是一种跟风行为，"周长城说，"'风水乱象'之所以如此猖狂，归根到底是权力没有受到约束，制度在这些官员的眼里就像'橡皮泥'，随意规避与塑造。只要权力不受约束，豪华办公楼还会在各地出现，政府办公大楼讲风水的现象更会大行其道。"

问苍生才有好"风水"

"从来就没有什么救世主，也不靠神仙皇帝，要创造人类的幸福，全靠我们自己。"《国际歌》的歌词影响了中国一代又一代人。那么，如何让政府办公大楼回归办公本质，摆脱寄托"救世主"的侥幸心理，实现建楼不问鬼神问苍生呢？

竹立家向本报表示："要扭转政府建办公大楼先算风水的现象，首先要做的是将人民的四项权利——知情权、参与权、表达权、监督权切实赋予人民，用人民的权利制约政府的权力。"

"因为缺少监管、权力没有约束，有的政府部门听信风水传言，"周长城说，"这个怪圈只有在将权利归还人民，将人民置于权利中心，对政府形成有力监督与制约之后才能破除魔咒。"

他律很重要，但是政府的自律也不能忽视。据知情人透露，政府要修建办公大楼，设计、施工招标、监理、审查、竣工……这些程序与一般工程建设基本一致，只要建设部门批准，就可以顺利进行。唯一不同的是政府建办公楼，从审批到建设，这一过程完全是内部消化，如果没有完善的行政监督体制，而是"一人独大"，那么大肆兴建楼堂馆所、盛行看风水的现象将快速滋生。

"行政体制改革是必要的。办公大楼建设从审批到动工修建，这一系列的环节都应当'有规可依'，无规矩不成方圆。有了严格的'把关人'，风水就没了立足之地。"竹立家强调。

行政改革是"硬办法"，"软硬兼施"才是理想之道。"政府和相关官员要树立科学信仰，明白为百姓服好务才能官运亨通的道理。"周长城提到，有些官员往往在做了有愧于民的事之后，将希望寄托于鬼神之说，企图"克"掉罪恶。殊不知，这样就走上了失民心最后失官运的不归路。

用战斗机拦路，打造"升官发财、飞黄腾达"之相；用广场、牌坊拦住通往办公大楼的路形成"聚宝盆"；用奇石寓意"时（石）来运转"……凡此种种都是价值观偏离后形成的"信仰"。但是当将这些虚无缥缈之物与实实在在的苍生之计相比时，孰能真正驱邪避灾，获得财政盈余，赢得仕途光明，结果不言自明。

专家认为，政府应该通过制度建设，让官员的"风水"好坏由人民决定，这样官员才能问苍生不问鬼神。

（原文标题：《禁建楼堂馆所：叫停建筑更要叫停"风水"》；作者：潘旭涛、姚荣华、刘加会、王碧薇；原载《人民日报·海外版》2013年8月8日第5版）

☆评论

打破见怪不怪的"悖论"

一个坏人做了坏事，人们心理上容易接受。而一个总强调自己是好人的人做了坏事，而且做了不少，人们会觉得恶心。有些党员干部就是后者，在他们身上处处体现了拧巴和"悖论"。

一方面照本宣科"利为民所谋""为人民服务"，却时刻想着中饱私囊，念着仕途升迁；一方面台上做廉政报告，大谈拒腐防变，背后却大吃大喝，衣着奢华，公车超标甚至私用；一方面发誓信仰马列主义，为理想信念奋斗终身，背后却信奉鬼神，敬拜"大师"；一方面见位就占、见权就抢，"期待组织给自己压担子"，但一出事就缩头不出，把责任推给"临时工"……

有人说，这类"矛盾体"的官员，不是个例；这种"悖论"，群众和干部看在眼里，甚至见怪不怪。最近，"所谓建设新区，就是政府行政中心往新区一搬""公共建筑讲风水乱象""官员明星迷拜王林大师"等话题，就是以上"悖论"的最新背景和佐证。

常见并不代表合理。越是对"悖论"见怪不怪，越说明一些党员干部"心理底线"和"形象底线"出了问题。从"心理底线"上说，不少官员的理想信念已经动摇；从"形象底线"上说，几颗老鼠屎染臭一锅汤，一部分人正在影响整个党和政府的形象。

理想信念动摇之后，"四风"自然横行，"悖论"必然常见。形象滑坡之后，党和政府公信力极大受损。在此背景下，整治"四风"活动在全国开展。形式主义、官僚主义、享乐主义与奢靡之风，没有一个是与党的宗旨匹配的，必须狠刹。

整治"四风"之外，十八大以来，党和国家频出实招狠招。如出台八项新规，狠刹吃喝风；"老虎苍蝇一起打"，一批官员落马；中央巡视组分赴各地，着力发现问题……无不说明了中央治理"悖论"的决心。

最近，为了整治"新建楼堂馆所"问题，国家出台治理措施，发出"一刀切"强音，赢得广泛赞誉。当然，人们也清晰地看到：规章制度好建，理想信念却难建；楼堂馆所好拆，各种"悖论"却难拆。

什么时候人们对"悖论"不再"见怪不怪"，才说明有了成效。

（作者：正楷；原载《人民日报·海外版》2013年8月8日第5版）

揭示反奢靡的深层动因

导语

"历览前贤国与家，成由勤俭败由奢。"在今日的中国，奢靡享乐已成为众矢之的。

继禁止公款大吃大喝之后，政策的"后续部队"源源不断地跟进，豪华楼堂馆所、豪华晚会接连被叫停，日前，奢侈招商又遭到了曝光和批评……中央针对奢靡享乐之风频频亮剑，合国情顺民意，让大家看到，正在进行的党的群众路线教育实践活动不是走走过场，而是动了真格，敢于直面民众反映强烈的突出问题。

近日，据《人民日报》报道，一些地方的赴港招商活动奢侈浪费，比如在香格里拉酒店举行人均花费 1000 元的早餐会、会展场地贪大求奢、参与人数多多益善等，引起了社会的广泛关注。

事实上，从 2012 年年底，关于改进工作作风、密切联系群众的八项规定出台以来，叫停豪华晚会，禁止中秋节、国庆节公款吃喝、送礼等要求连续出台，围绕纠正奢靡、享乐等"四风"，中共正在抓住各个重要时间和节点，以"抓铁有痕"的精神，接连推出一系列改进作风的有力举措。

作风建设狠刹奢靡浪费

将于 10 月在山东济南举办的第十届中国艺术节，开幕式原定的文艺演出，仅明星出场费、演出制作费等就达 5881 万元。近日，筹委会决定取消开幕式大型文艺演出，代之以预计十几分钟的开场仪式，费用不足 100 万元，节省了 98%。

自党的十八大以来，新一届中央领导集体将目光聚焦到作风建设上，一股反对奢靡浪费的新风逐渐吹遍神州大地。

2012 年 12 月 4 日，习近平总书记主持召开中共中央政治局会议，审议通过了中央政治局关于改进工作作风、密切联系群众的八项规定，不仅作出了"轻车简从""不安排群众迎送""不铺设迎宾地毯""严格控制出访随行人员"等细致规定，还强调"首先要从中央政治局做起，要求别人做到的自己先要做到，要求别人不做的自己坚决不做"，新一届中央领导集体以身体力行的方式，打响了改进工作作风的第一枪。

4 月 19 日，中共中央政治局召开会议，决定从今年下半年开始，用一年左右时间，由中央政治局带头，在全党自上而下分批开展党的群众路线教育实践活动。6 月 18 日，习近平总书记在党的群众路线教育实践活动工作会议上强调，这次教育实践活动的主要任务聚焦到作风建设上，集中解决形式主义、官僚主义、享乐主义和奢靡之风这"四风"问题。要对作风之弊、行为之垢来一次大排查、大检修、大扫除。反奢靡的行动再度掀起了高潮。

7 月，中办、国办印发通知，要求各级党政机关 5 年内一律不得以任何形式和理由新建楼堂馆所，这一项禁令很好地印证了李克强当选总理后在首次记者会上向全国人民的承诺。

紧接着，8 月，中宣部、财政部、文化部、审计署、国家新闻出版广电总局五个部门联合发出通知，要求制止豪华铺张、提倡节俭办晚会。通知指出，不得使用财政资金高价请演艺人员，不得使用国有企业资金高价捧"明星""大腕"，坚决刹住滥办节会演出、滥请高价"明星""大腕"的歪风。同时还要求，制定规范的文艺晚会和节庆演出支出标准，严格晚会经费预算，压缩不必要的开支。不得借举办晚会之机发放礼品、贵重纪念品，防止利用晚会为单位和个人谋取私利。

日前，财政部也发出通知，在全面公开省级预决算及"三公"经费的基础上，各省应于2015年之前，在省内所有县级以上政府开展包括财政预决算、部门预决算及"三公"经费预决算等方面的公开工作。其中，2013年各省应至少选择20%的地市级和县级地区开展"三公"经费预决算公开工作；2014年所选地区应至少达到省内同级政府数量的50%。"三公"经费不断透明公开，为反奢靡之风的落实提供了强硬的保障。

近日，随着中秋节和国庆节的临近，中央纪委常委会召开会议，传达学习习近平总书记关于反对"四风"要持之以恒的重要批示精神。会议提出，当前要坚决刹住中秋节、国庆节公款送月饼送节礼、公款吃喝和奢侈浪费等不正之风，过一个欢乐祥和、风清气正的中秋和国庆佳节。会议还指出，纠正"四风"必须抓住重要时间节点，一个阶段一个阶段地推进。各级纪检监察机关要把日常性监督与阶段性检查抽查结合起来，对顶风违纪者发现一起处理一起，提高执纪监督的实效性、震慑力，坚决防止反弹。

为何奢靡成为整治重点

当前，随着物质生活水平的提高，奢靡之风在许多方面都有表现，不仅败坏了党风政风，而且腐化了政治生态，人民群众对此深恶痛绝。因此，业内人士纷纷认为，中央在这个时候提出反对奢靡等"四风"，具有很强的现实意义。

网友"@湖言大山"在微博上"吐槽"："近些年，公款消费挥金如土屡见报端，官员公款挥金如土的不正之风会严重损害党和政府在人民心中公信力。"

"奢靡之风不反不行，"国家行政学院教授许耀桐接受本报采访时解释说，"奢靡的作风本来就与艰苦朴素的党风格格不入。"许耀桐认为，身为公职人员，一旦沾染奢侈浪费的恶习之后，便会让党和政府的公信力受到严重影响，更重要的是，老百姓对党和政府的不信任容易使人民群众与党和政府之间产生隔阂，这也是与我们的群众路线背道而驰的。应该说，奢侈早就存在，长期以来具有一定的延续性，所以新一届中央领导集体才会如此坚定决心，打击的密度和强度都比往年大大加强。

云南省人民政府参事罗崇敏也在微博上评论了奢侈消费的危害：奢侈消费表面上看刺激了一些特殊消费品的生产和创造，但从深层次和长远来看，会带来人的异化、文化的异化、生活方式的异化等问题，会导致消费心理扭曲、破坏生态环境，诱发腐败滋生，导致社会矛盾激化。他呼吁，我们每一个人都应做反奢侈消费的倡导者和参与者。

在南京大学社会学系副教授胡小武看来，当前反奢靡的举措针对性很强，主要是针对政府官员、公务人员等。他指出，公务人员花费的是公款，所以更容易滋生随意消费的行为。例如一些奢侈品由官员群体消费和使用，且多由利益群体赠送，这样的奢侈既浪费了纳税人的血汗钱，也助长了贪污腐败之风。

另外，人们也注意到，反对奢靡之风，绝不仅仅是揭露贪官、惩处贪官，还应该追究奢靡行为背后滋生的腐败链条。比如近年来，一些地方举办的豪华文艺晚会和高成本节庆活动，往往由财政出资或摊派资金，除了耗资巨大、增加企业和群众负担、助长不正之风外，奢侈的"烧钱晚会"背后还有可能存在重重"潜规则"，成为滋生腐败的"温床"，奢靡背后的经济利益链不容忽视。

对此，武汉大学城市安全与社会管理研究中心副主任尚重生认为，一旦奢靡之风盛行，将会在整个社会树立一个坏的标杆，成为坏榜样，败坏整个社会的风气，影响社会的公平。

下一步将剑指何方

7月底，近期发布的一份上半年餐饮市场分析报告显示，上半年，60%的餐饮企业利润出现大幅下降，同比平均下降 42%，个别高端餐饮企业下降甚至超过 300%。这样的结果与民众的感受也是基本一致的：一些大的饭店以前车水马龙，公车很多，现在门口很难看到公车，严控公款吃喝效果明显。民众更希望，这样的新风能长久地坚持，不要"一阵风"过后又恢复原样。

"我觉得中央半年来的努力还是取得了很显著的成效，"尚重生对本报表示，"就我所看到的，比如说茅台等名贵烟酒纷纷降价，还有一些五星级大酒店也没有原来火爆，这些都体现了打击奢靡浪费还是很有作用的。"

"反奢侈浪费是落实八项规定的具体抓手，整顿'四风'要保持连续性。"胡小武认为，不能让反奢靡成为临时性的、短暂的行动，让某些人心存侥幸。要消除老百姓对于八项规定只是口号式、运动化形态的疑虑，就必须从中央到地方都积极配合，让大家产生敬畏之心，才能让反奢靡之风持续吹拂。

反奢靡之路仍然任重而道远，胡小武建议，紧接着对楼堂馆所的严格要求，下一步可以更多关注领导下基层调研使用公款吃喝、住宿以及一众官员陪同等问题，以真正做到"轻车简从"，让下基层调研实实在在地贯彻群众路线，为老百姓服务。

尚重生也表示，反奢侈浪费是一场自上而下浩大的工程，只有从中央到地方层层落到实处，才能让反奢靡之风吹得更久。从下一环节来看，建议落实到进一步增加"三公"的公开透明程度上来，并且希望能增加民众对于"三公"公开的监督。

"老百姓呼声比较大的问题，一定是比较重要的问题，也是中央比较看重的问题，应是下一步着力解决的问题。"许耀桐建议，现在对于"公车"的超标和使用并没有严格规范，在对住房、办公室超标的清理和整顿之后，解决"公车"问题值得关注。

（原文标题：《神州劲吹节俭风，公款大吃大喝豪华晚会奢侈招商停》；作者：叶晓楠、骆萤雪；原载《人民日报·海外版》2013 年 8 月 29 日第 5 版）

☆评论

对奢靡连续亮剑说明啥？

"历览前贤国与家，成由勤俭败由奢。"在今日的中国，奢靡享乐已成为众矢之的。

继禁止公款大吃大喝之后，政策的"后续部队"源源不断地跟进，豪华楼堂馆所、豪华晚会接连被叫停，日前，奢侈招商又遭到了曝光和批评……中央针对奢靡享乐之风频频亮剑，合国情顺民意，让大家看到，正在进行的党的群众路线教育实践活动不是走走过场，而是动了真格，敢于直面民众反映强烈的突出问题。

那么，中央连续出台一系列反对奢靡享乐的举措，说明了什么呢？

首先，这体现了中央反对奢靡等"四风"的坚定决心，决不搞走过场，决不虎头蛇尾。新一届中央领导集体甫一履新，就推出了改进工作作风八项规定，剑指奢靡享乐等不良风气。对此，社会各界寄予厚望的同时，最担心的就是能不能坚持，甚至在狠刹大吃大喝风施行一段时间后，社会上还出现了一些"奢靡享乐有助于经济增长和国家繁荣"等为之背书的言论。因此，落实八项规定，反对"四风"，在当前或更长期的一个阶段，都具有非常现实的政治意义和社会价值。而中央狠刹挥霍享乐不良风气系列举措的推出以及对一些顶风违纪者的坚决查处和曝光，正向社会释放出了执纪必严的强烈信号。

其次，这体现了中央整顿工作作风的抓手和着力点更加明确，而且在不断深化、具体。中央一再强调，反对"四风"要对准焦距、找准穴位、抓住要害。于是，针对有的地方在公务活动中讲排场比阔气、一掷千金，中央提出严控公款吃喝、杜绝公款浪费；针对有的地方占地上百亩、耗资几个亿，修建豪华气派办公大楼，中办、国办印发通知，5年内党政机关严禁新建楼堂馆所；针对有的地方热衷办晚会，动辄花巨资请"明星"捧场，中宣部等5部门联合通知要求制止豪华铺张、提倡节俭办晚会。正是因为这些问题的存在，劳民伤财，极易滋生腐败，并不断助推进一步的奢侈浪费，凡此种种，都是奢靡之风的突出表现，令民众十分反感。从这样的问题入手反对"四风"，切中了要害，整改才能落到实处，获得广泛好评。

最后，这也说明反对奢靡等"四风"决非一日之功，需要不断推出新举措，以应对层出不穷的新问题。不可否认，人在享乐方面是容易成瘾的，一旦沉湎于享乐，就势必惯性地追求奢华，渐渐难以自拔。时至今日，在中央三令五申、明令禁止的情况下，公款大吃大喝等奢靡之风，还是刮刮停停躲躲，有的还会换个马甲继续唱。比如公款吃喝由饭店转入了私人会所、机关食堂，领导下车公车就走，好酒标签撕掉或是倒入普通酒瓶再上桌等怪象不断被曝出，同时，新的奢靡享乐等问题也不断出现，这些都表明，"四风"积习甚深，可谓"冰冻三尺非一日之寒"，要想彻底整治这些官场陋习，除了要有坚定不移的决心外，更要不断出新招，发现一个新问题，立刻有相应的手段跟进，奢靡享乐之风刮到哪儿，铁的整治手段就指向哪儿。

日前召开的中央纪委常委会强调，"纠正'四风'必须抓住重要时间节点，一个阶段一个阶段地推进"。系列组合拳的推出，让大家看到了决心，更看到了信心，接下来，只有把反对奢靡享乐之风等"四风"这场硬仗继续打好，才能彻底杜绝寄希望于"留有余地"者的侥幸心理，使力戒奢浮、务求实效内化为各级官员主动的行为准则。

（作者：叶晓楠；原载《人民日报·海外版》2013 年 8 月 29 日第 5 版）

"权力烟瘾"到底有多大

导语

控的是烟，反的是腐败。

领导干部指尖的一根烟，背后有多少故事？为了一根烟出洋相、受批评、挨处分，到底划不划算，值不值？戒烟令下，领导们是怎么想的？"权力烟瘾"戒掉之后，能产生多大效应？

2013年岁末，中国禁烟控烟迎来了一项重大政策支持，一则关于领导干部带头在公共场所禁烟有关事项的通知由中共中央办公厅、国务院办公厅联合印发，给2013年全年的落实八项规定、改进工作作风的努力添了重磅一笔。

从公务接待放下酒杯，到禁止公款买月饼、印年历等，再到首先掐灭领导手上的烟头，八项规定出台以来的这一年多时间，一个个看似小处着眼的举措环环相扣，正将笼子编得越来越密，逐渐细化"三公"支出的经费渠道，挤压可能存在的腐败空间。

"如果一年前公众对于下发这样的通知能产生多大的效果会有众多疑虑的话，那么，经过2013年的作风洗礼之后，人们对禁烟令的落实将会更有信心。"电话那头，长期研究"三公"问题的湖北省统计局副局长叶青这样说。

各地忙跟进，控烟好声音不断

各级领导干部不得在学校、医院、体育场馆、公共文化场馆、公共交通工具等禁止吸烟的公共场所吸烟，在其他有禁止吸烟标识的公共场所要带头不吸烟。

公务活动承办单位不得提供烟草制品，公务活动参加人员不得吸烟、敬烟、劝烟。要严格监督管理，严禁使用或变相使用公款支付烟草消费开支。

......

这样严厉的措辞，来自于近日中共中央办公厅、国务院办公厅印发的《关于领导干部带头在公共场所禁烟有关事项的通知》(以下简称《通知》)，中央这一次改进作风的靶子，指向了领导干部手中的烟。

两办的《通知》一下，地方版控烟禁烟新规迅速跟进，不少省市陆续出台了关于禁烟控烟的条例、法规，禁烟控烟好声音一下子风行全国。

在兰州，1月1日起施行的条例规定，中小学、网吧、体育场等八大类场所全面禁烟，餐馆、酒店、娱乐场所等四大类区域限制吸烟。

在长春，将于3月1日实施的办法规定得更细、力度更大：任何会议、公务活动中不得发放、提供烟草制品和摆放烟具，公务员不在公共场所和公众面前吸烟。

在贵州，省政府办公厅近日发出的实施意见要求，办公厅行政处对用公款支付烟草消费的凭证一律不予报销；处级以上领导干部尤其要加强自律，应主动接受群众监督和舆论监督。

由于正值农历春节前，往年正是香烟销售旺季，禁烟令的冲击迅速传导到了市场，有媒体走访发现，一些地方的天价烟遇冷，甚至价格出现了腰斩的情况。

作为从事控烟工作十多年的工作者，中国控制吸烟协会常务副会长许桂华这几天的电话都被打爆了，"都是国内外同行、媒体打来的，认为中国控烟事业迎来了近十年来最大的政策支持。"许桂华这样说，在她看来，两办的

《通知》将是中国控烟履约进程中的里程碑。

控的是烟，反的是腐败

此次的"禁烟令"，对领导干部带头不在公共场所抽烟作出了明文规定，还明确了公务活动中的禁烟。其背后，也正如两办的《通知》中所指出的，"近年来，在公共场所吸烟的现象仍较普遍，特别是少数领导干部在公共场所吸烟，不仅危害公共环境和公众健康，而且损害党政机关和领导干部形象，造成不良影响。"

"听过那句流传很广的话吗，'买烟的不抽，抽烟的不买'。你见那些领导干部抽的那些名烟，有的一条就上千元，有多少是自己买的？我看大家心里都有数。一包好烟，相当于一瓶中档的酒；一条好烟，相当于一瓶高档的酒。一场热热闹闹的'年会'，可能就是一部车。"叶青这样说，小小一包烟，后头是腐败，因此说，我们控的是烟，抑制的是腐败，绝非小题大做。看似管的是领导干部在公共场所吸烟这样的"小事"，实际上与禁止公款大吃大喝、禁止印送挂历等一样，管的都是民众深恶痛绝的"常见腐败"。

事实上，在已查处的腐败案件中，每每总能看见高档烟的身影。比如因为抽高价烟被网友举报落马的南京市江宁区房管局原局长周久耕，被称为"天价烟局长"，最终在 2009 年 10 月因受贿罪被判处有期徒刑 11 年。

此外，往年每到年节，一些礼品回收店生意兴隆，他们的财源之一便包括了名烟回收，这些回收名烟的来路虽然各式各样，但与年节送礼滋生的腐败恐怕也有千丝万缕的关系。"老百姓是不会高价买烟、低价卖出的。"叶青说。

除了送礼中产生的烟草腐败，公务消费中也因为烟草的身影而滋生出不少问题，一些地方公款买烟，并以会议费、餐饮费、办公用品费的名义支出，或者走食堂经费中的公务接待账，成为"三公"经费乱支出的一个推手。比如山西省河曲县原政协主席开会时曾花 6 万多元公款购买 150 条中华烟，参会者每人每天发一包。湖北省公安县曾以"红头文件"形式强制摊派卖烟。

也正因为如此，不少分析人士都认为，此次下发的控烟通知，一方面推动了控烟的进程，同时，更有助于抑制吸烟导致的"烟草腐败"，因为通知不仅要求领导干部模范遵守公共场所禁烟规定，更要求机关内部禁止销售或提供烟草制品，严禁使用或变相使用公款支付烟草消费开支。这样一来，会务安排不再用烟，领导在公务活动中也无处可抽烟。

六成男公务员抽烟，治烟瘾还需硬手段

最近，河南官员一句"戒烟太快容易内分泌失调"引起了热议。

事实上，禁烟令下发之后，社会各界赞声一片的同时，一些烟民官员也是疑虑重重，还有的干部感到"发愁"："我经常在办公室熬夜写材料，全靠烟提神，不让吸，这不要了命了"。

不少人就表示，禁烟令虽好，能否真正得到执行尚待观察。分析人士认为，之前很多地方控烟规定流于形式，原因之一就是政策制定或执行者本身就是吸烟人群。根据调查，我国男性公务员吸烟率为 61.0%，吸烟的公务员中仅有 37.3% 表示近期有戒烟愿望。

一些基层同志表示，一些地方抽不抽烟主要看领导，领导只要开抽，下面的官员就纷纷吞云吐雾。还有官员表示，干部之间都讲面子，尤其是领导抽烟，你不抽就不太好看。

因此，本次两办下发的《通知》，要求从领导带头做起，可以说是选准了重要抓手，在一个单位里，要是"一把手"能带好头，控烟就一定能做得比较到位。

不过，不少公众对"一把手"们会不会带头把烟掐灭，不少"老烟枪"怎么熬过这段痛苦期，仍心有疑虑。

安徽省一名大学生村官表示："如果领导在公共场合吸烟了，我们看到以

后该怎么办？直接把烟掐了吗？谁来监管是要考虑的一个问题。"

南宁某市直机关的办公室副主任的疑问是："领导在个人办公室悄悄吸烟，是闻到烟味就罚，还是'抓现行'才罚？"

另外，过去公款买烟往往以会议费、餐饮费、办公用品费的名义支出，成为监管、审计的难点。叶青认为，可以从烟草公司、烟草销售店来查，"查他们的发票，看销往哪里，就知道是不是公款买烟"。

细化规定也很重要，"各地应该出台一些具体规定，比如详细规定在哪些地方、哪些时间段官员不能抽烟。戒烟当然不容易，不过，身为领导干部，就要对自己有更高的要求，就要更能忍一忍，要以身作则执行中央规定。要求老百姓做到的，官员首先要做到。"叶青说。

监督也是一柄利器，群众监督才是最好的"禁烟药"。此次两办的《通知》明确指出，各级领导干部要主动接受群众监督和舆论监督。

广西一公务员还提议，是否也参考动车的做法，在办公室安装报警装置，让"躲着抽"的人无处可藏。

华东师范大学社会学研究所所长文军建议，公众和舆论监督的渠道要力保畅通有效，各项制度、典型案例应定期公之于众，让群众看到成果，敢监督、常监督。

在严厉的禁烟令面前，山东省一名干部说，为了一根烟出洋相、受批评、挨处分，不划算。左思右想，他准备戒烟。

放下手中的烟，提升健康和形象

在 1988 年举行的第七届全国人民代表大会会议上，红线女在会场递条子劝在主席台上的邓小平莫吸烟，小平同志随即将烟熄灭，这一细节被写入报道，传为佳话。

25 年后的 2013 年的岁末，两办印发《通知》要求领导干部带头在公共场所禁烟。

可是，在媒体近期的一些暗访中，发现一些窗口单位和办公场所，仍然能看到抽烟者的身影。这样的艰难拉锯反映出的，是控烟之难。

国家卫生和计划生育委员会新闻发言人姚宏文日前在国新办发布会上指出，中国是世界上最大的烟草生产国和消费国，也是受烟草危害最严重的国家之一。全国吸烟人数超过3亿，7.4亿非吸烟人群遭受二手烟危害。每年有100多万人死于与吸烟相关疾病，约10万人死于二手烟暴露导致的相关疾病。

都知道抽烟有害健康，但是，在很多人眼里，抽烟不仅是个人习惯，也是一种有效的社交手段。小小一根烟，被赋予了更多含义。

"再比如许多影视片中，很多主人公，都是手中夹着一支烟，烟雾缭绕中，好思路就出来了。这样的引导，让人们对抽烟增进了亲近感。"叶青说。"但是，现代公务员的形象应该是健康向上的，通过禁烟等规定，对一些年轻的公务员，有很大约束力。我们知道，很多年轻人起初烟瘾并不大，在工作中才慢慢上瘾，现在从领导开始就控烟，有助于让年轻的公务员知道什么是健康的公务员形象，该怎么来正确约束自己，从长远来看，是有好处的。"

此番从领导干部带头推行控烟，相信除了极少数烟瘾确实很大者外，多数人会在限令之下，逐渐减少吸烟的数量、频率，这样一来，不仅有益于自己的身体，也清新了周边环境的空气，让更多的人不必受二手烟的侵害。

"我们的干部作风正在一点一滴得到净化，在中国尚无专门控烟禁烟立法的背景下，通过自上而下的行政示范，有助于倒逼一些领导干部戒掉'权力烟瘾'，改进形象，干净做官，干净做人。"叶青说。

（原文标题：《中国控烟向领导干部开刀》；作者：叶晓楠；原载《人民日报·海外版》2014年1月10日第13版）

☆评论

请领导带头掐灭香烟——既净化空气更净化风气

近日，中共中央办公厅、国务院办公厅印发了《关于领导干部带头在公共场所禁烟有关事项的通知》。内容包括，各级领导干部不得在公共场所吸烟，各级党政机关公务活动中严禁吸烟，要把各级党政机关建成无烟机关等事项。

小小烟卷，要靠中办国办发文来禁，是否有点小题大做？其实不然。外电评述："中国禁烟比治污更棘手。"因为，据外媒估计："中国有约3.5亿烟民，接近总人口的1/4，这么庞大的数字还意味着世界上1/3的烟民在中国。"禁烟难，更难在背后的行业利益。如今，中国高层痛下决心，向领导干部下禁烟令，这是禁烟方面近年来最大的利好消息。

每个渴望健康的公民都有这样的无奈，年年谈禁烟，但雷声大，雨点小。中国烟民并不见少，往往从一条街上走过，总要碰上几个叼着烟卷的，巷子窄，顺风一吹，闻个正着，二手烟、三手烟（烟民吸过烟的房屋等）为害甚烈。如今禁烟，从领导抓起，可谓抓到了点子上。

吸烟之害，至少有三个方面。

一是有损健康。一位抽了一辈子烟的老同志说：抽烟一点好处都没有，烟垢沉积在血液里，造成血管硬化，血管硬得像钢筋。据卫计委最新发布，烟草中包含69种对人体有害成分，中国每年有100万人死于与吸烟有关疾病。尤其是当敬烟劝烟成为生活方式的一部分时，危害尤大。老朋友相互之间表达敬意，要你敬我一支，我还你一根。陌生人初次见面，打个招呼，也要你给我丢一根，我给你扔一支。年长日久，烟难禁，健康的身体就在一阵阵吞云吐雾中，损害殆尽。领导也不例外。

二是有损形象。领导不仅需要良好的内涵，也需要良好的形象。如果主席台上吞云吐雾，会议室里乌烟瘴气，何谈良好形象？领导应该比一般人更重视自己的形象，应该体现出"团结紧张严肃活泼"庄重大方的形象，如果嘴里叼着一支烟，耳朵上再夹着一支烟，还有何形象可言？

三是损害风气。曾几何时，有损健康有损形象的香烟在公务活动中大行其道，天价香烟屡屡价格攀升，交往靠它，送礼用它，甚至成为行贿受贿的一部分，败坏了党风政风和社会风气。

如今中办国办已经印发通知，要求各级党政机关要加强监督检查，对违反规定在公共场所吸烟的领导干部，要给予批评教育，造成恶劣影响的，要依纪依法严肃处理。制度约束有了，更要靠各级领导干部将制度要求、监督举措和惩戒手段内化为自觉的追求。只有这样，禁烟大业才能持久！当下至少需要强化三个理念：

一是健康理念。20 世纪 50 年代的大学生有一个流行口号"为祖国健康工作五十年"，如今许多当年风华正茂的大学生已经年过七旬，仍然健康地发挥着余热，实现了当年的诺言。重视健康就要戒烟限酒。莫让健康的身心，在觥筹交错之间、香烟缭绕之中消磨，带给自己和家人不应有的痛苦。

二是形象理念。领导形象直接影响着一个部门一个地区的执行力，领导形象好，威信高，令行禁止；反之，领导形象不佳，虽令不行。小小烟卷，也是领导形象的一部分。尤其今后，中办国办已经下文，如果有个别人不执行或执行得不好或搞上有政策下有对策，如何要求下级执行你的命令？

三是风气理念。禁烟，不仅净化空气，更能净化风气。领导是社会风尚的引领者，领导行为方式不佳，那么"上行下效，相习成风""上有所好，下必甚焉"，社会风气很难实现升级；相反，领导带头引领健康文明社会时尚，久久为功，风清气正的风气终将养成。

公共场合禁烟早有呼声和法规，但屡禁不止，每年世界禁烟日，本报和其他媒体都要刊发相关报道，网上转载很多，但收效不大。如今中办国办发文了，各地相继出台更严禁烟措施，十有八九能管住烟民领导，进而带给社会一个风清气正的良好风气。当然，这个"风气"一语双关，既包括自然空气，更包括社会空气！请领导带头掐灭手中的香烟吧！

（作者：严冰；原载《人民日报·海外版》2014 年 1 月 10 日第 13 版）

"八项规定"与送礼焦虑

导语

> 送？不送？送什么？怎么送？什么时候送？
>
> 每逢节日，几乎每个人都被人情往来困扰过。
>
> 在自古就注重人情的国度里，礼尚往来的尺度在哪里？送礼成风的困境怎样打破？风清气正的社会风气，怎样通过自上而下的"八项规定"来打破？全民怎样才能摆脱送礼焦虑？

刚刚过去的教师节，略显"冷清"。一位在北京某幼儿园任教的老师告诉本报记者，由于学校提前给家长和教师都发了"禁令"，今年她只收到了一些孩子亲手做的贺卡等礼物，虽然简朴但都凝聚了孩子们的心意，比起往年经常收到的化妆品、衣服、购物卡甚至现金等礼物，更显诚挚。同样的，即将到来的中秋节，与往年同期相比，也不太"景气"，高档月饼纷纷遭遇"滑铁卢"。

事实上，回顾中央"八项规定"出台以来的9个多月，不难发现，在自上而下大力倡导的节俭新风吹拂下，从官员到百姓，正在从每逢佳节"被"送礼、送礼的收礼的焦虑状态中，逐渐解脱出来，许多人直呼"松了一口气"。

送礼成风的困境亟待打破

送礼现象由来已久。比如每到教师节，被送礼这件事折磨的家长们，常常在网上发文控诉教师节变成了"送礼节"。送的礼物五花八门，从吃的、穿的、用的，到豪华宴请老师甚至老师全家。家长的送礼技巧更是包罗万象，直接拿到学校的有之，以"聊聊孩子近况"约出来送的亦有之，一位教师告诉本报记者，现在更有家长把礼物放在商场寄存柜台，让老师自行领取。

沦为"送礼节"的不止教师节，几乎所有大一点的节日都有你来我往的送礼相伴，为晋升、为孝敬师长、为"求人办事"、为联络感情……可以送礼的理由实在太多，加之不少人利用公款消费，送礼成为一种饱受诟病的"节日病"。而送礼者和收礼者，都因为越送越贵重的礼物和"不得不送""不能不收"的心态，形成了独具特色的"送礼焦虑"。

这种"送礼焦虑"，将香水、酒、包等的销量推向了新高，而大闸蟹、茅台酒、月饼、天价烟，也都加入了礼品大军，价格屡创新高。此外，愈演愈烈的送礼现象，更使得礼品行业水涨船高，礼品包装越发精致，月饼要用金银配，酒瓶几乎做成了收藏品，榨菜也要用老坛才够"正宗"……难怪有人感慨，"过去和现在的月饼都是奢侈品"：过去是因为吃不起，所以格外珍贵，而现在则是变成了畸形的礼品，普通人难以承受。

直到2012年12月中央"八项规定"出台，以及随后出台的各个相关通知，才使得送礼之风逐渐刹车。去年春节期间，就有花店因业务不景气被迫关门，之后各类土特产店、礼品店等关张的消息陆续见诸报端，其原因均与"八项规定"出台后对礼品市场的冲击分不开。8月份，离中秋节还有约1个月的时候，中央纪委常委会会议即明确指出，当前，要坚决刹住中秋节、国庆节公款送月饼送节礼、公款吃喝和奢侈浪费等不正之风，过一个欢乐祥和、风清气正的中秋和国庆佳节。中央纪委书记王岐山9月初到天津市调研时，再次强调要抓住中秋、国庆重要节点，刹住公款送月饼节礼、公款吃喝等不正之风。

这样的禁令，无疑给公款送月饼、送节礼戴上了"紧箍咒"，不仅月饼遇冷，各种聚会、送礼等也都"消停"了不少，节日真正回归了亲人团圆的本真。

中央党校党建教研部副主任戴焰军教授对本报记者说，中央对奢侈浪费和公款送礼问题的禁令，已经产生了明显的效果。中国人重视礼尚往来，但奢侈浪费的送礼风，尤其是公款送礼，如果任其发展，则演变成了一种坏的风气，"人跟人之间的关系就变成了礼跟礼之间的关系了"。

中央叫停送礼风

接二连三的禁令，让人们看到了中央整治不良送礼风气的坚定决心，其效果也颇为明显。即将开始的中秋节，高端月饼市场已备受冷落。据报道，往年很多公司都办团购券，因此催生了"黄牛党"收购月饼票，但今年的禁令导致高端月饼市场低迷，让不少"黄牛党"纷纷转行。而往年国庆节的送礼佳品大闸蟹，在王岐山点名批评"越送越奢华"后，有业内人士认为其销售将遇冷。

中央的禁令让很多人打心眼里叫好。戴焰军表示，很多送礼者其实是被近年来的不正送礼之风裹挟进去的，本没想送礼，但因为担心会对自身不利而被迫加入，从而给所有人都造成了负担。"及时刹住这股风气，使得很多人得到了解脱。"

本报记者近期出差时遇到一位地方领导，谈起中秋节前的冷清，他一脸轻松，"中央的禁令下来以后，我们觉得很舒坦。往年逢年过节都在忙着迎来送往，折磨得筋疲力尽，可是我能吃几个月饼？人家送了礼我还得考虑怎么还这人情，没事谁给你送礼？"

事实上，这位官员说出了许多人的心声。不仅收礼的人这么想，送礼的常常更是苦不堪言。送多了，经济上会有负担；送少了，又怕对方不满意、不领情；不送，怕别人都送了自己被"记住"。不管是因求人办事还是"防御性"的送礼，送礼者都与收礼者一道，陷入了停不下来的循环中。

因此，中央对不良送礼风气的大力整治，与各方早已不堪忍受这一风气折磨的心理极为合拍，从而广受拥护。有人就表示："不送就都不送，这样所有人都能好好回家过节。"

在接受本报记者采访时，北京航空航天大学公共管理学院任建明教授表示，之所以能迅速打破收礼与送礼的恶性循环，是因为党的十八大以来，新一届中央领导集体通过出台"八项规定"、反对"四风"等一系列举措，从政治局做起，认真抓出了效果。任建明称，豪华餐饮业受到重创，送礼现象出现了好转等，都是现实的佐证。

健康新风要长吹

在奢侈送礼、公款送礼风得到改观后，如何坚持营造风清气正的社会环境，成为民众的最大期待。

一纸禁令固然能止住当下的不良习惯，但非长久之计，要满足人们对于正常规范的人际关系的需求，还要推动整体的社会风气向更加文明理性的方向转型，要完善制度使送与不送礼的人都不会被区别对待。例如，尽管禁令已下，仍有报道曝出一些人还在挖空心思钻空子，有媒体在走访某购物中心时发现，天价"金银月饼"可以开成"办公用品"发票，这无疑还是想占一把"公家"的便宜。

任建明表示，禁令虽然已经取得了明显效果，但要持续下去，光靠领导重视、光靠纠风和查处还是不够的，要从更深层次、更广泛层面去改革和治理。

戴焰军说，接下来，一方面要从文化层面上引导，让人际关系恢复正常、健康的发展，而不是像过去奢侈送礼时体现的物欲、庸俗的状况；另一方面，要从制度入手，系统解决问题，而不是将在杜绝公款吃喝或送礼中省下来的钱，用到了其他类似的目的上。

事实上，转变已经在更深层次上发生，由于高档礼品及其周边产业已经受到冲击，相关行业正在加速转型。除了因业务不景气而关门的特产店、礼品店，更多精明的商家在谋求新的生存之道。据报道，不少做高档礼盒的厂家，原来靠的是中秋和春节两个大节赚出一年大部分的利润，现在，有的已开始转做药品包装盒等常规盒类；而一些豪华饭店、高档餐饮，也在摆脱对公款消费的依赖，走平民路线为百姓服务。

接下来还有几个重大节日，除了即将来临的中秋节、国庆节，元旦和春节往年也都是送礼的"高峰期"。任建明表示，正因如此，才需要将当前的做法坚持下去，到春节乃至今后一直都如此严格要求，"这样的话，大家就能看到中央的决心，一起把送礼的社会原因克服了，使这个问题得到明显的治理"。

（原文标题：《今年过节不送礼 全民摆脱送礼焦虑？》；作者：刘少华、叶晓楠；

原载《人民日报·海外版》2013年9月16日第6版）

☆评论

最该焦虑的是正事

笔者最近出差，一个县委书记在饭桌上，大谈原来的焦虑，大谈"八项规定"的好。

以前，他最焦虑的是吃饭喝酒。一顿饭要赶好几个场子。每顿都要喝酒，一桌喝1两，一天也得1斤多，关键是天天如此。这边来个投资的，那边来个大领导，哪哪有一拨调研的，谁不陪一下都不妥，不和谁碰一杯都不好意思。天长日久，胃出了问题，一见酒就发愁。

这种焦虑，在地方官员中，绝非个例。焦虑也非官员专利。当官怕接待，百姓怕过节，小孩愁攀比。过节了，不给上级单位送点土特产弄张消费卡，不请领导吃顿饭，不给老师送点礼，如何踏实得了？放假的好心情，焦虑在了送礼上。

商人则怕"公关"。一个在非洲某国生活的朋友，以前在国内做生意，他说一到过节就是最累的时候，一是到处送礼，二是陪不了家人，得开车到处接送"重要人物"和他们的家人；而出国后，只需专心做生意，遵守好法律法规，其他的不用操心。

官员为接待喝酒焦虑，商人为"公关"焦虑，孩子为给老师送礼焦虑（老师也为收不收焦虑）……在焦虑中，身体健康受损，人和人的情感变味，社会风气变质。谁没有"求人"的时候，上至高官下至平民，生活在这种环境中，无不感到"很累"。

焦虑的背后是"潜规则"横行——接待方面，"接待就是生产力"；送礼方面，"谁送了不知道，但谁没送知道"；"公关"方面，"多一分感情维护，少十分下绊子的风险"。焦虑的背后也充满悖论——以请客喝酒为例：请客的不想喝，被请的也不想喝，喝多了大家都痛苦，但又都要个"面子"。这个"面子"的本质就是"四风"。

而现在，这一切正在发生变化。为喝酒焦虑的这个县委书记感慨：现在好了，"八项规定"来了，整顿"四风"动真格了。风气大变，豆浆替代了酒浆，思想交流取代了碰杯交情。一顿饭半小时，宾主皆安。当然，这个县委书记现在仍有焦虑——焦虑发展、焦虑民生——这才是他最该焦虑的地方。

人无压力轻飘飘，每个人脑海里都应该琢磨点事。什么事最应该焦虑？那就是正事。官员操心民生，关心发展；学者为学术愁肠百结；商人致力于产品创新；学生想着德智体美劳全面发展……三百六十行，各行各业，都有自己职责范围的事。做好自己的本职工作，焦虑自己最该焦虑的，才是发展正道，才是好风气。

如果只要做好本职工作，一样可以生活得好，谁还愿意为"旁门左道"焦虑？要解决焦虑，需要扭转风气，创造新的社会环境。当下正是中秋节，中央纪委连番发文，"刹住公款送礼之风"。这样一来，各级官员轻松，普通民众也轻松。

今年以来，中央的决心，中央的带头，让"八项规定"逐级逐步落实。正在进行的群众路线教育实践活动，也在发力。风气正在扭转，新的社会环境正在形成。当然，这需要过程，需要时间。而好风气一旦形成，是国家之福，是民众之幸。

（作者：正楷；原载《人民日报·海外版》2013年9月16日第6版）

整改之后的官场状态

导语

　　党的群众路线教育实践活动开展以来，各省对于中央八项规定的落实情况究竟如何，值得关注。对此，本文归纳总结了各地在整改过程中的显著成果，主要包括到一线了解问题，在一线解决问题；取消违规用车，腾退办公用房；遏制"三公"消费，矫正"文山会海"的形式主义三个方面，并认为要保证整改不是走过场，还需要制度保证，使作风建设制度化、规范化、常态化。

　　在福建，仅上半年全省"三公"经费支出共减少近 5 亿元；

　　在浙江，省本级行政审批事项削减了 45.9%，前三季度"三公"经费支出则同比下降了 17.9%；

　　在重庆，来自机关、事业单位、国有企业的 28.6 万名党员、干部做到了会员卡"零持有、零报告"；

　　……

　　党的群众路线教育实践活动开展以来，各省根据自身情况，落实中央八项规定。对于群众提出的问题，对于检查发现的问题，逐项整改落实。专家表示，下一步的关键在于将已有成果制度化。

田间、网上，深入一线找问题

整改过程中，到一线去了解问题，在一线解决问题，成为各地的共识。

在江苏，省委常委轻车简从、深入基层。在教育实践活动中，省委常委会共梳理出基层干部和群众意见 1106 条。

在广西，自治区委党委各常委先后深入 14 个市、11 个县、11 个乡村和 10 多个区直部门，扎下去听意见；同时设立电子邮箱、热线电话等，面向社会征求意见。全区推行领导干部"结一联五"制度，即每位县处以上干部分别与 1 个贫困村党组织结对联系，分别与贫困群众、困难党员等 5 户家庭结对帮扶。

在甘肃，省级领导带队，用两个月时间在全省开展了扶贫开发集中调研。

网络时代，到一线去了解问题，不再只是面对面的征求意见，还包括用短信、网络等多种形式受理问题。

辽宁省群众诉求平台"民心网"，自去年接受群众反映问题以来，已有323 人受党政纪处分，267 人受组织处理，3976 件乱收费问题得到有效解决。这一平台包括了网络、电话热线、手机报、音视频等多媒体形式。

四川省则通过电子政务大厅网页进行网上受理，同时通过行政效能电子监察，对整个过程进行有效监督和统计，其中电子监察系统已延伸到 1869 个乡镇便民服务中心。

河南省的手机短信平台"中原民意快线"开通后，由专人 24 小时值守，受理群众发来的意见，3 个月的时间，收到群众意见 2000 多条。

正如湖南省委书记徐守盛所言，"要敞开大门抓整改，向群众公布整改落实的具体措施和时间表，让群众知情，接受群众监督和评判。"

国家行政学院教授孙晓莉向本报记者表示，中央接连出台的严格要求，指向的正是民心的要求，在两方面的共同要求之下，地方政府的整改措施力度很大，落实得很到位，也就顺其自然了。

退车、腾房，落实力度空前

各省市的整改落实力度，仅从对公车和办公用房的处理中就可见一斑。

在公车方面，河北省取消 O 牌车 1.5 万辆，处置违规公务车 1.03 万辆，其中省级干部清理封存 14 辆越野车；重庆截至 10 月底车辆配置费减少了42.6%；广西常委班子带头将公务用车"桂 O"车牌更换为普通民用车牌，把超配的越野车上交统一管理；湖南省清理处置违规配备车辆 5000 多台。

在办公用房上，河南省主要领导带头清理办公用房，带动各级党政机关停止新建楼堂馆所项目 29 个；黑龙江省清理超面积、多处占用、违规出租出借办公用房 6.7 万平方米；河北省清理超标办公用房 4.41 万平方米；甘肃省抽调了 17 名工作人员成立省直党政机关办公用房专项清理工作组；而浙江省清理的超标办公用房达到了 116.7 万平方米。

在中央党校教授谢春涛看来，腾退办公用房的力度最大，究其原因是有着具体而可靠的规定，"这里面没有弹性，是多大面积都很清楚，所以更好操作"。他认为，随着公车改革的进一步深入，各地的整改中公车的部分仍将继续深入。

按照"边查边改"的方针，各地将整改和落实的过程同步推进。

以广西为例，自治区在将群众反映强烈的"衙门作风"系统梳理后，归纳出了"机关六病"——软骨病、冷漠病、浮躁病、享乐病、梗阻病、懒散病，挨个"出重拳下猛药"整治。例如，为解决"享乐病"，从关注"钱袋子"入手，通过治理"三公"经费专项行动，及开展会员卡清退等 8 项治理；再如，对于上有政策、下有对策的"梗阻病"，取消和下放审批事项 338 项，整治窗口服务单位和执法监管部门的不正之风。

据中纪委网站通报，截至 2013 年 10 月底，各地查处违反中央八项规定精神的问题共 17380 起，处理 19896 人，给予党纪政纪处分 4675 人。

谢春涛对本报记者分析说："中央八项规定执行一年来，规定十分明确，就像高压线，如果被电着了，那说明你违反了规定。"

在专家看来，整改无小事。孙晓莉认为，整改的过程，就是从适度容忍变为零容忍，这对于严肃政风政绩非常有利。"政风文化是长期演变而来，一旦形成之后，就会影响到人们的行为，因此必须零容忍。"

减费、简会，重拳出击破"四风"

党政机关能否"刀口向内"、遏住"三公"消费、刹住奢靡浪费？整改之初，各界对此都极为关注。

据报道，福建省今年已减少"三公"经费支出近5亿元，下降近25%，公务接待人数下降47%，因公出国（境）下降21%；陕西省今年省级"三公"经费预算较上年压缩12%，上半年全省"三公"经费支出同比下降20.4%；江苏省今年党政干部因公出国出境费用同比下降33%，公务接待费用下降近41%。

在多地，压缩的"三公"经费，投在了民生领域。

在广西，区直单位"三公"经费今年1—8月开支同比下降41%，节约的1.3亿元全部用于改善民生。在四川，截至11月25日，已压缩2013年省级一般性支出5亿元，其中省级机关"三公"经费调整压缩8000万元，压缩的财政资金拟用于民生投入，支持社会化养老机构新增养老床位5万张。

针对"文山会海"的形式主义问题，各地的整改也大刀阔斧。

截至目前，甘肃省的全省性会议精简了40%；福建省压缩全省性会议数量、精简各类文件简报都在1/3以上；广东省召开的全省性会议数量比上年同期减少近50%，会期缩短近70%；而在重庆，市一级会议数量比2012年同期减少28.5%，发文减少19%。

"省下开会的时间，能给群众多办点实事。"一位基层官员道出群体的心声。

而无论是"门难进、脸难看、事难办"的"衙门作风"，还是"庸懒散"的官僚习气，都大大影响了党政机关的行政效能，群众反映十分强烈。对此，各地也纷纷出台了整改措施。

在四川，经过深化行政审批制度改革，省政务服务中心的实际办理提速达 92%。在广西，针对事难办的"梗阻病"，全区取消和下放现行具体审批事项 338 项；针对脱离群众的"冷漠病"，推行领导干部"结一联五"制度，每位县处以上干部分别与 1 个贫困村党组织结对联系，分别与贫困群众、困难党员等 5 户家庭结对帮扶。

在陕西，国务院今年 5 月第一批取消和下放的 133 项行政审批事项已全部落实承接到位，236 个省政府议事协调机构正在分类予以撤销或合并。

在河北，一个名叫"河北省'吃空饷'专项治理领导小组办公室"的机构正在受理群众举报，进行"吃空饷"专项治理的核查工作。

在重庆，全市共清理并取消行政事业性收费 24 项、免征 24 项，取消政府性基金 6 项，占项目总数的 15%，每年为市场主体和社会减负近 5 亿元。

建章、立制，以制度化保证常态化

从中央到地方的一系列整改措施和整改成果，让群众看到了党解决"四风"问题的决心和力度。然而，要保证整改不是走过场、不是"闯关"、不是"一阵风"，还需制度保证。

11 月，中央党的群众路线教育实践活动领导小组印发了《关于开展"四风"突出问题专项整治和加强制度建设的通知》，指出要将把握制度建设作为工作重点，梳理已有制度，建立健全相关制度，同时加大制度的执行力度。目前，针对整改中发现的问题，各地都整理、梳理并出台了一系列制度，使作风建设制度化、规范化、常态化。

陕西省推出了 8 项联系群众的新政。"省委常委联系群众""征地拆迁等工作中损害群众利益问题的追究问责制度""百姓问政制度"……每一项新政，都直指党政机关与群众的联系。

针对"三公"消费和奢靡之风，多地也出台了新政。在公务接待和商务接待中，小到迎宾地毯，大到公务接待的预算管理，江苏省都作了细致规定；湖南省则明确规定，未来 5 年内省直各部门"三公"经费预算原则上不再增加；而在重庆，《公务卡管理办法》已经修订，"公务卡"即将全面推开——通过该卡进行的所有支付行为都有据可查、有迹可循，从而提高财政透明度，从源头上预防腐败。

在河北，针对公车问题，省委、省政府出台了党政机关公务用车配备使用管理办法等制度，并拟将公务用车购置和运行经费全部纳入预算管理，实行财务单独列项和单车费用定额核算，定期公示；《河北省党政机关公务用车日常管理办法》也在制定中。

针对官僚主义，海南出台了《关于对执行落实中央八项规定和省委、省政府二十条规定情况的监督检查办法》，明确了检查对象、检查方式、问责情形、结果运用；制定了《海南省党员和干部庸懒散奢行为问责办法》，把问责纳入规范化、制度化轨道。

"未来要有更多的规矩，越来越多越来越健全的规矩。同时，要健全规矩的执行，违反了就要受到追究，加大监督力度，有关方面媒体和百姓都要监督，要公之于众。"谢春涛告诉本报记者。

孙晓莉表示，整改活动贵在坚持和落实。中央在十八届三中全会谈到了顶层设计和摸着石头过河，要想将整改活动制度化，必须建章立制。除了理念和想法，还要通过操作来完成。这就需要真正的执行和落实，如果没有执行到位的话，制度等于是没有用了。

（原文标题：《各地整改初见成效 退车腾房减"三公" 建章立制整"四风"》；
作者：刘少华、申孟哲；原载《人民日报·海外版》2013年12月5日第5版）

☆评论

<h1 align="center">整改关键是真改</h1>

据媒体报道，一位高档餐馆的老板在惨淡经营之余鼓励员工说，当前的整改最多坚持一年，大家要挺住，共渡难关。不过，实际情况恐怕是要让他失望了。

一年来，从八项规定出台到党的群众路线教育实践活动全面开展，大吃大喝、奢侈浪费、公车私用、懒散漂浮等不正之风被迅速遏制，这让许多高档餐馆老板的日子很难过。目前，党的群众路线教育实践活动已逐步进入整改落实环节，除了继续扫"四风"外，还建章立制从源头上压缩"三公"支出、整治"机关病""衙门作风"。面对这一局面，恐怕不只是一些高档餐馆等公款消费的攀附者感到很失望，那些对党的群众路线教育实践活动抱着敷衍应付心理的部分党员干部也会被大大震动，在整改中他们再不拿出真劲头来改变工作面貌，是适应不了当下的形势了。

为什么这样说呢？因为若是仔细研读各地在整改落实阶段推出的举措，不难发现，其中既有解决眼前问题的，比如全面清理超标配备和多占公车公房，查处违规违纪人员等，更多的则是建章立制的内容，比如详细规定外出调研时乘坐车辆的标准，规定干部每年下基层的时间，推行领导干部结对帮扶制度等。这也就是说，我们的整改措施追求的是长效，是要对准"四风"顽疾进行长期性、制度化的整治，把一些好经验好做法，通过建章立制的方式固定推广。

"四风"问题由来已久，积弊甚深，什么样的作风属于高高在上、脱离群众的"衙门气"，什么样的行为属于"特权病""冷漠病""懒散病"，公款送礼吃喝、吃拿卡要该如何具体界定惩治，都需要有一把明确的尺子来衡量。

整改不能"光打雷不下雨"，或者泛泛而谈没有威慑力，这样只会成为新的形式主义，就会失信于民。我们看到，在整改过程中，受到好评的多是那些规范明确、具体严格、从领导带头做起的过硬举措，直截了当，按这些举措去整改，易于操作，不会使落实停留在表面上和口号上，既能解决"眼下急"的问题，也啃得动民众反映强烈的"硬骨头"，让民众能够感受到和受益于机关风气的明显变化。这样的举措，在经过实践的检验和完善之后，最应该被建章立制，成为破除"四风"的机制利器。

刘云山说："整改关键是真改，督导务必要从严。"当前的整改，各地已经推出了一系列好的措施，但民众更期待的，是对整改措施的坚持，既要坚定地执行已经制定好的规章制度，也要坚持针对"四风"持久不懈的打击，对于实际工作中改头换面的新的不良作风紧盯不放，以确保规章制度在实践的动态检验中日臻完善，也只有这样，"四风"才会无处可遁，整改也才能真正取得长效。

（作者：叶晓楠；原载《人民日报·海外版》2013 年 12 月 5 日第 5 版）

重塑中的政治生态

导语

　　十八大以来，随着反腐风暴和作风建设的深入开展，中国官场发生了一系列显著变化，呈现出风清气正的新面貌。从官场作风、官员公仆态度、官员队伍形象等角度，可以察觉出十八大后官场政治生态的变化。

　　观察十八大以来的中国官场，很容易发现一系列互有关联的现象。

　　饭局少了，喝酒少了；公车减了，滥用少了；公款规范了，贺卡都没了；回家时间长了，下乡时间多了；监督多了，偷懒少了；风气更清朗了，干事氛围浓了……

　　这些现象可以用一个词概括，那就是"官风变了"。多管齐下的"激浊扬清"，正在使官场呈现出风清气正的新面貌。

刹住官场不良作风

　　"大量事实证明，一个地方的工作，成在干部作风，败也在干部作风；一个地方的事业，兴在干部作风，衰也在干部作风。"2012年年底，履新不久的习近平总书记在广东调研时如是指出。

　　如果说反腐风暴是从反面例证的角度给予官场以强烈震慑，那么八项规定、群众路线教育实践活动等作风建设，就是从正面角度给予官员群体以约束。

在本报记者的采访中，受访者对一年多来官场风气的最直观感受，就是"'四风'刹住了"，尤其是"吃喝风""奢靡和享乐之风"刹住了。

"现在谁还敢公款吃喝？在我们县最好的酒店，有时中午只有寥寥两三桌，不开玩笑地说，一天的收入连电费都不够。遇到公事招待，甚至要去纪委报批。"河北省基层公务员潘浩告诉本报记者。

重庆基层大学生村官卢云表示，据他了解，他所在县下辖的镇中，"三公"经费普遍缩减了50%—65%。

而在"车轮上的腐败"方面，潘浩告诉记者，现在根本没人敢像以前一样开着公车去吃饭、接送孩子、办私事。"现在大家都有车，为了这么一件小事去冒被通报、被处分的风险，不值得。"他说。

这样的感受并非孤例。日前，中央纪委发布了截至2014年6月30日全国查处违反八项规定问题的汇总表。统计数据显示，之前在通报中"表现突出"的"四风"问题，都在不同程度地得到改善。

比如，"违规配备和使用公车"一项，在八项规定实施以来的全国通报案例中占比达21.2%，但到了2014年6月，比例已经下降至14.2%；"公款吃喝"比例则由3.06%降至当月的1.51%；同样，"大操大办婚丧喜庆"和"公款旅游"的比例也都在下降。

分析人士指出，数据的升降，反映出看得见的诸如公车私用、公款吃喝等，都已经得到了明显改观。现在的作风建设，正朝着"无死角"方向发展。

7月30日，在中央党的群众路线教育实践活动领导小组会议上，中共中央政治局常委、中央党的群众路线教育实践活动领导小组组长刘云山指出，第二批教育实践活动在整改落实、解决问题阶段，关键仍然是"具体化"。他点名要重点解决的问题，就有群众近来反映集中的"会所中的歪风"、培训中心的腐败、裸官、干部"走读"、吃空饷、领导干部参加天价培训等。

受访专家指出，在扭转作风的同时，也要考虑如何将"廉政"与"勤政"结合起来。中央党校教授戴焰军指出，反腐败可以防止官员滥用权力，管住他们不做坏事。之后，还要解决如何让他们积极做好事的问题。

"这需要健全干部激励机制。基层干部的工作是很辛苦的，'5+2''白加黑'是常事，但待遇却很一般。同时，如何在干部的考核与晋升机制中加入正面评价，让干得多、干得好的干部更有发展前途，这是我们目前在干部任用和选拔机制中需要研究解决的问题。否则，就容易出现用懒政、怠政、不作为来逃避反腐、逃避作风建设的情况，官员心中就会出现'干多干少一个样'的心理。"戴焰军说。

摆正官员公仆态度

在国家行政学院教授竹立家看来，过去一年多的官场变化，最明显的就是权力的纯洁性和规范性大大提高了。

"干部定位应该是公仆，是有荣耀的、有成就感的职业。选择这个职业，就应该按照职业的要求去做。"在接受记者采访时，中央党校教授谢春涛认为，在选择当公务员之前，尤其是年轻人在第一次选择时就该明白，人不是冲着发财去做官的。

事实上，对待金钱的态度和对待建功立业的态度，在有关专家看来，是摆正官员公仆态度的两大重要维度。

早在 1988 年，习近平在调查了闽东九县后，就深有感触地在《摆脱贫困》一书中写道："'熊掌和鱼不可兼得'，当干部就不要想发财"。

在竹立家看来，官员作为个体的"发财"念头，只能通过转换职业来完成，而非通过手中的公权力谋取私利。事实上，20 世纪 90 年代初曾兴起过一轮官员下海潮。辞去公职的潘石屹、冯仑、陈东升等人，在商海中沉浮 20 余年，各自建立起了不凡的商业成就。但竹立家等多位专家均认为，那是特定时期的现象，今天不会再出现。

谢春涛认为，众多落马官员的教训是一个很好的提醒，就是领导干部应该清楚官员这份职业的边界。同商人称兄道弟、获取利益，是以手中的权力为代价，而这份代价是沉重的。同商人划清边界，还体现在了称呼上。今年广东省纪委就发出了禁止党员干部称呼领导为"老板""老大"，称呼下属为"哥们""兄弟"等做法，认为这样有损公仆形象。

建功立业，是官员们摆正态度后的主动选择。

卢云告诉记者，据他观察，当地的基层干部非常注重群众口碑，如果一位干部离开乡镇时，有许多百姓前去相送，那就是这位干部的荣耀。"大家都真的希望为百姓做点实事，最烦的就是放空炮的人。在一些比较穷的地方，有可能你作出的一点改变都会影响百姓生活。"

潘浩则认为，如他这样的公务员本来就没车，福利也不多，改革并未使其受损，反而带来了诸多益处。而一个更为风清气正的官场，也使得想做事之人有了更好的平台。

"当官本来就有一种名誉上的收入。通过为人民服务，官员可以获得大家的普遍认可和社会地位的提升，为个人带来荣誉。"在接受记者采访时，戴焰军表示，一个合格的、想干点儿事的官员，身处当下的官场中应该感到庆幸，因为有了更多干实事的机会。

重塑官员队伍形象

如果说官员自我身份的定位、认同是一种"内在"的转换，那么一年多来的反腐和作风建设，则正在不断地从"外在"的方面塑造官员群体的形象。

5 月，中国社会科学院发布《形象危机应对研究报告 2013—2014》蓝皮书。在蓝皮书针对普通民众的一项"官员形象的社会态度调查"中，数据显示，"官员形象已改观程度"指数平均为 51.7%，表明受访群众普遍认为官员形象有改观；而"官员形象待改观程度"平均为 73.2%，表明群众认为官员形象需进一步改善，目前仍存在较大的改观空间。

"贪腐肯定不会带来好的官员形象。可以说，无论是反腐风暴还是反'四风'的作风建设，很重要的目的之一就是重塑政府和官员的形象。要达到的目标，就是廉洁、高效、负责的整体形象。这也是公信力建设的一方面。"竹立家说。

调查结果显示，很多群众力挺"从严查处"。民众希望查处什么？什么是民众对官员最不满意的问题？蓝皮书也给出了答案，集中在官员形象危机的 5 个"风险领域"："贪"（贪腐）、"渎"（失职渎职）、"色"（性丑闻、强奸）、"假"（火箭提拔、"造假造谣"等）、"枉"（暴力执法、作风粗暴等）。

在这 5 个方面的风险领域中，群众最厌恶的是"贪"和"渎"，二者在"群众对官员负面形象的厌恶排名"中排在前两位，分别占据了 30.7% 和 24.8% 的比例，可见群众对官员的贪腐、失职渎职、不作为的行为容忍度是最低的。

"我们以前说'一块臭肉坏了满锅汤'，现在可以说，'一个老虎坏了满锅汤'。十八大以来的落马高官的贪腐程度、生活腐化程度，可以说不断在刷新群众的认知下限。这些落马官员，对公务员队伍、对党和政府公信力的损害是巨大的。但是经过反腐和群众路线教育实践活动，这种现象将会逐渐改观，这是可以预期的。"谢春涛说。

中国人民大学危机管理研究中心主任唐钧指出，塑造官员新形象，就要将亲民、惠民等展示正面形象的行为常态化制度化，而不是简单地"作秀"或者"危机公关"，要塑造符合民意、有能力并且造福群众的新形象，提高群众的认可度。

形成好的政治生态

资深观察人士认为，八项规定以来的官场变化，为官员们提供了一种新的生活方式：不能天天喝酒，身体更健康了；管住送礼之风，也就不用逢年过节低三下四去送礼了……总之，在日渐形成的新的政治生态中，官员们在逐渐迎接一种新的规则。

在中央政治局第十六次集体学习时，习近平总书记强调："加强党的建设，必须营造一个良好从政环境，也就是要有一个好的政治生态。"

竹立家认为，习近平对于政治生态的强调，与全面深化改革的总目标"推进国家治理体系和治理能力现代化"密切关联。因为这一总目标意味着需要形成一个良好的权力运行生态，只有这样政府的社会管理才会发挥作用。

专家们表示，进入一种政治生态，官员们会主动按照其中的规则办事，并只有这样才会觉得得心应手。而当下，正在形成的是官员清廉、政府廉政、政治清明的政治生态。

事实上，得出这一结论之前，还需要正面回应杂音。传播较多的一种论调是，有人说，高压反腐和事无巨细的作风建设，会影响"士气"，损害官员的积极性，甚至有极个别人传递出了"官不聊生"的观点。

在江西省委书记强卫看来，与此相反，绝大多数干部埋头苦干且廉洁奉公，因此更要像爱护自然生态一样，建设风清气正的政治生态。

谢春涛则认为，部分官员在灰色收入、吃拿卡要等基本消失之后出现心态上的不平衡可以理解，但懒政问题并不难解决，既有来自制度上的考核和评价，也有来自老百姓的监督。"在新的规则形成后，大部分人会主动选择做事。"

"诚欲正朝廷以正百官，当以激浊扬清为第一要义。"清代思想家顾炎武的这句话，作为直指政治生态建设的名言，屡被习近平引用。本届中央领导集体履新后，采取高压态势铁腕反腐，针对作风问题频出禁令，"激浊"工作持续进行；而八项规定和开展群众路线教育实践活动等，则使得"扬清"工作不断深入。

在戴焰军看来，官员的政绩观也是政治生态的重要组成部分。在以GDP论英雄的年代，干部们为了迎合这种要求，大搞政绩工程、形象工程。如今经过了多年实践，这种现象正在被纠正。

"形成新的政治生态，需要社会良好的舆论氛围、人们整体较高的认识水平和科学合理的制度。"戴焰军表示，就目前来看，重要的还是要健全制度，并强调制度的执行，强化官员们的规则意识。

（原文标题：《官场生态正重塑》；作者：刘少华、申孟哲；原载《人民日报·海外版》

2014 年 8 月 1 日第 5 版）

☆评论

为了"二姐"不流泪

7 月 29 日，周永康落马。"打虎"之夜，北京暴雨。

有人说，这是贪官后悔的眼泪。一名官员的倒下，常使一个人、一个家庭乃至一个家族落泪。"大老虎"被打背后，则有多个地区、系统，大量家庭的哽咽。这其中，周的前秘书、海南省前副省长冀文林二姐的哭诉，尤让人揪心不已："早知这样，不如当初让他种地，为啥非当官呢。"

自古以来，"当官"被视为光宗耀祖的绝佳途径。"有人漏夜赶科举，有人辞官归故里"。"当官"也是畏途，稍不洁身自好，轻则身败名裂，重则牢狱之灾。如影随形的是，家族蒙羞，"二姐"落泪。

对于"二姐"的哭声，北宋政治家、文学家范仲淹有一句看似不近情理却发人深省的名言："一家哭何如一路哭"。他任宰相时，锐意改革，将不称职官员姓名一笔划掉。同事提醒他，"十二丈（指范仲淹，因其排行十二）则是一笔，焉知一家哭矣！"他回答说："一家哭，何如一路哭耶！"意思是，宁可让一官一家哭，也不能让一方百姓因官吏昏庸而哭。

范仲淹还说："救一路哭，不当复计一家哭。"要让一方百姓不再心寒，就不能因贪官一家哭而心软收手。正如当下中国，铁腕反腐，没有适可而止，也没有"名额限制"，虽让"一家哭"，却涤清官场，民心大振，使国家民族的未来充满希望。反之，如果纵容贪腐，今天看似"二姐"不哭，明天却可能亡国亡党。

当然，贪官毕竟少数，贪官也非天生。相信，在位的以及即将履新的官员，大多数勤恳敬业，以身作则。但人是会变的，为了让他们的"二姐"明天不流泪，我们要做些什么？

对于官员个人来说，习近平总书记有明确要求。一则，当官就不要想着发财；二则，既要干事，又要干净；三则，三严三实，即"既严以修身、严以用权、严以律己，又谋事要实、创业要实、做人要实"。

严是爱，宽是害。除了通过思想教育，让官员"不想腐"，还要强化制度建设和监督管理，使他们"不能腐"，坚持有腐必惩、有贪必肃，让他们"不敢腐"——这些是组织和国家的使命所在，也是当下党中央正在做的事情。

相信，能做到"三严三实"与"三不"的官员，"二姐"明天就不会流泪。

（作者：正楷；原载《人民日报·海外版》2014年8月1日第5版）

政治制度的革新

中共的政治规矩是什么

导语

　　当下为什么重提政治制度？最主要的原因是为了维护中央权威、维护中共党内团结统一、重塑党组织的纪律性和约束力，净化政治生态。不守政治规矩的表现，则主要包括在原则立场上，不能自觉与党中央保持一致；在党内团结方面，大搞山头主义和宗派主义；在组织性上，组织意识淡漠、不向组织请示报告。

　　2015 年 1 月 13 日，在十八届中央纪委第五次全会上，中共中央总书记习近平讲话中的一个词引发外界关注："政治规矩"。他提出，要"严明政治纪律和政治规矩"，"把守纪律、讲规矩摆在更加重要的位置"。

　　而在 1 月 16 日的中央政治局常委会上，习近平进一步提出，"坚持党的领导，首先是要坚持党中央的集中统一领导，这是一条根本的政治规矩"。"政治纪律"是党内常态话语，经常被提及，但"政治规矩"的提法则比较罕见。

　　可以说，"政治规矩"是当前理解中国政治思路的一个关键词。那么，到底什么是政治规矩？为什么要在今天重新提出政治规矩？

什么是党的规矩

　　"欲知平直，则必准绳；欲知方圆，则必规矩。"一个人，没有规矩，很难成为一个合格的社会人；一个拥有 8600 多万党员的大党，没有纪律和规矩，就注定成为一盘散沙。

为什么这么说？是因为，形势越复杂，肩负的任务越艰巨，就越需要保持执政党的团结统一。要达到这个目的，不仅需要一套严密的组织体系，需要全党成员的高度自觉，也需要制度约束——这就是纪律和规矩的作用。

革命战争时期，为了"上下同欲者胜"，需要规矩；全面深化改革的今天，为了凝聚全党、团结一心啃下硬骨头，同样需要规矩。

那么，党的规矩到底包括哪些？

习近平对此有过总体论述。具体说来，党的规矩包括四个方面：第一，党章是全党必须遵循的总章程，也是总规矩；第二，党的纪律是刚性约束，政治纪律更是全党在政治方向、政治立场、政治言论、政治行动方面必须遵守的刚性约束；第三，国家法律是党员、干部必须遵守的规矩；第四，党在长期实践中形成的优良传统和工作惯例。

从宽泛的外延说，中国共产党党员也都是中国公民，因此必须遵循国家法律，这毫无疑问；从党员的身份来说，党章等党内规章制度作为硬性的约束，也需要每个党员遵守。而包括政治纪律、组织纪律、财经纪律、宣传纪律等在内的"党的纪律"，既然已经明确成文，自然也就成为约束和指南。那么，为什么说"党在长期实践中形成的优良传统和工作惯例"也是政治规矩？

这就需要厘清"党的纪律"和"党的规矩"之间的关系。

习近平对此有详细的论述："纪律是成文的规矩，一些未明文列入纪律的规矩是不成文的纪律；纪律是刚性的规矩，一些未明文列入纪律的规矩是自我约束的纪律。党内很多规矩是我们党在长期实践中形成的优良传统和工作惯例，经过实践检验，约定俗成、行之有效，反映了我们党对一些问题的深刻思考和科学总结，需要全党长期坚持并自觉遵循。"

也就是说，从概念的层面，"党的规矩"的外延要比"党的纪律"更大。纪律是刚性的规矩，优良传统和工作惯例是不成文的、相对柔性的规矩，同样需要遵守。

在党的纪律中，习近平尤其强调"政治纪律"，因为这事关全党的路线和立场。同样，在党的规矩中，习近平也尤其强调"政治规矩"，因为这也是事业兴衰的关键。习近平指出："在所有党的纪律和规矩中，第一位的是政治纪律和政治规矩。"

政治规矩包括哪些

"政治规矩"的确是一个新词，也是理解当下中国政治思路的一个关键词。

新概念的提出，通常有其问题背景。而作为总书记，习近平为什么要提出遵守政治规矩呢？无疑，是因为党内存在不遵守政治规矩的表现。

在近日出版的《习近平关于党风廉政建设和反腐败斗争论述摘编》中，习近平对于"不守政治规矩"的现象有所总结。

比如，在原则立场上，不守规矩主要体现为不能自觉与党中央保持一致，包括"在原则问题和大是大非面前立场摇摆""对涉及党的理论和路线方针政策等重大政治问题公开发表反对意见"，甚至是"对中央方针政策和重大决策部署阳奉阴违""口无遮拦，毫无顾忌"。

又比如，在党内团结方面，不守规矩的主要体现，是"团团伙伙"、小山头、小圈子、宗派主义。2013 年和 2014 年，习近平两次在不同场合表示，党的干部来自五湖四海，不能借着老乡会、同学会、战友会等场合，搞小圈子、拉帮结派、称兄道弟，"宗派主义必须处理，山头主义必须铲除"。

为什么？因为这涉及全党的"团结统一"。山头主义和宗派主义的出现，本质上就是"党内有党"，不仅可能在上情下达、方针执行上打折扣、搞对抗，甚至可能形成"门客、门宦、门附"的封建人身依附关系，在政治上形成一种抱团化、互相支持、互相提携的利益交换关系，使政治"潜规则"大行其道，破坏党的风气和统一。

习近平反复论及的另外一个规矩，就是"组织"的重要性。要有组织、体现组织，就要体现程序意识。

作为党员，组织性体现在哪里？下级服从上级、少数服从多数、遵循组织程序、听从组织安排、重大事项向组织请示报告。习近平批评道，现在许多干部没有程序意识，"迈过锅台上炕"，或者是做先斩后奏的"事后诸葛亮"。

这种情况，主要体现为"组织意识淡漠、不向组织请示报告"，比如子女在国外定居、个人有几本因私护照、随意外出不报告、个人家庭发生重大变故不报告等。而这些，往往也是干部出问题的苗头，在近年来落马的官员中屡见不鲜。

政治意识不强、组织意识不强，一个干部就难免目中无人、心中无畏，甚至可能衍生出管不好身边人、擅权干政、干预选人用人、打招呼说情等问题。这都是不守规矩的表现。

可以说，在今天重新提倡政治规矩，其本质就是为了维护党中央权威、维护党内团结统一、重塑党组织的纪律性和约束力，净化党的政治生态。

强调规矩是传统

事实上，这已经不是习近平首次讲"规矩"了。2012 年 11 月 16 日，刚刚履新的习近平就强调"没有规矩，不成方圆"，并提出党章是"根本大法"和"总规矩"。此后，在多个场合，他都强调党的政治纪律和政治规矩。

其中让人印象最深刻的一次，是 2013 年在西柏坡。用他的话来说，"这里是立规矩的地方。"那里有中国共产党 1949 年就立下的"六条规矩"："一、不做寿；二、不送礼；三、少敬酒；四、少拍掌；五、不以人名作地名；六、不要把中国同志同马恩列斯平列。"

规矩简单，但透露出的是对自身、对形势、对未来事业的清醒认识。重规矩、明纪律，是中国共产党革命胜利、赢取民心的重要法宝。从成文的"三大纪律、八项注意"，到进入上海秩序井然地睡在街头的解放军战士、"不拿群众一针一线"的红军，每一个细节，都是政治规矩的体现，是政治理念在行为层面的实践。

但在当下，党的纪律、党的规矩都有不同程度地被忽视、被破坏的现象。

比如，在去年 6 月中央纪委监察部网站推出的一项调查中，面对"你身边的'组织涣散、纪律松弛'"现象，4 万多名参与的网友，有 74.1% 的人把票投给了"程度严重"的选项。

网友的切身感受，真实反映着来自现实的问题。

比如，山西"塌方式腐败"，让中央政治局常委、中央纪委书记王岐山直言"令人触目惊心"；湖南衡阳的破坏选举案，409 人被给予党纪政纪处分；广东茂名窝案，涉嫌行贿买官人员 159 人，相互牵连的官员之间"一损俱损"，"山头主义""团团伙伙"的危害之大可见一斑。2014 年 12 月 29 日，中共中央政治局会议专门强调："严明政治纪律和政治规矩，党内决不容忍搞团团伙伙、结党营私、拉帮结派。"

违纪，往往自破坏规矩始。讲规矩，是对党员、干部党性的重要考验，也是对党员、干部对党忠诚度的重要检验。

如何遵守政治规矩

有了规矩、懂了规矩，如何做到自觉遵守规矩？答案是，要做到"五个必须"。

一是必须维护党中央权威，绝不允许背离党中央要求另搞一套，必须在思想上政治上行动上同党中央保持高度一致，听从党中央指挥，不得阳奉阴违、自行其是，不得对党中央的大政方针说三道四，不得公开发表同中央精神相违背的言论。

二是必须维护党的团结，绝不允许在党内培植私人势力，要坚持五湖四海，团结一切忠实于党的同志，团结大多数，不得以人划线，不得搞任何形式的派别活动。

三是必须遵循组织程序，绝不允许擅作主张、我行我素，重大问题该请示的请示，该汇报的汇报，不允许超越权限办事，不能先斩后奏。

四是必须服从组织决定，绝不允许搞非组织活动，不得跟组织讨价还价，不得违背组织决定，遇到问题要找组织、依靠组织，不得欺骗组织、对抗组织。

五是必须管好亲属和身边工作人员，绝不允许他们擅权干政、谋取私利，不得纵容他们影响政策制定和人事安排、干预日常工作运行，不得默许他们利用特殊身份谋取非法利益。

要做到这些，就要树立政治意识、团结意识、程序意识、组织意识、原则意识。

"其身正，不令而行。其身不正，虽令不行。"人心是最大的政治，守纪律讲规矩的政党才能得民心。在"减少腐败存量、遏制腐败增量、重构政治生态的工作艰巨繁重"的今天，强调规矩，也是改善政治生态的必要之举。

2015 年，是全面深化改革的关键之年，也是全面依法落实依法治国方略的开局之年。要全面建成小康社会、全面深化改革、全面推进依法治国，离不开"全面从严治党"，因为这是前三者的政治基础和根基。而守纪律、讲规矩，就是全面从严治党的最重要抓手。

"治理一个国家、一个社会，关键是要立规矩、讲规矩、守规矩。"习近平说。

（原文标题：《中共的政治规矩是什么》；作者：申孟哲、陈振凯、刘少华；

原载《人民日报·海外版》2015 年 1 月 29 日第 5 版）

☆评论

不守规矩就会出事

十八大以来，中国政坛涌现了不少政治热词。习近平 1 月 13 日在中央纪委第五次全会上提到的"政治规矩"就是新近政坛热词。

作为中共的最高领导人，习近平强调讲规矩，尤其要讲政治规矩，大有深意。现实中国的很多政治难题便源于一些官员不讲政治规矩，严明政治规矩对于"全面从严治党""重构政治生态"意义非凡。不讲政治规矩的现象，将被逐步根治。

在中共的政治架构里，存在地方和部门利益保护严重，对中央政策选择性执行：有利的执行，不利的不执行或者是慵懒怠工、故意拖延的情形。

高层领导人多次强调加强制度执行力，中国政坛仍存在不少制度执行难的问题。按政治规矩，凡是党的干部，就要无条件服从党中央决定，不允许讨价还价，否则就是不讲政治规矩。大搞"独立王国"，挑战中央权威，是将不讲政治规矩做到了极致。这种情况，是党内绝不允许出现的。

"管教不严"问题亟须解决。从已经披露出来的信息来看，无论是周永康，还是薄熙来、令计划，都存在对"亲属和身边工作人员"管教不严的问题。事实一再证明，"管教不严"不仅严重影响党的形象，对自身和亲属、身边人也危害无穷。

所以，党的领导人尤其是高级领导人，必须严管亲属和身边工作人员，不得纵容其对党的形象的伤害，不得默许他们利用特殊身份谋取非法利益。这一点，习近平年轻时就自我戒律：当官和发财本为两道，鱼和熊掌不可得兼。"管教不严"，看似是家事、小事，但它一旦造成恶劣影响，影响到党的形象，导致人民的不满，就是国事、大事，就犯了"不讲政治规矩"的大忌。

不守规矩就要出事。早在25年前，邓小平就告诫，"党内无论如何不能形成小派、小圈子"。从已经落马的"老虎"看，"团体腐败""塌方式腐败"让人震惊。民间流行的"石油帮""秘书帮""西山会"等说法，无不揭示了搞"小圈子""小团体"的危害性。正如邓小平所言，"小圈子那个东西害死人呐！很多失误就从这里出来，错误就从这里犯起。"如今锒铛入狱的"老虎""苍蝇"应该认真体会下邓小平这句话。

"小圈子"，难免搞利益输送，难免搞派系政治。这是极为不健康的，是不守政治规矩的恶劣体现。中共执政的一大优势就是党员干部的组织性和纪律性。任由一些人搞"小圈子"，搞人身依附，不仅破坏中共政治生态，也会殃及民风社风,乃至司法公正。周永康离开四川以后,仍培植势力,搞团团伙伙,插手四川事务,便是血的教训。

(作者:张广昭;原载《人民日报·海外版》2015年1月29日第5版)

"党大还是法大"的政治陷阱

导语

　　全面推进依法治国，是党中央为更好地治国理政提出的重大战略任务，是事关中共执政兴国的一个全局性问题。这是一个学术问题，更是一个现实整治的问题。尤其是"四大关系"必须厘清——依法治国与党的领导的关系、依法治国与全面深改的关系、依法治国与顶层设计的关系、依法治国与以德治国的关系。

　　刚刚落下帷幕的十八届四中全会，用一份包含 180 多项改革措施的《中共中央关于全面推进依法治国若干重大问题的决定》，向世人描绘出了一份依法治国的宏伟蓝图。

　　其中，尤为引发关注且尤为重要的是四对关系：依法治国与党的领导的关系、依法治国与全面深改的关系、依法治国与顶层设计的关系、依法治国与以德治国的关系。

　　在我们看来，读懂这"四大关系"，才能准确把握中国依法治国事业的脉搏和走向。

依法治国与党的领导

　　在四中全会的《公报》里，"党的领导"以 13 次的出现频次，成为外界广泛关注的"高频热词"。依法治国与党的领导的关系，也成为此次四中全会上的一个至关重要的话题。

在习近平总书记对四中全会决定的《说明》里，他就《决定》中需要说明的十个重大话题进行了详细说明。其中第一个问题，就是党的领导和依法治国的关系，因为党和法治的关系，"是法治建设的核心问题"，不仅关系到"中国特色社会主义法治道路的核心要义"，也"规定和确保了中国特色社会主义法治体系的制度属性和前进方向"。

为什么这么说？因为在习近平看来，"党的领导是中国特色社会主义最本质的特征，是社会主义法治最根本的保证"。他在多个场合提到过，推进依法治国需要"三统一"：坚持党的领导、人民当家做主和依法治国有机统一，因为这是我国社会主义法治建设的一条基本经验，是我国的政治制度使然，是执政党的立身和追求使然，也是人民意愿使然。

依法治国是关系到国家和人民命运与前途的重大事件。因此，习近平指出，"这件大事能不能办好，最关键的是方向是不是正确、政治保证是不是坚强有力"。具体地说，就是"要坚持党的领导，坚持中国特色社会主义制度，贯彻中国特色社会主义法治理论"。

如此旗帜鲜明的提法，指明了我国要走什么样的法治道路的问题。这个问题，习近平明确表示，就是要向国内外鲜明宣示："我们将坚定不移走中国特色社会主义法治道路。"

"党的领导"，早已写入中华人民共和国宪法。用习近平总书记的话说，"我国宪法以根本法的形式反映了党带领人民进行革命、建设、改革取得的成果，确立了在历史和人民选择中形成的中国共产党的领导地位"。因此，他对四中全会的参会人员说："对这一点，要理直气壮讲、大张旗鼓讲。"

"回顾新中国成立特别是改革开放以来我国法治建设的发展历程，我们解决的最主要的三个问题，就是中国要不要搞法治、搞什么样的法治、怎样搞法治。这其中，最根本的经验，就是始终坚持党在社会主义法治建设中总揽全局、协调各方的领导核心地位，牢牢把握党的领导、人民当家做主、依法治国有机统一的正确方向，切实做到党领导人民制定宪法和法律、党领导人民执行宪法和法律、党必须在宪法和法律范围内活动，把党的领导贯彻到依法治国全过程和各方面。"在接受本报记者采访时，国务院法制办副主任袁曙宏如是说。

袁曙宏指出，近年来，一些人鼓吹"西方宪政""三权分立""司法独立"，其要害就是质疑、削弱和否定党对中国特色社会主义法治的领导。而一些人把党的领导与依法治国割裂开来甚至对立起来，不是政治上的糊涂，就是别有用心。这次全会提出"党的领导是社会主义法治的本质特征"，就是要正本清源、以正视听。

"新中国成立以来的法治发展历程告诉我们，党和法治的关系始终是我国法治建设的核心问题。这一问题处理得好，则法治兴；处理得不好，则法治衰。坚持党的领导是全面推进依法治国的第一位要求，是社会主义法治的根本所在、命脉所在。"袁曙宏表示。

依法治国与全面深改

10 月 27 日，中央全面深改领导小组召开第六次会议。会上，习近平提出了"姊妹篇"的说法："党的十八届四中全会通过了全面推进依法治国的决定，与党的十八届三中全会通过的全面深化改革的决定形成了姊妹篇。"

去年的十八届三中全会的《决定》，以"60"条全面深改的具体措施，成为新时期改革的纲领。而今年四中全会的《决定》，在改革力度上也媲美三中全会——一份不到两万字的文件，就提出了 180 多项具体的改革措施。

为何法治和改革可以成为相互依存、相互推进的"姊妹"？ 27 日的会议上，习近平这样描述全面深化改革与依法治国的关系："全面深化改革需要法治保障，全面推进依法治国也需要深化改革。"

面对更加"难啃"的改革硬骨头，更需要"用法治思维和法治方式推进改革"。今年 2 月，在中央全面深改领导小组第二次会议上，习近平就指出，

"凡属重大改革，必须于法有据"："在整个改革过程中，都要高度重视运用法治思维和法治方式，发挥法治的引领和推动作用，加强对相关立法工作的协调，确保在法治轨道上推进改革。"

改革同样为法治提供了动力和推动作用。在 30 多年的改革实践中，中国的许多方面，都是一个"试点—推广""试验—确立"的过程。经济领域如此，法治领域亦是如此。

因此，在四中全会的《决定》中，我们就看到了这样的表述："实现立法和改革决策相衔接，做到重大改革于法有据、立法主动适应改革和经济社会发展需要。实践证明行之有效的，要及时上升为法律。实践条件还不成熟、需要先行先试的，要按照法定程序作出授权。对不适应改革要求的法律法规，要及时修改和废止。"

在接受本报记者采访时，十八届中央委员、中央社会主义学院第一副院长叶小文表示，这种改革与法治紧密结合、共同推进的设计，目的在于推进国家治理体系和治理能力现代化，而非"就法治论法治"。

他把全面推进依法治国这一系统工程比作一盘围棋。要下好这盘棋，必须做好两枚"棋眼"：法治经济与法治政府。

"要使市场经济在资源配置中起决定性作用和更好发挥政府作用，需要坚强有力的法治保障。必须以明晰产权、保护产权、维护契约、统一市场、平等交换、公平竞争为基本导向，完善社会主义市场经济法律制度。无论是此次《决定》中提到的产权保护制度、清理有违公平的法律法规条款，还是'企业有权拒绝任何组织和个人无法律依据的要求'、编纂民法典的提法，其目的都在于促进商品和要素的自由流动，促进市场公平合理竞争。"叶小文说。

如果说法治经济是给社会"赚钱"，那么法治政府则是为了"制权""治权"。

叶小文表示，现实生活中，不懂法、不遵法，以身试法、知法犯法、搞变通、打折扣，以言代法、以权压法等现象和行为依然存在，因此，推进依法治国，重点应该是保证法律严格实施，做到"法立，有犯而必施；令出，惟行而不返"。

要做到这一点，首先就要从政府改革做起，因为政府与老百姓关系最近，人民感受最深，问题反映也最强烈。因此，《决定》中列出了一系列的制度，包括推行政府权力清单制度、确定重大行政决策法定程序、建立行政机关内部重大决策合法性审查机制、终身责任追究制度及责任倒查机制等。

这些制度的最终目的，都是指向政府改革的终极目标——建设职能科学、权责法定、执法严明、公开公正、廉洁高效、守法诚信的法治政府。

依法治国与顶层设计

中国的改革逻辑，其中有一条就是先行先试与顶层设计相结合。而从十八届三中全会到四中全会，无论是全面深改还是依法治国，做好顶层制度设计的做法已经越来越成为中央决策的惯例。

但这种顶层设计，其出发点则在于明确而精准的问题意识，来自于广泛的调研和论证。问题导向，就是改革导向。

习近平的《说明》透露了四中全会《决定》出炉的过程。事实上，从今年1月，中央政治局就确定了四中全会"依法治国"的主题，并成立了习近平任组长、张德江和王岐山任副组长的起草组。从1月底征求意见到《决定》草案出炉，足足经过了8个多月的时间。

在这8个多月里，8个调研组分赴14个省（区、市）进行调研；中央政治局常委会召开了3次会议，政治局召开2次会议；各国家机关和部门、党内老干部、民主党派、全国工商联、无党派人士等，都成为起草组征集意见的对象。

正是由于如此长时间、范围广的调研，《决定》呈现出了非常鲜明的问题意识。

比如，习近平在讲话中回顾完法治进程和成就之后，就直言不讳地点出了当前我国法治领域的突出问题。立法工作中部门化倾向、争权诿责的现象，多头执法、选择性执法现象，执法司法不公和腐败问题这些群众反映强烈的问题，都成为《决定》中改革措施的"靶心"和依法治国的"抓手"。

在立法领域，针对立法质量需要提高、解决实际问题有效性不足的问题，《决定》即提出，要建立重要法律草案制度、立法专家顾问制度、对部门间争议较大的重要立法事项由决策机关引入第三方评估，不能久拖不决，等等。

在执法领域，目前"百姓深恶痛绝""必须下大力气解决"的问题中，就包括执法领域的有法不依、执法不严、违法不究甚至以权压法、权钱交易、徇私枉法等现象。为此，《决定》中的一些制度建设颇为亮眼：推出政府权力清单制度，消除权力寻租空间；建立行政机关内部重大决策合法性审查机制，建立重大决策终身责任追究制度及责任倒查机制。而在政府执法中的一些"暴力执法"以及群众反映强烈的城管问题，四中全会则决定推进综合执法，理顺城管执法体制，完善执法程序，建立执法全过程记录制度，全面落实行政执法责任制。

在司法领域，习近平依然强调司法公正对维护社会公平正义"最后一道防线"的重要性，延续了自年初中央政法工作会议以来的讲法。他引用培根的话说："一次不公正的审判，其恶果甚至超过十次犯罪。因为犯罪虽是无视法律——好比污染了水流，而不公正的审判则毁坏法律——好比污染了水源。"

他也直言不讳地指出，当前司法不公、司法公信力不高问题十分突出，一些司法人员作风不正、办案不廉，办金钱案、关系案、人情案，"吃了原告吃被告"，等等。究其原因，这种司法不公的深层次原因，在于司法体制不完善、司法职权配置和权力运行机制不科学、人权司法保障制度不健全。

为此，十八届三中全会和四中全会都对司法体制改革提出了一系列重要改革措施。比如，为了确保司法的独立性，全会决定，建立领导干部干预司法活动、插手具体案件处理的记录、通报和责任追究制度。为了解决最高法院接访压力大的问题，决定设立巡回法庭，审理跨行政区域重大行政和民商事案件。而探索建立的跨行政区划人民法院和人民检察院，则是为了排除对审判和检察工作的干扰。

依法治国与以德治国

法律与道德，历来是一对相辅相成的范畴。人们常说，法律是硬性的"底线"，而道德则是柔性的"约束"；法律规定"什么不能做""什么做了要受惩罚"，而道德则弘扬"什么是好的""做什么能够得到社会的褒扬"。

将具有强制力的法律和具有柔性约束力的道德结合在一起，历来是中国的治理传统。发展到今天，这一表述就是"依法治国和以德治国相结合"。

在十八届四中全会的《决定》中，这一治国方略再次得到了印证："国家和社会治理需要法律和道德共同发挥作用。"

"一手抓法治，一手抓德治"的新鲜提法，看上去虽然属于国家治理的宏大范畴，但《决定》也明确给出了实际操作的"总抓手"——弘扬社会主义核心价值观。

"大力弘扬社会主义核心价值观，弘扬中华传统美德，培育社会公德、职业道德、家庭美德、个人品德，既重视发挥法律的规范作用，又重视发挥道德的教化作用，以法治体现道德理念、强化法律对道德建设的促进作用，以道德滋养法治精神、强化道德对法治文化的支撑作用，实现法律和道德相辅相成、法治和德治相得益彰。"

这段话颇耐寻味：在建设社会主义法治体系的今天，如何运用道德去"滋养法治精神""强化对法治文化的支撑作用"？

同样是在《决定》中可以找到答案："加强公民道德建设，弘扬中华优秀传统文化，增强法治的道德底蕴，强化规则意识，倡导契约精神，弘扬公序良俗。"

同时，没有强制力的道德也需要法治来支撑："发挥法治在解决道德领域突出问题中的作用，引导人们自觉履行法定义务、社会责任、家庭责任。"简单的表述背后是当今社会中存在的一些道德困境和难题。

事实上，以德治国一直是新一届中央领导集体履新之后关注的重要问题。早在 2013 年 3 月，在中央政治局就全面推进依法治国进行第四次集体学习时，习近平就明确点出了依法治国和以德治国的关系："把法治建设和道德建设紧密结合起来，把他律和自律紧密结合起来，做到法治和德治相辅相成、相互促进"。

他也在许多场合强调过道德的作用。2013 年，在山东考察时习近平引用"国无德不兴，人无德不立"的古语，强调说"只要中华民族一代接着一代追求美好崇高的道德境界，我们的民族就永远充满希望"，因为中华民族的优秀道德文化基因中，蕴含着"向上的力量、向善的力量"。

今年 9 月，在会见第四届全国道德模范及提名奖获得者时，习近平则指出"精神的力量是无穷的，道德的力量也是无穷的"，而"自强不息、厚德载物的思想，支撑着中华民族生生不息、薪火相传，今天依然是我们推进改革开放和社会主义现代化建设的强大精神力量"。

在叶小文看来，中华优秀文化中的许多内容，都是当今治国理政中需要继承和用好的"最深厚的文化软实力"。

"以德治国是我们国家和民族的历史传统。中国历史上，很多人主张'儒法并用''德刑相辅'，用现在的话来说，也就是主张思想教育手段要和法制处治手段并用。法是他律，德是自律。治理国家和社会是复杂的系统工程，必须统筹兼顾，全面规划。我们党提出依法治国和以德治国相结合，在一定程度上吸收了古人这方面的治理思想与经验。"叶小文说。

（原文标题：《依法治国战略蓝图里的"四大关系"》；作者：申孟哲；

原载《人民日报·海外版》2014 年 10 月 31 日第 7 版）

"三严三实"为解决什么而诞生

导语

4月底以来，在县处级以上领导干部中开展的"三严三实"专题教育正全面铺开，成为中国政治生活中的新热点。在这个意义上，把握"三严三实"的实质，明晰其要解决的问题就显得尤为关键。

4月底开始，在县处级以上领导干部中开展的"三严三实"专题教育，已在中国上下同步进行。严以修身、严以用权、严以律己，谋事要实、创业要实、做人要实，作为共产党人最基本的政治品格和做人准则，已经成为中国政治生活中的新热点。

"三严三实"的实质是什么？其要解决的问题是什么？本报从三个方面入手，对这一全面从严治党的最新做法一探究竟。

延展：群众路线教育的深化

同样瞄准思想政治建设和作风建设，"三严三实"专题教育让人很容易联想到党的群众路线教育实践活动。事实上，"三严三实"专题教育，正是教育实践活动的延展深化。两者阶段不同，但内在联系很深。

在接受记者采访时，国家行政学院教授孙晓莉认为，前一阶段讲理念比较多，现在是更为重视实践。她表示，与党的群众路线教育实践活动相比，

"三严三实"的理念少一些，但更为具体，结合了具体工作，讲谋事、创业、做人，都是非常实在的。

事实上，两者之间既有关联，又体现出了一些不同之处。

第一，对象有所不同。孙晓莉认为，过去，党的群众路线教育实践活动突出的是反对"四风"问题，这次所反对的"不严不实"同样是"四风"的产物。但这次专题教育更多的是与领导干部和党员工作的具体实践活动联系在一起。在"四风"与"不严不实"的作风之间，存在着共性和关联。

"既有密切关系，也不完全是一回事。'严'更多的是背后的东西，是对修身、用权和律己提出要求，但加上'实'，则更多地触及了深层的问题。"在接受记者采访时，中央党校教授谢春涛认为，"三严三实"传递出来的是，党员干部出问题时，既有个人层面自我要求不严的现象，同时还要解决组织教育不严的问题。

在今年"两会"中，李克强总理在政府工作报告里严厉批评"少数政府机关工作人员乱作为，一些腐败问题触目惊心，有的为官不为，在其位不谋其政，该办的事不办"。国务院研究室司长向东认为，总理既然在报告里点到，今年就会有所举动，会对这类干部予以曝光和问责。

第二，步骤不同。党的群众路线教育实践活动是由中央政治局带头，一级一级地开展，一级做给一级看。这从教育实践活动的批次就能看出来，中央政治局常委在第一批中分别联系一个省，第二批中分别联系一个县。例如，习近平总书记第一批时联系河北省，第二批时联系河南省兰考县。

而"三严三实"专题教育则不分批次、不划阶段、不设环节，且不是一次活动。从今年4月底开始，在各级党政机关、人民团体及其内设机构县处级以上领导干部和事业单位、国有企业中层以上领导人员中开展，各级同步进行。

谢春涛认为，因为"三严三实"专题教育不是一场活动，而是经常性的教育，所以同步开展非常合理，而且在党的群众路线教育实践活动取得了成功经验之后，中央对专题教育提出了明确的要求，同步开展的条件已经很成熟。

"我们不是为了搞教育而搞教育，每一个阶段都有每一个阶段的重点，'三严三实'和党的群众路线教育实践活动处在不同的阶段，但是都有着内在的联系，其目的都是为了更好地建设高素质的干部队伍。"孙晓莉表示。

互补：与铁腕反腐合力从严治党

全面从严治党，作为"四个全面"的一部分，需要多种措施共同发力。铁腕反腐很重要，防患于未然的"三严三实"教育同样重要。作风建设与铁腕反腐，作为从严治党的两大利器，已经广获认可。

在国家行政学院教授杨伟东看来，两者之间存在很强的互补关系。"如果党员干部都做到了'三严三实'，那自然就不会有腐败，也不会出现公权私用、脱离群众、谋取私利等现象。正是因为没有达到这样的要求，所以才出现了腐败的问题。"

从反腐败的角度讲，杨伟东认为，"三严三实"专题教育的效果，也会影响反腐工作，如果真正按要求做到了，肯定会大大避免甚至减少腐败的存在。

谢春涛打比方说，反腐是长出了疮后割掉，"三严三实"教育其实是希望不生疮。他认为，如果外在的管理强化了，教育也起到作用了，有些人会因此而收手，不会一直走到违法犯罪的地步。他认为，很多腐败问题，一方面是干部放松警惕，漠视了纪律和规矩；另一方面是过去从违纪到违法的过程中，没有人去批评，没有人去大喝一声。

"现在是提前打好预防针，违反纪律就收拾，这其实是对干部的保护，不让他们走得太远。"谢春涛认为，教育和惩戒的结合是有效的手段。

中办印发的《关于在县处级以上领导干部中开展"三严三实"专题教育方案》中提出的多个专题，体现了"三严三实"专题教育在"防患于未然"上的作用。专家分析说，严以修身，就是加强党性修养，坚定理想信念，这相当于把牢思想和行动的"总开关"。严以律己，就是坚持用权为民，严守党的政治纪律和政治规矩，自觉做政治上的"明白人"，在此前对政治规矩的重点学习和讨论中，这一方面已经多有涉及。严以用权，就是心存敬畏、手握戒尺，实实在在谋事创业做人，树立忠诚、干净、担当的新形象。

在受访专家看来，虽然作风建设一直都在进行中，但在"三严三实"专题教育之下，组织教育将变得更为严格，这对于干部的严格管理大有好处。有的干部可以做到严以修身、严以律己，但如何严以用权，还需要从组织层面加以解决。从这个层面来说，专题教育可以与铁腕反腐形成非常好的互补。

孙晓莉告诉记者，我们党历来讲究教育和惩治相结合。"三严三实"和铁腕反腐紧密联系在一起，实际上也是此前一直强调的做事做人要表里一致。孙晓莉认为，"严"主要对应反腐，但是反腐只是全面从严治党的一部分，实际上领导干部还需要谋事做事，这就需要"实"来解决。

兼顾：教育与工作两不误

当下中国很忙。全面深化改革、全面依法治国需要上下齐心，全力推进。如何在治国理政与专题教育之间做好平衡？

在《方案》中要求，开展"三严三实"专题教育要与当前改革发展稳定各项工作结合起来，做到专题教育与日常工作有机融合、相互促进，两手抓、两不误。

孙晓莉直言，过去党内开展实践活动，容易给人造成一种印象，"用轰轰烈烈的程序，搞了一些活动"。但是真正要起到作用，必须在工作之中体现"三严三实"，而不是把标语挂在墙上，让大家喊一喊口号。"教育与工作不是两张皮，而是应该内在地结合在一起。"

在谢春涛看来，如果专题教育妨碍了工作，那就失去了本来的目的。专题教育的效果应更多地体现在工作上。"最终不是看你写了多少笔记，讲了多少豪言壮语。形式主义的东西是不可取的。"

"不能表面上好像受教育了，力度很大，实际上精力被大幅占用，反而把本职工作给丢了"。杨伟东表达了类似的看法，认为专题教育就是为了将"三严三实"落实到工作中。

专题教育应如何开展？《方案》中有明确的布置。

学习的材料很重要。在杨伟东看来，应当通过一些非常有效的载体，来深入阐释"三严三实"背后的精神。他认为，党的十八大以来习近平总书记系列重要讲话就是这样的载体。

同时，十八大以来引人瞩目的反腐工作，提供了丰富的反面典型和教材，能够让官员们有切身的感受。从个人、组织到党和国家，都能从这里面吸取到诸多教训，在理论和实践的结合中，深化对"三严三实"的理解。

组织领导同样不容忽视。自十八大以来，主体责任就是政治生活领域的高频词汇。分析人士认为，在专题教育过程中，党委（党组）主要负责同志同样应发挥重要作用。"这意味着，这不是个人的一种学习和自我提升，而是有组织、有安排的活动，我们要把个体的、零散的教育变成有组织、有规模的学习，相互推进、相互监督，才能不流于形式和停留在个人感受上，真正取得效果。"

一个同样重要的问题是，专题教育的效果，如何检验？

在谢春涛看来，检验专题教育的成效，应该看最后的工作效果。"不能一方面专题教育搞得轰轰烈烈，一方面你这个单位不断地出问题。所以，应该最终看实际效果，而不是看你说了什么。"

"作风建设永远在路上"，习近平多次强调这一理念。优良作风不可能形成之后一劳永逸，而不良作风的克服也需要时时进行，作风建设的重要性、复杂性、长期性等，客观导致"三严三实"专题教育将耗时长久，并在思想上、工作上、作风上对广大党员干部不断提出新要求。

根据《方案》要求，这次专题教育并不是一场活动，专家认为，这就意味着，常态化的"三严三实"将会体现在全面从严治党的各个方面。

（原文标题：《"三严三实"：全面从严治党的新利器》；作者：刘少华；

原载《人民日报·海外版》2015年4月30日第2版）

☆评论

如何统筹做人与做官——修其身，立其诚

写文章的人，都知道一句话，叫："修辞立其诚。"语出《易·乾》："修辞立其诚，所以居业也。"意为：写文章应出以诚心，表现出作者的真实情感。做文要诚、要实，做人与做官又何尝不是如此?!

"严以修身、严以用权、严以律己，谋事要实、创业要实、做人要实。"这"三严三实"，要求我们统筹好做人与做官。修身与用权的关系核心是"严"和"实"。

我认为，诚实是一切道德的逻辑起点，没有诚实，便没有一切美德。不诚实，是万恶之源。为什么不能说实话呢？因为背后有坏心和恶行呗。所以在人们追求的"真善美"与厌恶的"假恶丑"排列上，"真"与"假"这一对范畴排在第一，然后才有"善恶美丑"。

做人与做官，修身是关键。一个好人，不一定是个好干部；可一个好干部，首先一定是个好人。好人的标准是什么？第一条就是诚实，包括对组织和对同志。很难想象，一个满嘴瞎话的人，会是一个好人，更不可能是个好干部。一个见风使舵、指鹿为马的人，所谓的"本事"越大，危害就越大。

习近平做省委书记时，曾在《之江新语·不兴伪事兴务实》一文中提到："不受虚言，不听浮术，不采华名，不兴伪事。"典出汉·荀悦《申鉴·俗嫌》。原文："在上者不受虚言，不听浮术，不采华名，不兴伪事。言必有用，术必有典，名必有实，事必有功。"释义：不听不真实的话，不相信不切实际的方法，不谋取浮华的名声，不做虚伪的事。习近平强调的是，做人做官做事用权，关键在诚，在实。这在当下，也有极强的现实意义。

形式主义、官僚主义是为官大忌，却总能让不少人尝到甜头，以短时间内的"政绩"骗得赏识。十八大以来，党中央推出八项规定并反"四风"，习近平总书记抓群众路线教育实践活动，都是向"虚言""浮术""华名"和

"伪事"开刀。他心目中的好干部都是"愿听真话、敢讲真话、勇于负责、善抓落实"的人。

20世纪企业界曾有"三老四严"的提法，最早出现于1962年：对待革命事业，要当老实人、说老实话、办老实事；对待工作，要有严格的要求、严密的组织、严肃的态度、严明的纪律。这是大庆石油工人在会战实践中形成的作风，说的也是做人与做事，提倡的同样是"严"和"实"。

当下正在进行的"三严三实"专题教育是党的群众路线教育实践活动的延展深化，是为了把作风建设的好态势保持下去，就是要以"抓铁有痕、踏石留印"的韧劲，与做人、做官中的"不严""不实"现象做斗争，营造风清气正、海晏河清的良好政治生态。

（作者：严冰；原载《人民日报·海外版》2015年4月30日第2版）

深改元年的四大特点

导语

　　目前，我国已进入"全面深化改革元年"，而随着时代的更迭，改革进程也催生出了许多新的要求，在此情境下，了解深化改革中的新特点就显得尤为重要。

进入"全面深化改革元年"，改革紧锣密鼓地进行着。

中央全面深化改革领导小组 8 个月之内 4 次开会，每次几个议题都令内外瞩目。时隔 30 余年，"改革"一词，再次成为唱响中国的最大声音。

白驹过隙，时代的命题已变，也催生出了新的改革要求。曾经许多问题需要迂回解决，如今需要大刀阔斧；曾经的"摸着石头过河"，如今需要配合高瞻远瞩的"顶层设计"；同样重要的是，改革需要有序推进，改革需要敢碰真问题。四大特点，照耀全面深化改革。

"敢破敢立、敢闯敢试，义无反顾把改革开放不断向前推进。" 8 月 20 日，在纪念改革开放的总设计师邓小平同志诞辰 110 周年座谈会上，习近平总书记如是说。

大刀阔斧，改革的时间感很强

这一年的改革，中央的改革"时间感"很强，改革部署不断加快节奏推进。

2013 年 11 月，十八届三中全会召开，中央全面深化改革领导小组正式成立。两个月后的 2014 年 1 月，中央全面深化改革领导小组首次召开会议。在这一"顶配"小组的首次会议上，工作规则、下设 6 个专项小组、改革措施落实分工方案等制度建构框架被确定。

过了一个月，到 2014 年 2 月底，中央深改小组第二次会议召开。会上，习近平开门见山地强调，"全面完成党的十八届三中全会确定的改革任务还有 7 年时间"，"起跑决定后程"。时不我待的紧迫感溢于言表。

这次会议上，在通过了 2014 年中央深改组的工作要点之后，就开始审议和讨论具体改革议题：从经济体制到生态文明体制，从文化体制到司法和社会体制，在此次会上都有讨论。

值得注意的是，此次会议"以问题为导向"的"倒逼改革"思维体现得非常明显。习近平总书记明确提出："各项改革任务都能坚持以影响经济社会发展的重大问题为导向，立足于经济社会发展的瓶颈制约、群众反映强烈的突出问题，努力破除体制机制障碍。"

中央深改小组的第三次会议，和上一次相隔 4 个月。这次会议，特色在于议题的重大。讨论的三个改革领域，都是具备全局性、基础性，同时又是非常"难啃"的改革"硬骨头"：财税体制、户籍制度和司法体制。其中，司法改革不仅有总体方案，还选择了上海作为试点。这与 30 多年来，中国顶层设计与试点试验相结合的改革逻辑一脉相承。

时间又过了两个月，中央深改小组第四次会议召开。如果说上一次会议的特色在于命题重大，此次会议的特色就在于指向性的明显——议题直指社会公平公正和时代发展。

无论是央企高管的薪酬制度改革，还是考试招生制度改革，都事关目前社会呼声强烈的社会公平问题。前者事关收入分配与作风建设，后者则关系机会平等。而"传统媒体和新兴媒体融合发展"的议题不仅事关媒体，更关系到在社会快速发展的时期，如何做好意识形态这项"极端重要的工作"。

更重要的是，第四次会议上，审议通过了一份"七年规划"——《党的十八届三中全会重要改革举措实施规划（2014—2020 年）》。至此，中央深改小组的全面改革路线图已经绘就。

10 个月的时间，中央深改小组从设立到召开四次会议，从制度设计到推出整体改革纲要，在"紧锣密鼓"的同时，改革同样"蹄疾步稳"。

顶层设计，改革需要总施工图

全面深化改革时期，一个工程学术语"顶层设计"，成为人们耳熟能详的政治名词。

"中国改革的顶层设计，是回应我们这个时代的需求，以及我们想把中国建设成什么样子的期望，涉及的是这个社会的核心价值和根本制度。"在接受记者采访时，国家行政学院教授褚松燕表示。

在十八届三中全会的公报中，明确提出"中央成立全面深化改革领导小组，负责改革总体设计、统筹协调、整体推进、督促落实"。这一定位被明确解读为中国在加强改革的顶层设计。

如今，全面深化改革领导小组已先后召开四次会议，在这 4 次会议中审议的文化体制改革、司法体制改革、央企负责人薪酬改革、招生制度改革、媒体融合发展等措施，在有关专家看来，都是顶层设计的一部分。

每次会议所制定的方案，都足以影响相关领域至少数年。其中，在第四次会议上通过的《党的十八届三中全会重要改革举措实施规划（2014—2020 年）》，对未来 7 年的改革实施工作进行了整体安排，被习近平概括为"指导今后一个时期改革的总施工图和总台账"。

事实上，细数十八届三中全会以来出台的一系列方案，中国各领域改革的顶层设计意味明显。据统计，在《中共中央关于全面深化改革若干重大问题的决定》中列出的 60 项改革任务，已经启动的有 39 项，包括户籍制度、司法权力运行等多项重要改革。

《建立健全惩治和预防腐败体系 2013—2017 年工作规划》《2014—2018 年

基层人民检察院建设规划》《人民法院第四个五年改革纲要（2014—2018）》《关于推动传统媒体和新兴媒体融合发展的指导意见》《关于进一步推进户籍制度改革的意见》……文件名寥寥数语，影响的是中国的 5 年、7 年甚至更久。

顶层设计的思维不只停留在中央层面，也有效复制到了各地。以改革的"硬骨头"之一国资国企改革为例，上海率先公布了《关于进一步深化上海国资改革促进企业发展的意见》，北京、广东、青海等多地，也都针对当地情况，有的放矢地推出了方案。例如，十八届三中全会提出国有资本收益上缴公共财政的比例为 30% 后，天津定为每年增加 1 个百分点。

顶层设计并不意味着改革可以一劳永逸，中国改革"摸着石头过河"的经验同样宝贵。在接受记者采访时，国资委研究中心竞争力研究部部长许保利认为，十八届三中全会已经把方向明确了，但具体怎么做，则需要从实践中先干起来。

"改革的方案都要着眼于未来，但未来有什么情况不确定，所以只要符合三中全会精神的就应该鼓励去做。"许保利表示。

有序推进，改革注重节奏与衔接

尽管今年以来，有关改革的决议高密度出台，但在专家看来，这些改革措施不是"为了改革而改革"，而是相互间有配合、有衔接，也有着周密的计划与安排。

忙而不乱，是全面深化改革的突出特点。

以最近中央全面深化改革领导小组通过的《关于推动传统媒体和新型媒体融合发展的指导意见》为例，尽管其出台时间出乎不少观察者的预期，但此前早有诸多调研与尝试。

今年年初，中共中央政治局常委、中央书记处书记刘云山明确谈到这一话题；4 月，中共中央政治局委员、中宣部部长刘奇葆为《人民日报》撰文，认为推动媒体融合发展是一项紧迫的战略任务；5 月，刘奇葆听取新华社推进媒体融合发展的汇报；6 月，刘云山到人民日报社调研时，专程前往《人民日报》法人微博运营室和移动客户端运营室；包括《人民日报》在内的多家媒体，也在今年先后上线客户端，通过多种方式发力新媒体建设。

有序推进的特点，还体现于改革任务在时间轴上的合理分布。

今年作为全面深化改革元年，被视为验证中国改革决心的关键年份，而改革的任务，早在之前一年的十八届三中全会上就已确定。如今，2014 年已过去 2/3，中国改革有 39 项启动，同样约占总任务的 2/3。改革任务与时间恰好合拍。

而中央全面深化改革领导小组成立以来的 4 次会议，也基本遵循了时间上的规律和任务上的先后顺序。第一次会议建章立制，第二次会议通过了全年工作要点后，开始进入具体领域改革任务的探讨。

事实上，中国改革本就是牵一发而动全身，许多问题，不集中推出多领域改革措施就难以解决。

褚松燕认为，十八届三中全会通过的 60 项改革任务，是一个系统工程，彼此间既有衔接，又有轻重缓急。从中央已通过的方案来看，着重解决了发展、民生和平等的需求。通常一个问题的解决，需要多项改革措施同时推进，因此快节奏地推出改革方案是合理的。

以城乡差异的解决为例，这个长期形成的问题，既需要户籍制度的改革消除不平等，也需要社保和医保的改革促进公共福利的均等，还需要新型城镇化措施的推动。而要解决经济发展的问题，就需要良好的发展环境，所以简政放权、打击腐败等限制政府权力的措施，亦与经济发展息息相关。

碰真问题，改革在深水区破冰

"这次改革，有一个非常明显的特点，就是敢于'碰硬'，面对的、研究的、解决的都是真问题。"在接受本报记者采访时，中央党校教授戴焰军如是评价道。

戴焰军所言非虚。实际上，无论是中央深改组的四次会议，还是十八大以来的一些实际改革动作，都可以称得上是在"解决真问题"。

8月19日，不动产登记局的"三定"方案正式公布，其中一项职责引人关注——"牵头建立不动产登记信息管理基础平台，指导不动产登记资料社会查询服务"。社会一直呼声很高的房地产登记制度以及可能涉及的官员贪腐和社会不公平问题，都可能随着这一机构的建立而逐渐开始"破冰"。

7月16日，《关于全面推进公务用车制度改革的指导意见》和《中央和国家机关公务用车制度改革方案》下发。"取消一般公务用车，普通公务出行社会化，适度发放公务交通补贴"的规定，标志着已经推行了20多年的公车改革就此"提速"。

行胜于言。改革需要目标，更需要落实。

上海自贸区成立、上海司法改革试点方案开始推行、行政审批制度下放、京津冀探索一体化、户籍制度改革方案明确、军队开始腾退多占住房、"单独两孩"、废除劳教制度……多项有实际动作的改革措施并举，更遑论影响深远的"八项规定"——从党政机关到社会各界，对新一届中央领导集体印象最深的，恐怕就是这种改革的魄力与勇气。

"我们常说改革已经进入深水区，现在要改的，可以说都是难度非常大、甚至直接触及一部分人利益的问题。但这些问题，恰恰也是与广大群众的经济生活各方面密切相关、群众呼声很高的问题。正如习近平总书记所言，我们的改革不是为改革而改革，而是为了解决问题的。因此，只要是人民所期望的、社会发展所需要的，难度再大，我们也要下决心进行改革。"戴焰军表示。

8月22日，是邓小平诞辰110周年纪念日。20日，习近平在纪念座谈会上讲话时，对邓小平作出"信念坚定、人民情怀、实事求是、开拓创新、战略思维、胸襟博大"六点评价。而每一点评价，都对应当下的改革。

"我们今天纪念邓小平，实际上就是为了表达继承邓小平的思想，坚决推进改革的决心。我们在习近平的讲话中也看到，无论是在改革中实事求是、尊重群众首创精神的方法论，还是'改革是为人民谋福祉'，改革需要有魄力和勇气去突破藩篱的说法，都是在谈改革。今天纪念邓小平，就是为了在明确改革总体目标的同时，实事求是、扎扎实实地从具体问题做起，保证改革部署的落实。"戴焰军说。

（原文标题：《深改元年呈现四大特点》；作者：刘少华、申孟哲；

原载《人民日报·海外版》2014 年 8 月 22 日第 8 版）

☆评论

跟不上小组思路，就 OUT 了

多达 30 次。

这是 8 月 20 日，在纪念邓小平诞辰 110 周年座谈会的讲话中，习近平提及"改革"的次数。

我们现在纪念的邓公，当年曾一针见血地指出："如果现在再不实行改革，我们的现代化事业和社会主义事业就会葬送"。这句话，今天依然有效。

改革，是中国的宿命，是"全面深化改革元年"2014 年乃至未来多年的最大关键词。改革，也是以习近平同志为核心的党中央念兹在兹的课题。

习近平担任组长的中央全面深化改革领导小组，今年已开了 4 次会。现在，跟不上小组的思路，就 OUT（英文，落伍之意）了。

小组的思路中，有改革的逻辑。首先是不打无准备之仗，循序渐进。4 次会上，改革的人事准备、行事规则、工作要点、方案意见，有的确定，有的审议通过，有的已经审议，剩下就看落实。其次是责任明确。如第二次会议上，通过了《中央全面深化改革领导小组 2014 年工作要点》，明确了今年改革的任务和重点。习近平强调，要把工作要点确定的任务逐项明确责任单位、责任人、时间进度。

小组的思路中，有改革的重点。无论财税体制改革、户籍制度改革、司法体系改革，还是中央管理企业主要负责人薪酬制度改革、考试招生制度改革等，无一不是改革的重点，改革就要拿硬骨头开刀练手。时代演进，舆论格局发生变化，推动传统媒体和新兴媒体融合发展就顺理成章地成为新的改革重点。

小组的思路中，有改革的规则。"治国者，圆不失规，方不失矩，本不失末，为政不失其道，万事可成，其功可保。"小组第二次会上，习近平强调，凡属重大改革都要于法有据。对重大改革尤其是涉及人民群众切身利益的改革决策，要建立社会稳定评估机制。具体到某项改革，如推动传统媒体和新兴媒体融合发展，习近平强调，要遵循新闻传播规律和新兴媒体发展规律，强化互联网思维。

小组的思路中，有改革的紧迫感。8个月4次开会，每次会议都有多个重大议题，这种频度的背后，是改革的紧迫感。

会议一开，方案一出，往往会生出各种讨论，这时还需要改革的定力。正如习近平所说，社会上很多意见和建议值得我们深思，但也有些意见和建议偏于极端。我们要洞若观火，保持政治坚定性，明确政治方向。

中国各地，各种领域的全面深化改革如火如荼。纷繁复杂之中，读懂中国的全面深化改革，一个比较理想的切入口是观察小组的会议。

当然，一分部署，九分落实。小组开了会，制定了好文件，只是万里长征第一步。小组的思路，只有转化为改革现实世界的强大力量，才更有意义。

（作者：正楷；原载《人民日报·海外版》2014年8月2日第8版）

中国改革的"四梁八柱"

导语

　　中国改革有很多的比喻，著名的如"黑猫白猫"论、摸着石头过河等，这些比喻大多鲜活、生动，让人直观地认识到改革的层面或是意义。"四梁八柱"这个源自建筑领域的词，概括的是中国改革的制度框架。

　　自党的十八大以来，经过五年努力，中国改革的制度框架日趋完善，而正确认识这个基础，直接关系到人们对中国改革的认知。

　　改革开放取得新突破，主要领域"四梁八柱"性改革基本出台，对外开放布局进一步完善。这一重要判断，自 2016 年年底的中央经济工作会议以来，日渐为人们所熟悉。

　　"四梁八柱"，来源于中国古代传统的一种建筑结构，靠四根梁和八根柱子支撑着整个建筑，四梁、八柱代表了建筑的主要结构。古人可能想不到，这个词今天会用来形容包括改革在内的制度框架。

　　过去几年间，中国全面深化改革的格局日益清晰，经济体制、政治体制、文化体制、社会体制、生态文明体制和党的建设制度改革全面发力，主体框架基本搭建完成，全面深化改革完成了非常重要的打基础工作。

三年"夯基垒台、立柱架梁"

2013 年 11 月的十八届三中全会，吹响了全面深化改革的集结号。同年 12 月 30 日，中央政治局第十二次会议召开，决定成立中央全面深化改革领导小组，由习近平总书记担任组长。

"如果把全面深化改革比作建造大厦的话，头 3 年是夯基垒台、选材备料、立柱架梁的三年，今年要力争把主体框架搭建起来。这是一个重要的阶段性目标。这个阶段性目标达到了，实现全面深化改革总目标就迈出了坚实的一大步。"2016 年年初，习近平这样说道。

从时间上看，主体框架的搭建工作，恰如习近平所要求的那样如期完成。

统计显示，十八届三中、四中、五中、六中全会，共部署了总计 616 项重点改革任务。目前，中国在经济生态领域改革、民主法制领域改革、司法领域改革、文化领域改革、社会领域改革、深化国防和军队改革、党的建设制度改革，都推出了一系列重要改革措施。

"从十八届三中全会召开到 2016 年年底，可以说与全面深化改革相关的顶层设计、规划基本上都出台了，尤其是三中全会确定的改革任务都已细化为具体方案。"在接受本报记者采访时，国家行政学院教授竹立家表示。可以说，这个推进速度是非常快的。

国家行政学院经济学教研部编著的《中国经济新方位》一书提出，主要领域"四梁八柱"性改革基本出台，是新时期全面深化改革的新突破；主要领域"四梁八柱"性改革全面铺开，完善了现代市场经济的基础性制度；全面深化改革"四梁八柱"的主体框架的构建，开启了中国特色社会主义道路的新里程。

该书认为，经过几年的努力，国有企业、财税金融、科技创新、土地制度、对外开放、文化教育、司法公开、环境保护、养老就业、医疗卫生、党建纪检等主要领域"四梁八柱"性改革已全面铺开。

在竹立家看来，十八大以来中国共产党始终以高度的紧迫感和责任感，真正在攻坚克难上发力。他认为，从时间上来说，改革也很紧迫，要实现到2020 年全面建成小康社会的任务，还需要继续推动改革落到实处。

"一个都不能少"的宏大工程

早在 2014 年 2 月，习近平就在省部级主要领导干部学习贯彻十八届三中全会精神全面深化改革专题研讨班上指出："这项工程极为宏大，零敲碎打调整不行，碎片化修补也不行，必须是全面的系统的改革和改进，是各领域改革和改进的联动和集成。"

这意味着，面对这项系统工程，必须是各领域、各地方改革的立柱架梁工作全面推动，用一部电影的名字概括，就是"一个都不能少"。

国家发展改革委主任何立峰表示，"十三五"规划纲要顺利通过后，各部门先后制定了 20 多部重点专项规划，有关部门和各地方先后制定出台了 100多部各领域专项规划，各地区也都制定了省级"十三五"规划。

"这些规划编制使我们非常清晰地知道，这五年中每一年大体应该做哪些事项。"何立峰说，从 2016 年的情况来看，整个"十三五"期间规划体系的"四梁八柱"已经确定。在规划的引领下，各部门、各地方、各企业努力贯彻实施，阶段性目标任务在去年已经实现。

在许多领域，这项工作都有了很高的完成度。

在司法体制改革领域，2016 年，最高人民法院大力推进以"司法责任制"为核心的四项基础性改革、以审判为中心的诉讼制度改革等 10 项改革，奠定了法院系统改革的"四梁八柱"。

在医疗改革领域，国家卫生计生委主任李斌表示，2017 年的主要任务就是要把路线图、时间表细化为施工图，建立五项基本医疗卫生制度，包括分级诊疗制度、现代医院管理制度、全民医保制度、药品供应保障制度和综合监管制度。"我们今年要把深化医改的立柱架梁任务做好。"

在国企改革领域，2016 年，为落实党中央、国务院颁布实施的《关于深化国有企业改革的指导意见》，先后出台了 7 个专项配套文件。除此之外，国务院国资委还会同有关部门出台了 36 个配套文件。"1+N"文件体系及相关细则，共同形成了国企改革的设计图、施工图。

而在全国各地，"四梁八柱"性改革也已基本出台。

在江苏，该省紧扣经济体制改革主轴，以供给侧结构性改革为主线，推出一批标志性、关键性改革举措，努力发挥经济体制改革牵引作用，加快构建有利于引领经济发展新常态的体制机制。在 2016 年最后一个工作日，江苏省委深改组还召开第 19 次会议，审议通过 11 个改革方案，涉及医疗保险、事业单位改革、群团组织改革、生态环境保护等多个领域。

在江西，生态文明体制改革、国资国企改革都颇有成效；"放管服"改革，打破许多行政藩篱；财税金融体制改革，为实体经济注入新的发展动力；农业农村体制改革，释放"三农"新的发展活力。在这个过程中，改革凸显了含金量。

在山东，仅 2016 年该省省委深改组就先后召开 10 次会议，通过改革文件 51 个，行政审批制度改革、国企国资改革、金融改革、财税改革、科技体制改革，主要领域"四梁八柱"性改革稳妥推进。

虽然主要部分已经完成，但"梁与柱"的建设一直在路上。例如，在生态文明建设领域，2016 年 12 月，习近平作出重要指示强调，要深化生态文明体制改革，尽快把生态文明制度的"四梁八柱"建立起来，把生态文明建设纳入制度化、法治化轨道。

制度生命力在于执行

"当前，制度的执行情况在各地不均衡，还不能完全满足老百姓的期待。"竹立家认为，制度本身很重要，落到实处同样重要。

2016 年年底的中央经济工作会议明确强调，各级领导干部特别是高级干部要把落实党中央经济决策部署作为政治责任，党中央制定的方针政策必须执行，党中央确定的改革方案必须落实。

"改革不可能毕其功于一役，我们要在改革的推进进程中，不断研究新情况、解决新问题，这样才符合事物发展的逻辑。制度和政策的自我完善总是在路上。"李斌认为。

事实上，好的制度一旦开始推行，效果就是实实在在的、显著的。例如在国企改革领域，大部分中央企业已经完成公司制改制，并设立了董事会、监事会等；一半以上企业开展了混合所有制改革，国有资本投资公司和国有资本运营公司的设立也在稳步推进；在供给侧结构性改革方面，国企也不断发力，比如在去产能方面已成为主力军，其成本在稳步下降、效率有所提升。

政府需要转变职能。在竹立家看来，制度的落实还需要政府转变自身职能，这依然是我们改革与发展的核心问题。在不少地方，政府懒政庸政现象依然存在，严重影响着广大群众对改革的信心。"我们既要厘清政府的权力清单，也要搞清楚政府需要提供的服务清单，让老百姓知道，政府应该提供什么样的服务。"

群众诉求需要回应。在许多地方，抓改革落实中，特别重视从群众最期盼的领域做起，不断提升百姓获得感。例如，江苏坚持"多予少取、放活普惠"的理念，多谋民生之利、多解民生之忧；青海则始终把破解民生难题、推进民生项目摆在重中之重，彰显改革的民生导向，医疗保障制度、户籍制度改革、教育改革等稳步推进。

面对已然搭起的"四梁八柱"，无论中央还是地方，接下来需要的正是习近平在 2017 年新年贺词中说的那句话——"大家撸起袖子加油干"。

（原文标题:《齐了! 中国改革的"四梁八柱"》; 作者: 刘少华; 原载《人民日报·海外版》2017 年 3 月 29 日第 5 版）

☆评论

"四梁八柱" 论引领改革

一位留美多年的资深教授曾说，当下的中国遇到的问题是"复合性"的。一方面，要解决人类社会中最基础、最古老的那些命题，比如贫穷、就业；另一方面，又要解决最"现代"的命题，比如审美、政治参与等。

自改革开放始，这种复合性就伴随着中国这一大国前进。作为后发国家，中国要在三四十年内完成资本积累、农业国转工业国、搭建国防教育体系等一系列重大任务，这中间还要兼顾效率与公平，尽量保证13亿人每一个都"不掉队"，这无疑是巨大而艰辛的挑战。

"四梁八柱"论，就是以习近平同志为核心的党中央提出的一种改革思维、改革方法论。

这种改革思维，首先，要求的是大局观。如果不熟悉中国政治和中国社会，任意切进当下中国的任何一个面向，很有可能陷入盲人摸象般的困局，而这也是西方媒体，或者说，抱有非黑即白意识形态二分法论的人们在观察和解释中国时常会陷入的境地。从东部沿海到西部内陆，中国发展的差异性是显著的。而在改革的各个领域，难易程度也是不一样的。

其次，要求的是"优先排序"。什么事情应该提前做、抓紧做、重点做，对中国来说需要仔细甄别。这就像是一个人开始每一天的工作，总要条理清晰地进行工作安排。党中央的英明之处，用习近平在中央深改组第二十次会议上的话说，就是"把各领域具有'四梁八柱'性质的改革明确标注出来，排出优先顺序，重点推进，发挥好支撑作用。特别是要把国有企业、财税金融、科技创新、土地制度、对外开放、文化教育、司法公正、环境保护、养老就业、医药卫生、党建纪检等领域具有牵引作用的改革牢牢抓在手上"。

最后，要求的是"踏石留印，抓铁有痕"。排出优先顺序之后则需要更加对症下药。稳扎稳打推进，每一步都要有精心的政治考量、全局考量。

　　基础不牢，地动山摇。2017 年的新年贺词中，习近平信心满满地说："各领域具有'四梁八柱'性质的改革主体框架已经基本确立"。通晓中国传统建筑的人会知道，四梁八柱搭起，屋子就已成形，可以进一步完善了。也许房子建成后梁柱看起来没有雕花精美，不如屏风秀气，但梁柱才是支撑大厦的根本。强基固本，搭好平台，给后面的建筑以基础、以支撑，这就是中国改革的逻辑。

（作者：申孟哲；原载《人民日报·海外版》2017 年 3 月 29 日第 5 版）

下属犯事儿牵出的领导责任

导语

2015 年被称为"主体责任年"，即执行八项规定、落实作风建设之年。在这一年，下属犯事儿，一岗双责的领导要跟着受罚。在这一年，作风建设更加趋于严格化、制度化。

2015 年 4 月 12 日，广东省纪委通报 7 起党风廉政责任追究典型案件。

4 月 10 日，云南通报称，截至目前，全省因落实主体责任不力而被问责的领导干部已达 252 人。

4 月 8 日，江西通报 5 起履行主体责任不力被追究责任典型案件。

这是最近密集出现在中央纪委监察部网站上的一个新现象——领导干部因为"主体责任"落实不力而被问责。以往在执行八项规定的过程中，中纪委通报的，大多是顶风违纪的当事人；而这一次，不只是犯事儿之人被通报，就连他们的分管上司、直接领导，也被通报和给予党纪政纪处分。

这是一个新现象、新变化，也体现出作风建设更加严格化、制度化的趋势。

下属犯事儿领导跟着受罚

下属犯事儿，不仅自己受罚，领导也跟着受罚，正成为党风廉政建设、执行八项规定中的一个新的突出现象。

2013 年，广东阳江市国土资源局及下属 7 个事业单位多次发生公款大吃大喝、公款送礼、发节日费、转嫁接待费用等严重违纪问题，原局长利庆佳等 10 名直接责任人员分别受到党纪政纪处分并退赔违规占用和超支消费的公款。

处罚没有到此结束。2015 年 4 月，广东省纪委的通报显示，分管该局工作的阳江市原副市长陈芝岳因履行主体责任不力，受到行政警告处分；同时，阳江市国土资源局纪检组组长许华也因履行监督责任不力，受到党内警告处分。

这是广东省纪委此次通报的 7 起党风廉政责任追究典型案件中的一起。同样的场景也发生在江西。

通报显示，2013 年至 2014 年期间，上饶市纪委在监督检查中发现，上饶市质监局存在诸多违反八项规定的问题，包括：弄虚作假以会议费、培训费名义套取资金用于冲抵不合理开支；班子成员办公用房面积普遍超标且未按有关要求整改到位；党组成员、副局长王树仁的儿子王某在"吃空饷"专项整治后，仍然在下属单位上饶市计量所"吃空饷"；等等。之后，有关人员分别受到党纪政纪处分。而该局党委书记、局长胡平作为党风廉政建设第一责任人，因履行主体责任不力，受到党内严重警告处分。

而在云南昭通市巧家县，卫生系统发生贪腐窝案，该县卫生局党组书记周跃邦、局长保杰荣，因负有直接领导责任而双双被免职，在当地引发了一场不小的震动。因主体责任落实不力而被问责的领导干部，已达 252 人之多。

在重庆黔江区，已有 20 人次因落实党风廉政建设责任不力而被警示谈话、做书面检查，8 个单位被公开通报批评；而在江北区 6 个发生重大违纪问题的单位实行了"一案双查"，有 2 名主要领导被给予纪律处分，2 名被组织处理。

这些案例共同的特点，就是在违纪案件中，单位"一把手"或者分管领导可能本身没有直接的违纪行为，但是下属的违纪，已经暴露出这些领导干部没有履行好主体责任，因而这些干部也受到处分。

这也是中央就不断强调党委在党风廉政建设中"主体责任"的"压力传导"的结果。党的十八届三中全会提出，"落实党风廉政建设责任制，党委负主体责任，纪委负监督责任"。习近平总书记强调："要落实党委的主体责任和纪委的监督责任，强化责任追究，不能让制度成为纸老虎、稻草人。"

所谓"主体责任"，是指在党风廉政建设中，党委、党委的主要负责人，对本系统、本单位内的党风廉政建设负有"第一责任"，而同级的纪委，则负有"监督责任"。这样的任务规划，是为了改变过去一些地方党委"重业务、轻党建"的现象——认为地方的发展、业务的提升是"第一要务"，而忽略了党风廉政队伍建设。

换句话说，对主体责任的强调，就是要让从中央到地方的各级领导干部，尤其是党政领导干部明白，在全面从严治党的今天，不仅实际工作业务要抓好，党风廉政建设同样是要摆在第一优先的位置进行的一项工作，而不能认为这只是纪委的工作，党委没有责任或只有很少的责任。

党要管党、从严治党，党委（党组）的主体责任，就是解决问题的"牛鼻子"。党委（党组）的负责人，就是解决问题的"关键少数"。

建章立制的"主体责任年"

如果说十八大以来，在执行八项规定的过程中，各级纪委抓重要时间节点、不放过任何"小事"的做法已经让外界印象深刻，让各级干部感受到了震慑和压力的话，那么，2015 年，就称得上是执行八项规定、落实作风建设的"主体责任年"。

2014 年 4 月至 5 月，中共中央政治局常委、中央纪委书记王岐山在一个月内先后 6 次主持召开专题座谈会，强调落实党风廉政建设的主体责任和监督责任。在这其中，中央国家机关负责人能不能落实好主体责任，成为他非常关注的一个问题。

之后，从中央国家机关工委开始，最高人民法院、海关总署、人社部、国家能源局等中央国家机关，陆续召开党风廉政建设主体责任会议，对机关各部门及直属单位主要负责人进行集体约谈，并签订党风廉政建设责任书。

全国人大机关、水利部、食品药品监管总局等 60 多个部门，还出台了落实"两个责任"的意见或办法，将"权力清单"转化为"责任清单"，为责任落实提供制度保障。

同样的行动，已从中央到基层逐级铺开。2014 年 3 月，云南举办了主体责任研讨班，出台进一步落实主体责任的 16 项措施，并制定《从严从实管理干部若干规定》《从严从实管理党员若干规定》等，切实约束"一把手""一支笔"；全国各省区市，也陆续将本省出台的《关于落实党风廉政建设党委主体责任和纪委监督责任的意见》下发至基层。

而在 2014 年各省区市的省委民主生活会上，落实"主体责任"、强调领导干部同时要抓好党风和业务的"一岗双责"，也成为各地的共同要求。

专家表示，要履行责任和追究责任，首先要做的就是厘清责任的边界。如果这一边界模糊，就会造成推诿责任、无法精确追责。

在重庆市南岸区，区委领导班子全体成员就签署了一份不同于以往的《党风廉政建设责任书》。根据分工不同，每个领导的责任都不同。这种"量身定做"的责任书，确保了责任的精确，可以直接"对照考核"；而在四川省成都市，各级、各部门的党政领导班子和成员，则会有一份"年度责任清单"，按人头、按月份落实，便于成效的量化和考核。

有了制度不执行，制度就会成为花架子、稻草人、纸老虎。云南省委就明确表示，"开会动员千遍，不如问责一次。让主体责任落地生根，既要靠各级党委（党组）的自觉，更要靠责任追究，要将问责的鞭子抽到一些党委（党组）的手上，问责一个、警醒一片"。

中纪委研究室理论研究处处长苏静则表示，2015 年，会是"责任追究年"。

"今年一方面要强化主体责任落实，在巩固省区市、中央和国家机关部委落实主体责任成果的基础上，把责任落实到地市一级和国有企业党组织；另一方面是要强化责任追究，尤其要突出问责，要通过问责推动责任落实到位。今年是'责任追究年'，（中央纪委）五次全会已经发出了明确的信号，各级党委和纪委一定要高度重视起来。"苏静说。

作风建设永远在路上

"这么多年，作风问题我们一直在抓，但很多问题不仅没有解决，反而愈演愈烈，一些不良作风像割韭菜一样，割了一茬长一茬。症结就在于对作风问题的顽固性和反复性估计不足，缺乏常抓的韧劲、严抓的耐心，缺乏管长远、固根本的制度。"2014 年 10 月 8 日，在党的群众路线教育实践活动总结大会上，谈到作风问题的"顽固"与"反复"，习近平总书记这样说道。

从八项规定，到以反"四风"为核心的群众路线教育实践活动，再辅之以各级纪委对违纪案件的查处和通报，党的作风正在不断好转。但正如习近平所言，这是一场"永远在路上"的斗争，"没有完成时，只有进行时"。

最近中央纪委在河南、云南、浙江等地的一些调查，就可以清楚地反映这一事实。

比如，河南省纪委党风政风监督室与河南省统计局社情民意调查中心共同发布的《2014 年河南省党员干部工作作风状况分析报告》显示，在 8325 名问卷调查被访者中，97.6% 的人认为身边党员干部的工作作风得到改进，其中 5889 人选择"明显改进"，占总数的 70.7%；同时，87.2% 的受访者认为公款大吃大喝明显减少。

而有 85 万人次参加的云南省"群众评议省直机关作风"的调查结果则显示，92.89% 的群众对各省直单位改变作风、转变职能、提高效能、建设机关队伍等方面感到"满意"或"较为满意"。

但同时，在这两份调查中，群众对省直机关的作风转变的满意度，大幅超过对身边基层单位作风的满意程度。在河南一份接近 1.9 万人参与的现场问卷调查结果显示，有 74.9% 的受访者对省直机关作风表示满意，但对这一级别以下工作作风表示满意的只有 53.9%。

而在群众最希望加大力度查处的违纪问题中，除了高居榜首的"办事推诿扯皮、拖延、效率低下"，收送节礼红包、公款大吃大喝、违规配备公车、违规经商办企业、违规提拔任用等问题，依然受到群众的广泛关注。

制度在于执行，压力在于传导。基层的作风问题，就像投石入湖，中间浪花最大，越往外波纹越小，其中存在一个压力传导层层递减的问题。

正因为如此，今年，包括河南、江西、西藏等省区市在内的各地，都不约而同地选择了建立完善落实"两个责任"报告、签字背书、专项约谈、督查、述责述廉、检查考核等措施，力图形成一级抓一级、层层抓落实的"责任链"，将主体责任的落实推进到基层。

(原文标题：《落实八项规定更严格，领导责任被重视》；作者：申孟哲；

原载《人民日报·海外版》2015 年 4 月 17 日第 7 版)

☆评论

将主体责任扛在肩上

关于怎样才能做个好干部，习近平总书记提出的五条标准中，包括了信念坚定、为民服务、勤政务实、敢于担当、清正廉洁。

这也就是说，作为一个好干部，不贪不腐仅仅是起步线，更要把敢于担当作为可贵品质，在自己的一亩三分地里，要负好主体责任，该当黑脸时就该当黑脸，不然的话，下属犯错误，领导同样也要买单，如果哪个干部成天只当好好先生，疏于管理，一旦下属犯了错误，管辖的领域出了问题，主官一样要被追责。

从中央纪委和各地各级纪委最近通报的一些典型案例中可以看出，坚持"一案双查"，正在倒逼主体责任的落实，连续出现的一些因为履行主体责任不力被追责的案例很有警示意义，以前那种下属"干部屡现贪腐问题而党委主要负责人依然平安无事"的情况正在成为过去式。

从具体的案例来看，领导干部被追究主体责任的原因多种多样，既有因为放任、包庇、纵容下属人员违反财政、金融、税务、审计、统计等法律法规弄虚作假而受罚的，也有因为下属或下属单位公款大吃大喝、公款送礼、发节日费、转嫁接待费用等严重违纪问题而被问责的，还有因为本单位司机多次公车私用而受到处分的。

分析起来，这些问题的出现，一个重要原因就是部分领导在履行主体责任方面认识还不够、工作不到位，"一岗双责"和"一级抓一级"的责任意识淡薄，落实不力。你的下属都频频公车私用了，下属单位都公款出国旅游了，作为单位的领导，以自己没参与或是不知道就想推脱免责，那是说不过去的。

为什么要强调主体责任，就是因为从近年来查处的腐败案件和违反八项规定的情况来看，很多问题的发生和不断严重，跟主体责任和监督责任没有落实好关系很大，有些党委书记对下属单位党风廉政建设情况知之甚少、不管不问，甚至捂着盖着，搞歌舞升平，导致问题由小变大、由少变多，甚至成了区域性、系统性问题；有些党委书记怕得罪人，对眼皮底下的"四风"和腐败问题，睁一只眼闭一只眼，得过且过，高高举起、轻轻放下，搞无原则的一团和气，该抓的没抓好，该管的没有管住。

当下，整治"为官不为"正在成为重点。在中央纪委五次全会上，习近平总书记就做好今年党风廉政建设和反腐败工作提出了4个重点要求，排在第一位的就是"严肃责任追究，强化党风廉政建设主体责任"，可见党中央有多重视党风廉政建设主体责任。只有树立多扛责才能少追责，不扛责就要被追责的意识，少些"太平官"，整体的队伍才能多些"太平"。

（作者：叶晓楠；原载《人民日报·海外版》2015年4月17日第7版）

官员"吃喝"的新规矩

导语

　　公务接待铺张浪费是个顽疾，"舌尖上的浪费"饱受诟病，要想治住"软腐败"，就得靠硬杠杠。各地都因地制宜打造了哪些"紧箍"，"瘦身""消肿"后的公务接待，呈现出什么样的新面貌？明知故犯者将面临什么样的惩处？

　　截至目前，距离 2013 年 12 月中共中央办公厅、国务院办公厅印发新修订的《党政机关国内公务接待管理规定》(以下简称《规定》) 已有 8 个多月。在此期间，据不完全统计，全国已有 18 个省市发布了本地党政机关公务接待的管理规定。

　　党的十八大以来，中央要求改进工作作风，力遏铺张浪费，一系列硬约束给公务接待戴上了"紧箍"，曾一度为社会诟病的"讲排场""比阔气"等公务接待中的"软腐败"现象逐渐得到遏制，简朴理性的新气象正在深入人心。

制度设计：规矩越定越细

　　2013 年 12 月，中办、国办印发的新修订的《规定》，以公务接待厉行节约为主线，紧紧抓住创新管理和深化改革这两个"治本"之策，进行全方位、立体式突破，力求根治公务接待顽疾，为公务接待划出了不可逾越的"红线"，以期遏制"舌尖上的浪费"。

随后的 8 个多月里，18 个省市陆续出台了地方版规定。经梳理可发现，公函制、禁烟酒、接待标准量化细化等是地方版公务接待管理规定的共通点。

在接待谁方面，多地将"公函制"规定为公务接待的基本准则。公务外出确需接待的，派出单位应当向接待单位发出公函，告知时间、内容、行程和人员。"无公函的公务活动和来访人员不予接待"成为各地共识。青海省还规定，国家工作人员不得要求将个人休假、探亲、旅游等纳入公务接待范围，并规定，对接待对象提出的与公务活动无关的要求一律不予安排。

在用餐方面，河北、内蒙古、重庆等提出，工作餐菜品除家常菜外，也可选择地方菜，但不得安排高档菜肴和用野生保护动物制作的菜肴，不得提供香烟和高档酒水；黑龙江、浙江、湖南、四川要求工作餐根据人数采用桌餐或者自助餐形式。在天津，规定自行用餐标准正餐人均不得超过 60 元，早餐人均不得超过 20 元；确因工作需要，接待单位可提供宴请一次，人均不得超过 120 元。

在出行方面，均要求公务接待出行活动需合理使用车型。其中，黑龙江规定，出行活动尽量安排中巴车集中乘坐；浙江则提出省领导到地方活动应安排集中乘车，原则上不超过 2 辆面包车，沿途不得加派车辆随行。出行活动中，警车的使用被严格限制，多地规定接待单位不得违反规定实行交通管控，不得清场闭馆。

在接待礼仪上，地方规定进一步作出细化，除两办《规定》中提到的"不得在机场、车站、码头和辖区边界组织迎送活动，不得跨地区迎送，不得张贴悬挂标语横幅，不得安排群众迎送，不得铺设迎宾地毯"等要求外，山东的规定增加了"不得打电子屏幕标语""不得献花插彩旗"等内容。

基本上而言，地方版的规定是对中央《规定》的延伸和细化，结合本地特点，让作风建设朝着"无死角"的方向发展。

"过去较长一段时间，在公务接待方面，各地差异性很大，缺乏标准，有的互相攀比，有的领导来时，铺红地毯，挂大横幅，锣鼓喧天。"在接受本报采访时，北京大学政府管理学院教授、政治学系主任燕继荣认为，为了统一标准，从开始采用顶层设计原则，建章立制，到现在地方政府也制定规矩，根据实际情况来加以落实，这就是进步。这些细化规定，是地方政府对中央提倡艰苦奋斗、反对铺张浪费、带头厉行勤俭节约政策的积极响应。

监管变严：违规就要受罚

新规、"禁令"的接连发布，使制度的"防护网"正编得越来越密实，但是，还是有部分官员"明知故犯"，依旧以身试法，因大吃大喝、公款娱乐或是接受宴请、收受礼金等公务接待中的违纪违规行为受到处罚者不在少数。

从中央纪委官网通报查处违反中央八项规定的情况来看，截至2014年7月31日，仅因公款大吃大喝被查处的问题就有1543起，有1965人因此受到处理。

以中央纪委官网于2014年8月24日发布的最新一期的周通报为例，各级纪检监察机关查处的最近一周的153件违反中央八项规定精神案件中，在公款宴请和消费方面，既有北京市西城区安监局副局长曹长春使用公款支付高消费娱乐活动的问题，也有江苏省溧阳市委办公室主任王新民、市政府办公室主任周文光等党员干部违规接受宴请和公车私用的问题；在公款旅游方面，既有黑龙江省七台河市新兴区棚改办主任董戌借开会之机公款旅游的问题，也有广东省佛山市实验中学校长姚安公款出国（境）旅游的问题等；在公车私用方面，既有四川省乐山市井研县妇幼保健院党支部书记、院长廖九林上班时间驾驶公车到咖啡厅与社会人员打麻将的问题，也有北京市朝阳区安全生产监督管理局执法一队科员孟凡标驾驶公车带家人购物、送孩子上学的公车私用的问题。从处罚结果来看，依据情节，相关人员受到了警告、严重警告以及行政降级以至撤职等各种处分，并且退缴各种费用。

对于频频有官员因为接待问题而受到处分的现象，国务院发展研究中心社会发展研究部巡视员林家彬在接受本报采访时指出，过去形成了一些不良的风气，有些人一时半会儿改不过来，冒险去违规，以为没有人知道，其实只要做了就很难保住秘密，就会因违反规定被处分。

事实上，公务接待违规了就可能被曝光并受到处分，这正在成为一种官场的新常态。越来越多的案例表明，不论是目空一切的顶风作案，还是隐蔽变通的违规违纪，只要违反了规定，一经查实都逃脱不了处分。在活生生的警示之下，大吃大喝的接待陋习将得到有力遏制。

成效可见：经费明显下降

通过加大治理力度，当前，很多地方在规范公务接待方面取得了看得见的成效，节俭新风正在成为时尚。

在郑州，2013 年的审计结果中，在减少的"三公"费用中，公务接待费下降幅度最大，为 4773 万元，比 2012 年减少 5014 万元，下降 51.2%。

在武汉，市财政局在向该市人大常委会报告上半年预算执行情况称，今年上半年，武汉市"三公"经费同比下降 23.1%，公务接待费用 797 万元，下降 43.9%。同时，更多财政资金用于教育、医疗卫生、社会保障等民生支出。

在上海，相关财政预决算报告显示，去年上海"三公"经费比预算数减少 2.07 亿元，其中，公务接待省钱最多，减少 0.94 亿元。

在温州，2012 年就下发了被称为史上最细的公务接待标准，规定出台首月的接待费就下降了约四成。不少单位表示，现在已经"不敢接受请吃，也没有主动请别人吃的念头"。

"一系列规定出台以后的转变是非常明显的，比如前一阵我们出去调研，在甘肃待了 5 天，没有一次吃饭见到上酒的，全部是自助餐。我们中心其他小组去别的地方调研看到的情况也都差不多。"林家彬说，"这说明，规定在地方执行的情况还是比较好的，各地在公务接待问题上都变得越来越严格，简化的公务接待使大家都变轻松了。"

的确如此，过去，荒诞的"酒局文化"曾在公务接待中颇为盛行，甚至导致了一些地区出现官员因陪酒致死的悲剧。很多人表示，其实劝酒的、被劝的都不愿多喝，但又怕被误认为不尊重对方。现在接待简化了，让人直呼"松了一口气"。

湖北省某镇负责接待工作的干部李某，在回顾以前的接待情景时说，过去，有领导来视察指导工作的时候，吃的喝的绝对不能落后。在饭局席间，得陪领导把酒喝好，有时候还要想尽新鲜法子送礼。现在，接待工作比以前要轻松很多，不仅接待的次数变少了，必要的接待也比以前简单规范，包袱轻了不少。我们正好借着规定简化接待，把接待的主题拉回谈正事的正轨。

长效机制：配套措施跟进

在当下公务接待中存在的问题得到部分改观之后，如何使得公务接待的规范化能有效地坚持下去，成为民众最大的期待，也成为各地政府重点解决的问题。

林家彬认为，《规定》具有很强的操作性，对在短期内刹住"大吃大喝"的风气会起到立竿见影的效果。但从长远看，还需进一步加强规范财务、财政支出等方面的制度建设。要使行使公权力的单位和个人受到有效监督，需要发动人民群众的有效监督。只有形成长效机制，才能使公务接待不敢突破规定，否则，光靠内部监督，有效的时间是不会太久的。

当下，常思长久之策的特点和趋势也在各地的实践中有所体现。

一方面，规矩定得细且实。在各地的规定中，很多地方把公务接待量化到每人每餐的最低标准，同时对烟、酒都有明确的限制，尽可能地堵住了漏洞。

另一方面，配套制度的规范也在不断落实。

在温州，为进一步规范公务接待，实施了多项与细则相配套的改革，包括强化会议管理，防止部门利用会议支出冲抵高额消费，严格预算控制等。

在武汉，为了确保公务接待的每一步都遵照规定进行，特制定了接待工作流程，每一次接待都严格按流程走。在接待完成后，接待人员需及时、认真、负责地与发生费用的相关单位对账结账，并将票据与接待方案一并报领导审核后报销。

在湖南等省，为了保证规定的有效执行，规定党政机关各部门应当定期汇总本部门国内公务接待情况，报同级党政机关公务接待管理部门、财政部门、纪检监察机关备案，并且规定了要自觉接受社会监督。

在上海，规定禁止在接待费中列支应由接待对象自行承担的差旅、会议、培训、场地租用、医疗等费用，禁止向下级单位及其他单位、企业、个人转嫁接待费用，禁止在非税收入中坐支接待费用等。并且要求公开国内公务接待经费支出情况、机关内部接待场所名称、国内公务接待项目等信息。

燕继荣认为，公务接待标准化从本质上讲是政府行为规范化的问题，再往大的方面说，是国家治理标准统一性的问题，也即政府施政要有规矩，要有制度标准。忽视政府行为的标准化和统一性，实则是对地方政府的放任，其结果往往是公款开支愈演愈烈，接待规格越来越高。所以，现在，到了该整顿的时候了。

（原文标题：《公务接待开始"瘦身""消肿""硬约束""越来越细""软腐败"无处遁形》；

作者：叶晓楠、金晓萌、伍芳；原载《人民日报·海外版》2014年8月28日第5版）

☆评论

不让守规矩的人吃亏

最近听了一出讲述"宴请"的广播剧，剧中的李处长对于应该如何搞好接待工作颇为茫然："当领导的偏偏都是一路师傅一路拳，各有各的打法"，先来的徐书记不吃这一套，后到的另一位领导的"大秘"却暗示李处长接待不够规格，弄得李处长心里很是没底儿。

　　长期以来，在"三公"消费中，公务接待备受关注，尤其是一些公务接待中出现的铺张浪费现象，不仅增加了"三公"消费支出，而且招致社会诟病。为了刹住公务接待的闸，八项规定出台以来，中央出台了一系列相关措施，并在2013年年底出台了规范公务接待的管理规定。在随后的半年多时间里，地方版规定纷纷出炉，并在实践中探索出诸如"廉政食堂"等清廉接待的创新办法。

　　大力整饬之下，应该说，公务接待的风气已经大为好转，正在渐趋理性规范。许多人反映，现在因公外出时，充斥着大鱼大肉的盛大宴请已经很少见，更有一些高档酒楼因为公务宴请的稀少而谋求转型，公务接待正在逐渐回归到正常招待的范围。

　　但是，陋习的形成非止一日，想要彻底遏制也绝非一日之功。因此，面对一条条禁令和规定，铤而走险、违规接待的情况时有发生，一些出公差的人员碍于情面不便驳回接待方的盛情，一些人打着公务的旗号游山玩水、胡吃海塞，更有一些贪污腐败、假公济私款项以"公务接待费"的名义得到消化。为何国内节俭之风早已人尽皆知，有的地方行政成本却依然居高不下？为何有人敢于顶风作案、明知故犯？为何几十个红头文件就是管不住一张嘴？

　　说到底，"不差钱"的公务接待之所以会出现，一方面，在于制度建设还需要不断细化，"三公"经费的细致审核和透明公开仍需不断加强。一些地方花的接待费用是一笔糊涂账，费用不公开、不透明，使公众很难掌握具体数目。还有的单位巧立名目进行违规接待消费，甚至浑水摸鱼，更是难以发现和制止。

　　另一方面，还需要通过严格的制度落实和严厉的监督来切实打破公务接待"潜规则"，形成清风正气的社会心理惯性。应该看到，只要"潜规则"还在起作用，客人来了以家常便饭相待，在一些人看来，就有可能过于老实呆板，可能意味着对"身份""地位"的简慢和不敬，轻者落个"看不起人"的名声，重者甚至可能会冒影响项目审批、考核评比的风险。守了规矩，却可能吃了暗亏。当这样的浊流和"潜规则"盛行之时，想要彻底清除公务接待中的浪费毒瘤，便不易见到成效。

正所谓：是非明于学习，名节源于党性，腐败止于正气。

清风正气已经扑面而来，更需要长期的呵护和培育，需要全国统筹推进来响应，以实现整体性的治理效果。只有真正使制度从墙上走下来并且落地生根，通过长期不懈地坚持，使透明的理性接待和公正的办事方式成为全社会的惯性，并且动员社会力量来曝光和监督超标的公务接待行为，老老实实按规矩办事的公务接待人员才能不吃亏，公务接待中的挥霍浪费现象也才能真正退场。

（作者：叶晓楠；原载《人民日报·海外版》2014年8月28日第5版）

"为官"是否真的"不易"

导语

从 2013 年开始，中国进入"禁令之年"。八项规定和十数条"禁令"的出台，将官员"吃住行游"纷纷套上"紧箍咒"，贪官不好贪了，庸官不好混了，坏官不好受了，一些官员"无奈"叹息"为官不易"。为官真的不易？这简单的四个字中，暴露出怎样的政治生态和官员心理？

"党要管党首先是管好干部，从严治党关键是从严治吏。"日前，中共中央政治局常委刘云山在全国组织部长会议上说。

"从严治党""从严治吏"，也是中央过去一年的主要动作。从"八项规定"到过去一年中央下发的十数条"禁令"，从领导干部到普通国家工作人员，"约束"的范围正在越来越广。

在这样的氛围下，一种声音出现了："为官不易"。当官，是否真的"不易"？

"不易"之叹从何而来

一年多来，如果说蒋洁敏、刘铁男、李崇禧等一批高级官员的落马，让官员在精神上感到"震慑"的话，那么，"八项规定"和一系列禁令的执行，则是在细节上让官员感到"约束"。

有人说，2013 年可谓是"禁令之年"。禁公款大吃大喝、禁公款送礼、禁公款送土特产、禁公款送月饼、禁公款买贺卡、禁领导干部公共场合吸烟……从"舌尖"到"车轮"，从饭桌到办公桌，制度的笼子越扎越密。

中央纪委网站数据显示，过去一年，全国共查处违反八项规定精神问题24521 起，处理党员干部 30420 人。中央纪委先后 4 次对 32 起违反八项规定精神典型问题进行通报，在官方网站设立"曝光台"，专门曝光查处的典型案例。执纪必严，是中央纪委向全社会释放的强烈信号。

一些官员的"无奈"心声似乎可以解释"为官不易"："以前根本不算什么的事儿，现在都不敢干了。头上像是悬了一柄剑，身边都是高压线。"

所谓"以前不算什么的事儿"，包括吃点喝点、送点收点、办公室大点、车配得好点……这些以前"理所应当"的事，现在都不能做了，一时觉得处处掣肘；不仅不习惯，眼瞅着各级纪委的查处力度还很大，就更觉得需要小心翼翼、如履薄冰。

"过去没有'笼子'或者'笼子'很大，现在在缩小。权力要关在'笼子'里，当然觉得难受。"在接受本报记者采访时，国家行政学院教授杨伟东说。

"拿车来说，像我们这种平时有公车的，到了节假日，所有的车都要封起来，不能私用，一下觉得特别不方便。"河北一位基层处级官员袁东对本报记者说，"其实是好事儿，就是有点儿不习惯。"

"对大多数基层官员来说，这一年让我们感受最'不易'的是压力。一方面，压力是自上而下的，比如禁令；另一方面是外界的压力，舆论的、百姓的压力。"袁东表示。

杨伟东对此表示认同。他表示，过去一年，除了反对以权谋私的行为，对官员的责任也越来越重视。

"如果官员还是'官老爷'，地位高、受人关注，又没有什么责任，当官自然容易。但现在权力和责任对等，渎职、失职、不作为也会被追责。这可以说是更健康的'为官不易'论——官员是'公仆'，当仆人怎么可能简单？

官员本来就要做事、要承担责任，这从来就不简单。如果禁令频出就让一些人感叹'为官不易'了，只能说他们当官当得太容易了，对权力和责任的理解发生了偏差。"杨伟东说。"为官不易"，实际上是贪官不好贪了，庸官不好混了，坏官不好受了。

为什么官员觉得"为官不易"，百姓却觉得要"再接再厉"？

"这一方面是中央的反腐禁令得到了群众认可的表现，另一方面，这反映了过去由于对权力制约不足，形成的官民之间的认同错位。权力制约不足，就容易滥用，百姓自然批评就会很多。可以说，对于官员行为的'校正'，也是重新使官民恢复良好状态的过程。"杨伟东表示。

"不易"同时又"容易"

"为官不易"论出现的同时，"公务员不好当"的话题又成焦点。

讨论的一方多为老百姓，觉得公务员待遇很好，对养老金、退休金双轨制颇有微词；另一方则是抱怨工资低的公务员。近日有媒体调查显示，在 100 位受访公务员中，93 位表示"公务员不好当"，部分人甚至开始考虑离职转行。

冯远是河北省一农业县的基层公务员，在科员的位置上已经干了 4 年。"每个月打到卡上的钱 1700 元，其中还包括特殊岗位津贴 220 元。县里房价 3400 多元一平方米，别说结婚买房子压力山大了，就是平常红白喜事随份子都随不起。"他说。

在重庆当选调生的名校大学毕业生潘达对记者说，他一年的工资收入是 3 万元。"据我了解，周围科员级别都是这个工资。以后按职级升工资的话，也就是几十块的调整幅度。母校本科毕业生平均月薪是 4600 元，看来我拉后腿了。"他自嘲地说。

相对于他们，已经做到处级的袁东，"每个月打卡工资 2800 多元，和物价相比，工资太低了"。

作为一个基层干部，袁东今年颇受禁令影响。"什么东西都不让发了，连正常的加班费、夜班值班费都不发了，别说其他福利了。"

在杨伟东看来，公务员自身待遇不能一概而论："《公务员法》里规定公务员的工资要和经济社会发展水平相适应，但现在没有客观的标准和数据。地区、行业、职级之间也存在差距。每个人立场都不一样，因此对公务员待遇会有不同看法，但客观来看，公务员的薪酬福利待遇还需要更客观的评价机制，包括更加科学、合理、量化的公务员奖励和激励机制。"

"禁令频出，那些奔着公务员的福利、隐性甚至是灰色收入去考公务员的人，应该会重新考虑，盲目的'公务员热'应该会在一定程度上'退烧'。其实本该如此，人生的可能性应该有很多。"杨伟东说。

禁令频出，使官员在一些事上觉得"不易"的同时，也让另一些事情变得"容易"起来。

当记者问到"过去一年接待方面的压力是否减轻"时，袁东感触很深："当然！就说公务接待喝酒吧，和过去比，那是一个天上一个地下，轻松太多了。"

"过去，中午也喝，晚上也喝，一晚上赶好几场，吐了也得接着陪。我今年不到四十岁，胃病、痛风、高血压都有。"他对记者说，"今年基本不用喝酒，身体舒服多了。"

当记者问到逢年过节的各种禁止公款送节礼的规定有何影响时，袁东说："确实，快过年了，我们也没有去北京搞老乡联谊什么的，过去这都是必须的，现在确实轻松一些。"

"频出的禁令，有助于官场文化形成新思路，指向风清气正的官场秩序。这样，为官可以有个更加客观公正的标准，下级不用逢迎，不用寄希望于喝酒吃饭认识领导，领导可以以工作能力取人，不必以酒量如何、会不会搞关系考量下属。从长远看，禁令有助于形成这样的氛围，而这实际上是会让我们做官'更容易'的。"杨伟东说。

"为官不易"只是刚刚开始

从中央层面看，从严治吏或许只是"刚刚开始"。

新一任中央领导集体履新之后，作风建设一直是常抓不懈的主题。"八项规定"、重拳反腐、各种禁令、群众路线教育实践活动，最终的指向都是作风建设。

2014 年 1 月 15 日公布的十八届中央纪委三次全会公报中，"作风建设"被提到了显著位置。在公报的五项主要工作部署中，作风建设被摆在了第二位。

而在此前中央印发的《建立健全惩治和预防腐败体系 2013—2017 年工作规划》中，对作风建设的表述是："不正之风是滋生腐败的温床，加强党的作风建设是反腐败的治本之策。"

把"作风建设"作为反腐败的"治本之策"，这在之前的反腐 5 年规划中还从未有过。

作风建设，是让全党向"公"看。

"公款姓公，一分一厘都不能乱花；公权为民，一丝一毫都不能私用。领导干部必须时刻清楚这一点，做到公私分明、克己奉公、严格自律。"在十八届中央纪委三次全会上，习近平总书记明确指出这一点。

在中国共产党的历史上，作风建设一直是重要命题。

1933 年，在进行根据地经济建设时毛泽东就提出，要反对官僚主义作风，把"这个极坏的家伙抛到粪缸里去"；1942 年，延安时期的毛泽东写下《整顿党的作风》；1963 年，他总结了官僚主义的 20 种表现。在毛泽东看来，中国共产党是否能克服官僚主义，关系到党的性质，关系到社会主义国家的性质。

事实上，无论是中国古代"天下为公""克己奉公"的政治文化传统，还是新中国成立以来以处置刘青山、张子善为典型的持续反腐，一脉相承的都是对政治之"公"的追求。在现有社会环境下，反"四风"、回归群众路线这一党的立党之本，也是民心所向与形势要求。

"纪检监察机关要在重要的时间节点上打好主动仗，坚决刹住节日期间的各种不正之风，以突出问题的解决，带动作风的全面好转。"中央纪委党风政风监督室主任许传智如是表示。

在国家行政学院教授马庆钰看来，从"官好做"到"官难当"，说明一系列整作风、反腐败措施取得了积极效果，官员的特权受到了越来越多的限制，寻租腐败的灰色空间受到了挤压。

习近平曾在福建告诫当地官员："如果觉得当干部不合算，可以辞职去经商搞实业，但千万不要既想当官又想发财。"

正是因为不正之风是腐败滋生的温床，才需要下大力气整饬作风；正是由于过去一些人为官太"容易"，才需要"八项规定"、一系列禁令让他们感到越来越"约束"，"带电的高压线"越来越多，为官才越来越"不易"。

"衙斋卧听萧萧竹，疑是民间疾苦声；些小吾曹州县吏，一枝一叶总关情。"在很多场合，习近平喜欢引用这两句郑板桥的诗。通过整饬作风、惩治腐败，官员应当回归的是群众路线，应当倾听的是"民间疾苦声"。

（应当事人要求，文中 3 位公务员均为化名）

（原文标题：《"为官"是否真的"不易"？》；作者：申孟哲；原载《人民日报·海外版》
2014 年 1 月 25 日第 8 版）

☆评论

议论声声

河南日报：["为官不易"论纯属矫情] 很多官员在感叹"为官不易"。请问：为民易吗？更不容易！八项规定，整治"四风"，官员没有以前那么"潇洒"，但并不意味着现在做官太难，而是此前做官太易——"国考"高烧持续，足以说明问题。别再"矫情"了，转变"官"念吧！

鸿基二手车：为何当官？一、为实现报效祖国的理想抱负；二、为造福一方百姓得到称颂；三、为"出人头地"实现自我价值。要实现这些，你说当官能容易吗？

江西日报：明确"裸官"等6类干部不得提拔，大快人心。干部任用条例修订出炉，很多官员更要感叹"为官不易"。一心只想享受为官带来的权力福利，在越来越紧密的约束下，确实"不易"。转变"官"念，抛弃"为官不易"的矫情，克己奉公，谨慎用权，纵使紧箍再多，同样能豁然开朗。

新浪评论：易或不易，都是相对的概念。百姓没有心理变态，说非要为官者像林黛玉进贾府一样，如临深渊如履薄冰。一切在规则秩序内就好，逼人烦累，都非善意。

德清先锋：[禁令越多，为"官"越易]2013年禁令频频，有人慨叹"为官不易"，看似感悟良多，实则偷换概念。如若制度缺席或不得执行，难免失去方向感和分寸感，出事"风险"只会变大。作风禁令越多越细，制度笼子越严密，干部言有规、行有矩，事事有参照、处处有警示，当"官"岂非越容易？

安徽日报：[把以前颠倒了的价值观重新颠倒过来]近来媒体披露某些公务员因禁令太多而坦言"为官不易"甚至考虑"辞职转型"。说现在"不易"，是因为这之前太容易；说"辞职"可能有些矫情，看看有几个人主动辞职；说"转型"确实应该，重点转思想、转作风、把以前颠倒了的价值观重新颠倒过来！

羊城晚报：[晚安，羊城]中央连发15道禁令约束公务员，据说当官不易或成常态。双轨制、隐形收入，金饭碗人人趋之若鹜。吃喝要拿，曾经的公务员太潇洒、太威风。以"严禁""严查"砍除灰色利益，用立法给公务行为戴上紧箍。重典治贪、高薪养廉，宁要抱怨不要百姓失望。把公务员从神坛之上拉落，弦已绷得很紧！

（整理：陈振凯；原载《人民日报·海外版》2014年1月25日第8版）

省级政权的实践

教育实践中的省委书记们

导语

　　腾退办公室、取消公车牌号特权……各省省委书记正以身作则，践行党的群众路线教育实践活动。省委书记们对照先烈和典型寻找差距，了解民众疾苦，享受与群众在一起的快乐。

　　在湖南，省委书记徐守盛只留了一处办公地点。在青海，省委书记骆惠宁听了大学生的烦心事。在云南，省委书记秦光荣剖析了会议多、文件多、应酬多的问题。……当下，党的群众路线教育实践活动正在省部级单位有序展开。作为"一把手"，省委（市、区）书记们的作用至关重要。

腾退办公室、取消"O"牌，带头找差距

　　按规定，领导干部只保留一处办公用房。各省区市党委"一把手"，正在切实履行这一要求。

　　在湖南，省委书记徐守盛兼省人大常委会主任带头腾退省人大为他准备的办公室；省委领导每人保留一处办公用房；省委常委和省政府副省长原配备用于下乡的越野车统一上交。

　　对于公车牌号特权，群众反映强烈。日前，海南省委决定废除实施了12年的省级机关公务车辆车牌专用号段管理，原本作为海南省级机关公务车辆

车牌的"琼EA"号段将向社会开放。

此外，9月起，吉林、安徽两省分别把悬挂"吉O"和"皖O"号牌的机动车，视为假牌或无牌车辆。目前，在全国各个省区市中，取消"O"牌的省份超过半数。

对照先烈和典型，寻找自身差距。在省委书记罗志军带领下，江苏省委常委们来到南京雨花台烈士陵园，缅怀革命先烈的丰功伟绩和崇高精神，听取基层优秀党员干部代表事迹介绍。

河南省委书记郭庚茂提出，从省委常委做起，对照焦裕禄，干部要常"六问"——是否像焦裕禄那样，把群众当亲人？是否像焦裕禄那样，深入基层、深入实际？是否像焦裕禄那样，始终做到敢于担当……

云南省委常委班子来到善洲林场，以"杨善洲精神"为镜子对照检查。省委书记秦光荣剖析了自己在解决会议多、文件多、应酬多的"三多"问题，开展调查研究，保持艰苦奋斗，解决办事落实难、项目落地难、问题解决难的"三难"问题等方面存在的差距，深入分析原因，提出整改办法。

在广西壮族自治区，8月份以来，党委书记彭清华带领各位常委深入查摆"四风"问题，始终把焦点放在机关普遍存在的软骨病、冷漠病、浮躁病、享乐病、梗阻病、懒散病等突出问题上。

探访民众的苦，记下民众的话

走群众路线，关键要走进群众，了解民众疾苦。

在江西，7月10日，在安义县工业园区管委会的一间简朴会议室，省委书记强卫不绕弯子，"今天不是来听你们汇报工作的，更不是来听表扬的，大家要直言不讳地谈，不打太极拳。"这让到场的15名县、乡干部放下了思想包袱，围绕省委省政府、省直部门作风建设、发展掣肘、民生困难等话题说真话。

在青海，9月2日，西宁市城西区大学生创业孵化服务中心，省委书记骆惠宁与几名创业大学生交流，开宗明义，"想听听你们创业的烦心事"。同学们也直言不讳——"支持小微企业融资的政策很多，但实际上很难落实，因为我们没有抵押物。""个体私营企业协会本是自愿参加，可若是不参加就不给办年审，参加又要交年费，这增加了我们的成本。"……骆惠宁——作出回应，并告诫干部们不要当"两多两少"的"空虚"干部——泛泛而谈多、深入调研少，这就是空；口头鼓励多、解决困难少，这就是虚。

在北京，8月26日上午，市委书记郭金龙走进百环家园社区卫生服务站，面对患者反映的社区医院"人力不够、经费不够、药品不够"，郭金龙表示，你说的"三个不够"，我记下了。

在天津，7月14日上午，市委书记孙春兰轻车简从，不事先打招呼，不带新闻记者，来到静海县唐官屯镇薛家庄村，调查研究。次日下午，她又来到宝坻区口东镇安乐庄村。"群众的困苦是我们肩上的责任！"

在贵州，6月21日至24日，省委书记赵克志到威宁自治县迤那镇，连续4天吃住农家"讲访帮促"。

在山东，省委书记姜异康8月27日到临沂市苍山县下村乡灰泉村走访慰问困难家庭，听取群众对党委政府工作的意见建议……

解剖一个乡镇，洞察一个难题

有些省委书记为解决切实问题，用"解剖麻雀"的方式，深入一个乡镇，洞察一个问题。

陕西省委书记赵正永，"解剖"的是西安市蓝田县玉山镇。

2013年5月9日和10日，他到玉山镇蹲点调研。调研中，他发现，17个驻镇单位管辖范围不一、以对县上负责为主，镇上协调难度较大，乡镇职能发挥和效能提升正受到严重束缚。此外，他了解到玉山法庭管辖5个乡镇，2012年审理案件258件，其中离婚案件136件，占52.7%，主要是夫妻双方长期在外打工，导致感情疏远。这次调研使他对进城务工人员有了更深刻的了解，农民进城又融入不了城，担心工作生活，操心老人，不放心孩子，一人外出务工影响三代人心理安定。

"基础不牢，地动山摇。"赵正永认为，在我国政权层级中，乡镇一级是最应该加强的。他认为，下一步的工作重点是，树立经营乡镇的理念，使乡镇真正成为紧贴群众、服务群众的基层政权。

宁夏回族自治区党委书记李建华，"解剖"的是贺兰山东麓的闽宁镇。

20 世纪 80 年代初，"苦瘠甲天下"的宁夏西海固地区一些农民，自发来到银川市永宁县境内的贺兰山东麓，形成了一个新的聚居区。因是福建对口帮扶宁夏的平台，故称闽宁镇。在李建华看来，"闽宁镇在宁夏很具代表性，我想通过跟踪调研、解剖麻雀，研究解决加快宁夏发展、解决宁夏 100 多万贫困人口脱贫致富问题的思路和办法。"今年 5 月，李建华在宁夏履新一个多月后，去了闽宁镇。9 月上旬，他再次到闽宁镇专门蹲点调研。通过调研，他体会到，一个地方要脱贫、要发展，需要社会各界的大力支持，更需要增强自我发展能力，坚持规划引领、产业支撑、项目带动，推进扶贫开发由"输血式"向"造血式"转变。

浙江省委书记夏宝龙，则是调研水乡之困。他说，我最大的梦想，就是把浙江的水治理好。

在基层调研让他感受到，转型升级是"背水一战"，治水是浙江转型升级大战役中的关键之战。必须拿出破釜沉舟的气势、敢打必胜的信心、壮士断腕的勇气，打好转型升级的"组合拳"，以治水治出转型升级，治好老祖宗留给我们的绿水青山。在基层调研时，他看到了以治水为突破口推进转型升级的新亮点，也发现了许多问题。

"身体累但心情好"

只有享受与群众在一起的快乐，才能更好地深入群众。

湖北省委书记李鸿忠，则体会了比赛做面条的乐趣。媒体报道，9 月 4 日至5日，李鸿忠来到钟祥市柴湖镇蹲点调研。4日晚，他来到村民石成华家，与石成华比赛做面条。

坐到炕头上，才有与农民成兄弟的畅快。吉林省委书记王儒林，坐到了吉林省大安市安广镇永庆村村民高德华家中的炕头上，与农民兄弟们一起商量如何脱贫致富。

"身体累但心情好"。8月份以来，由内蒙古自治区党委书记王君带领的观摩检查组，白天体察民情，了解民意，现场观摩盟市经济发展情况，晚上召开点评会。看一些干部略显疲惫，王君说："我们工作'白加黑'换来内蒙古更好的发展，换来老百姓的幸福，身体累但心情好。"

（参考《光明日报》、新华社等媒体报道）

（原文标题：《教育实践中的省委书记们》；作者：陈振凯；原载《人民日报·海外版》

2013年9月26日第7版）

☆评论

"一把手"下乡让谁坐不住？

眼下，党的群众路线教育实践活动正在各地蓬勃开展，各级领导干部，特别是各省委书记纷纷带头行动，深入基层开门纳谏，一堂堂生动的群众路线教育课在各地先后上演。

这当中，既有湖南省委书记徐守盛带头腾退省人大为他准备的办公室，也有湖北省委书记李鸿忠在村民家中和村民一起比赛擀面，还有山西省委书记袁纯清在玉米地中帮助锄草松土，累得汗流浃背……省委书记们深入群众之中，"一级做给一级看、一级带着一级改"，为改进工作作风作出了生动表率，也博得了民众的真心喝彩。

作为各省的"一把手"，省委书记们位高权重，他们沉到最基层去接地气，其中看点何在呢？

首先，开展党的群众路线教育实践活动，到基层一线蹲点调研，既是中央提出的明确要求，也是省委书记们的职责重任。不要小看这样到群众中间的走走唠唠，事实上，基层百姓生活得好不好，经济生产搞得怎么样，一系列的实际问题，没有深入基层亲眼所见，没有与老百姓心贴心地话话家常，没有与企业员工诚恳地谈谈心，是得不到热气腾腾的一手资料的。而这样调研的结果，与纸上谈兵的情况汇报，哪一个更贴近实际？哪一个更符合群众的所思所想？根据哪种调查方式提出的方案更能解决实际问题？比较的结果是不言而喻的。

其次，省委书记们的率先垂范是对各级官员放下身段深入基层的最有力督促。习近平总书记强调，"一把手"以身作则，对于切实贯彻中央精神、深入推进教育实践活动至关重要。由此可见，如果"一把手"舍得花时间、投入精力，用心思考、用心谋划，把握和引导方向，对各方面积极性的带动力将是强大的。近年来，的确有部分官员惯于坐在办公室里搞研究，即使下基层，也是陪同人员一大帮，或者是只去提前安排好的地点看看，真正能够下基层和老百姓同吃同住同劳动、为老百姓解难题办实事的干部并不多。现在，省委书记们都没有摆架子，主动轻车简从搞调研，带头从群众感受最直观、反映最强烈的事项改起，那些惯于"蜻蜓点水""浩浩荡荡"下基层的干部，自然坐不住了，势必要拿出真心下基层、献出真情搞帮扶，光说不练的形式主义老一套做法是绝对搞不下去了。

最后，省委书记们深入基层，可以更好地传达党的声音，让民众更好地理解体会到我们党为反对"四风"作出的不懈努力。群众路线应该怎么走，会不会走过场、一阵风？对于大家的疑虑，省委书记们的言行是最好的回应。事实上，在近期关于各省委书记下基层调研的报道中，最让大家感到亲切的，正是那些省委书记与群众在一起讨论发展思路、与群众一起吃住的生动画面，最让人叫好的，正是那些实实在在的带头整改措施。正是通过这些务实的举动，省委书记们很好地践行和宣传了群众路线。

我们说，群众路线是试金石，你把群众当亲人，群众就会把你当亲人。我们的群众路线不仅要走得对，更要走得好，走得长久。当前，我们要纠正的，是装样子、走过场等不良现象，是以形式主义反对形式主义、以官僚主义反对官僚主义等错误做法。只有像各地"一把手"的表率一样，各级官员们都上行下效，真正走到群众中间去倾听理解民意、爱惜尊重民情，才能解决实际问题，取得扎实成效。

（作者：叶晓楠；原载《人民日报·海外版》2013 年 9 月 26 日第 7 版）

省委书记为什么事红脸

导语

在省委班子民主生活会上，省委书记带头"红红脸"——查摆班子"四风"问题、批评与自我批评。当然，省委民主生活会目的不是让领导干部"红红脸，出出汗"，会上的成果最终要转化为具体的整改意见和行动自觉。

在江西，省委书记强卫让其他常委向他"开炮"。在湖南，省委书记徐守盛被批评"先入为主"。在山东，省委书记姜异康坦陈省委班子招商时存在铺张浪费……如果没有民主生活会，你很难看到如上场景。自9月3日至10月12日，全国已有21个省（区、市）常委领导班子召开党的群众路线教育实践活动专题民主生活会。会上，各省（区、市）常委向"四风"问题开刀，既"红红脸，出出汗"，也"加加油，鼓鼓劲"。

1980年的《关于党内政治生活的若干准则》明确要求："各级党委或常委都应定期召开民主生活会"。此次中央常委各自联系一个省参加民主生活会是第一次。有分析认为，这是新的历史时期中共党建的一次新探索，或将成为党建史上一个历史节点。

参加民主生活会的常委们普遍受到"心灵的震撼和思想的洗涤"，认为"这次民主生活会开了一个好头"。敢于亮丑的做法，赢得网民盛赞，民众普遍期待这一做法常态化、制度化。

怎么开会：书记主持 2 到 3 天

从时间看，广西壮族自治区 9 月 3 日至 5 日最早召开民主生活会。

其他省份召开民主生活会的情况是：9 月 12 日至 13 日，江苏省召开；23 日至 25 日，黑龙江省召开；同期，习近平总书记在河北省参加省委常委专题民主生活会，并发表重要讲话。自此，这一会议的召开频度明显增加。

9 月 26 日至 29 日 4 天内，海南、安徽、甘肃、浙江、四川、江西、湖南、重庆、辽宁、河南、贵州等 11 个省市召开。其中尤以 27 日至 28 日最为密集。国庆之后，山东和新疆的会议于 9 日、10 日召开，广东和吉林 10 日、11 日召开，北京、天津 11 日、12 日召开。

从会期看，各省份民主生活会大都持续 2 至 3 天，不少省份"从白天开到深夜"。

从中央重视程度看，除习近平外，中共中央政治局常委会其他同志也各自前往其教育实践活动联系点，参加当地省份党委领导班子专题民主生活会。具体为：李克强到广西壮族自治区，张德江到江苏省，俞正声到甘肃省，刘云山到浙江省，王岐山到黑龙江省，张高丽到四川省。

从程序看，一般如下：会上，省（市、区）委书记首先代表常委班子作对照检查，深刻剖析"四风"方面存在的突出问题。随后，书记带头自我批评、查摆问题；党委班子成员逐一检查，联系个人经历、对照征求意见，客观地"为自己画像"；然后，党委班子成员互相提意见、相互批评。会议结束时，书记作总结讲话，并对今后工作提出要求。督导组对民主生活会取得的成效进行点评。

从与会者看，除各省区党委领导班子和中央督导组成员，参与民主生活会的还有中央等部门同志。在安徽、新疆，中组部有关同志到场；在广西，国务委员兼国务院秘书长杨晶等参与；在贵州、湖南、河南、辽宁、山东、重庆等省市，中纪委、中组部的有关负责人参加；在江西，5 名党员群众代表列席。

怎么准备：数月调研 29 易其稿

自 6 月 18 日"党的群众路线教育实践活动工作会议"召开之日起，各省份为民主生活会准备即已启动——如组织学习、征求意见、开展谈心、撰写对照检查材料等。

在甘肃，省委常委会及班子成员利用 7 天时间集中进行 5 次学习、2 次专题辅导、2 次交流讨论，并到八路军驻兰州办事处纪念馆接受革命传统教育。甘肃共收集干群意见 4.5 万条，其中对常委会班子及个人意见 3291 条。通过梳理，总结出省委班子 10 个方面的"四风"问题。

在广西，自治区党委书记彭清华 7 月份在征集意见阶段就承诺："哪怕再尖锐，听起来脸红心跳"，也"决不搞秋后算账"。

在江西，在中央领导提出的"谈心作为重点"要求下，出现了多种"必谈"：省委书记与常委间逐一必谈；中央督导组与常委间逐一必谈；常委互相必谈；省委常委与分管省直单位主要负责同志必谈；常委们还要与基层干部，与广大群众必谈；等等。

在已召开民主生活会的省份，常委个人自己动手撰写对照检查材料几乎成为"标配"。

在河北，省委常委班子和每个常委都撰写了对照检查材料，为了使之像自己、有深度，多数人数易其稿，最多的甚至修改至 29 稿。

在湖南，省委书记徐守盛多次主持修改省委常委会的对照检查材料，除集体讨论和书面征求意见外，省委常委会成员的对照检查材料也反复修改，多的达到 16 次。

在广西，由于恰逢中国—东盟博览会筹备工作的冲刺阶段，常委们白天忙于活动准备，晚上不眠不休修改对照检查材料，一般要修改五六次，有的修改八九次。

9 月 25 日之后召开民主生活会的省份，还多加了一样准备工作——对"习近平总书记在参加河北省委常委会民主生活会时的重要讲话"进行学习。

班子问题："三分诊断法"查"四风"

民主生活会，重要内容之一是查摆班子"四风"问题。

"文山会海""评比达标考核泛滥""工作落实不力""用人机制不科学""注重表面形象和短期效应"，是已召开省委民主生活会的 17 个省份在查摆"形式主义"时出现的"高频词"。

"晚上想好千条路，早上起来'磨豆腐'"，河北省委的描述，生动地描绘出当前存在的享乐主义问题。

谈到官僚主义，各省也是感触颇深。"位子高了，'官气'多了"，必然伴随着"脱离群众"。"'居庙堂之高'之后，群众观念淡薄了，对基层情况、对群众疾苦确实没有以前那么感同身受了"，"习惯当'甩手掌柜'"……广西、河北、重庆等地的表述可谓具有代表性。

谈及奢靡之风，广西一位常委直言："一个规模不大的研讨会，筹办单位一开口就要几百万元，让人非常心疼，此风不刹不得了。"而"'三公'消费管控力度不够""节庆、论坛、展会铺张浪费多""舌尖上的铺张""车轮上的浪费""人情消费""一些领域腐败问题多发"，是多个省份在检讨奢靡之风时出现的字眼。

许多省份也结合自身实际恳谈。山东省委则专门提出，在接待和招商引资活动中有铺张浪费、讲排场现象。新疆自治区党委谈到，对新疆反分裂斗争的长期性、复杂性、尖锐性的认识需要进一步提高。甘肃省委则坦言，宣传思想领域情况掌握不透、管控新兴媒体力度不够。北京市委承认，对首都交通拥堵、文物保护工作不力。

自我批评：揭短亮丑"脸红心跳"

自我批评是民主生活会另一重要内容。

"自己有时调研就像演一部下基层电视剧，事先有脚本，事中有导演，事后露露脸，自己就是一个演员。""这些年，自己沙发坐得多了、板凳坐得少了，一言堂搞得多了、群言堂搞得少了，高脚杯端得多了、大碗茶端得少了，作风上的一些问题也就随之出现了。"

这是河北省委常委成员在民主生活会上自我批评的发言。由习近平总书记亲自指导、参加的河北省委生活会一经媒体报道，立即引发强烈反响。许多省份纷纷"向河北学习"。

在湖南，省委书记徐守盛带头自我批评："有时想尽快干成几件看得见、摸得着的事，存在急于求成的心态，有些事情走了形式，摊子铺得大了些，规模大了些，无形中增加了行政成本。有时为了数字好看，没有去做深入过细核实，下面报上来的数字就打了收条。"

一位广西壮族自治区党委常委坦言，在查找自身"四风"问题时，真是从"不找不知道"到"一找吓一跳"。

在重庆，有的同志主动给自己"画像"：说得多、做得少，遥控指挥多、身体力行少，习惯于当"甩手掌柜"、做"二传手"，位置高了、作风反而虚了。

批评：真刀真枪"向我开炮"

自我批评不易，批评别人更难。

"批评上级怕穿小鞋，批评同级怕伤和气，批评下级怕丢选票，批评自己怕没面子。"要解决这一问题，"一把手"的表率作用是关键。

在江西，省委书记强卫直截了当地要求各位常委向他"开炮"。抛开顾虑，各省常委之间开始"真刀真枪"地批评。

海南省委民主生活会刚一开始，省委书记罗保铭就宣布了两个规矩：一是开门见山，不说空话套话，不绕弯子；二是不评功摆好，不搞变相表扬，直接开展批评与自我批评。

湖南省委常委就对徐守盛开了这样的"炮"："守盛同志经验丰富、敢抓敢管，但有时也有先入为主、凭经验决策的情况，充分听取意见特别是听取厅局长意见、市州主要领导意见不够。"

不放"礼炮""哑炮""空炮"，是此次民主生活会的鲜明特点。

在重庆，全部12位常委同志逐一作了深刻的自我批评，相互之间也开展了坦诚、善意的批评，批评意见共计130余条。

"用好批评与自我批评这个武器"，是习近平总书记对各省委民主生活会提出的重要指导意见。在参加河北省委常委班子的民主生活会前，习近平就指出："……可不是听你们讲莺歌燕舞的，要有真正的批评和自我批评。"

整改意见：成果需转化为行动自觉

"红红脸，出出汗"不是目的，也不能"过关"大吉。民主生活会结束时，各省份提出了整改意见。

在广西，自治区常委们立说立行，当场表态，常委们要带头纠正"四风"，并提出了一系列具体的整改措施。如要力争今年印发的文件比2012年精简1/4，要在作风、"三公"经费管理、简政放权、民主集中制建设、干部任职交接等十数个方面进行整改。

在江苏，省委书记罗志军称，作为一项重大政治任务，各单位"一把手"要切实负责，拿起批评和自我批评这个武器，以整风精神组织开好高质量的民主生活会。

中央督导组分别全程参与了各省份民主生活会。由于从准备阶段起就参与其中，督导组对于各省的情况已较为熟悉。各督导组在民主生活会后的发言总结，对整改方向提出要求。

在安徽，中央督导组组长张柏林要求，要及时总结教育实践活动中形成的新认识、新经验，使开展健康的思想斗争常态化、制度化。在江西，中央督导组组长高祀仁表示，整改落实的成效要由群众说了算，群众满意的才能"销号"。在甘肃，中央第四督导组组长王太华表示，不能有民主生活会开完了就松一口气的思想，要着力建设长效机制。正如习近平总书记在河北的发言中所说，开门征集意见也好，认真开展批评和自我批评也好，目的在于真正解决存在的问题。

（原文标题：《一次党建新探索或将成历史节点省委民主生活会："一把手"带头洗涤思想》；

作者：陈振凯、刘少华、申孟哲；原载《人民日报·海外版》2013年10月15日第8版）

☆评论

时代特色鲜明民主生活会并非炒冷饭

9月23日至25日，习近平同志全程参加并指导中共河北省委领导班子民主生活会。按照中央统一安排，中央政治局其他常委也都分别到各联系点参加并指导民主生活会。相继，其他各省省委领导班子民主生活会先后召开。

民主生活会制度，是中国共产党的优良传统。历史证明，什么时候这样一个制度执行得好，党的事业发展就更为顺利；越是在党面临更为严峻的挑战、更为艰巨的任务时，越需要贯彻好这样一个制度。

当前新的历史条件下，以习近平同志为核心的党中央要求全党各级领导班子在群众路线教育实践活动中，用民主生活会制度解决党内作风层面存在的突出问题，正是汲取历史经验、弘扬优良传统、应对现实要求的一个战略举措。

当然，继承传统不是炒冷饭，必须结合现实需要，体现时代要求。这一次从中央政治局开始到已经召开的各个层级党组织领导班子的民主生活会，都显示出这方面的特征。

首先，民主生活会的主题突出体现了当前党的作风建设要求。作为一个执政党，特别是在市场经济和改革开放条件下长期执政，党最大的危险和最需要警惕的问题就是脱离群众。而脱离群众的一个重要原因就是党的组织和党员领导干部的作风出问题。目前现实中，形式主义、官僚主义、享乐主义和奢靡之风，就是导致一些党的组织和党员领导干部工作绩效下降、消极腐败滋生，以及脱离群众的直接原因。所以，这次民主生活会以纠正"四风"为主题，突出体现了当前党风建设的要求。

其次，民主生活会的形式明确体现了新条件下党的建设特点。民主生活会是要展开党内思想交锋，开展批评与自我批评的，否则就没有意义。但批评的目的是为了更好地团结，为了把工作做得更好。如何达到这一目的，习近平同志明确提出"照镜子、正衣冠，洗洗澡、治治病"的要求，并赋予其特定的含义，这既体现了对历史经验和教训的汲取，又体现了新条件下党的建设特点。

最后，民主生活会的内容集中体现了新形势下党的工作任务需要。从已经召开的民主生活会内容来看，领导干部的对照检查和新举措都与本地区本部门工作实际紧密结合，查找工作中的不足，提出改进工作的具体要求，涉及经济、政治、文化、社会，联系改革、开放、政策、制度，把提高认识，改进作风落到实际工作中，不是停留在就思想谈思想，就作风谈作风，特别是从中央的要求和一些地方的民主生活会效果来看，都把制度建设放在了突出地位，这对于下一步工作的改进具有重要的保证作用，也体现了新形势下党的工作任务需要。

（作者：戴焰军；原载《人民日报·海外版》2013年10月15日第8版）

省委书记们怎样上党课

导语

　　"三严三实"是习近平总书记对领导干部作风建设提出的要求。省委书记们讲授，没有"全国统一的教材"，没有样板式的讲稿；有的是总书记的讲话精神与他们自己对当地干部作风、政治生态等问题的思考。

　　建党 90 多年，这是第一次，所有县处级以上领导干部都要学习"三严三实"——严以修身、严以用权、严以律己，谋事要实、创业要实、做人要实。

　　更为特殊的是，"三严三实"专题教育虽然是党的群众路线教育实践活动的延展深化，但与后者不同的是，"三严三实"教育在各级同步进行。这意味着，当省（区、市）委书记们开始讲"三严三实"专题党课时，手里没有以往详细的"全国统一教材"，他们有的是习近平总书记关于"三严三实"的讲话，和省（区、市）委书记们自己对当地干部作风、政治生态等问题的思考，以及对当地发展中问题与机遇的了解。

　　而这也正是"三严三实"专题教育的真谛，这一专题教育就是要与当前改革发展稳定各项工作结合起来，与完成本地区本部门本单位重点工作任务结合起来，以求发挥最大效应。

　　本报整理了目前已出炉的 22 个省（区、市）委书记在"三严三实"专题党课上的讲话，看看这些各地"一把手"的"讲义"里，是如何讲解"三严三实"的。

如何理解"三严三实"

在省（区、市）委书记们对"三严三实"的理解中，三大方面被反复提及，分别是价值、历史与现实。

"三严三实"作为共产党人基本的价值追求和政治品格，是省（区、市）委书记们强调最多的点。

在宁夏，自治区党委书记李建华认为，这一要求阐明了党员干部的修身之本、为政之道、成事之要，充分体现了新一届中央领导集体从严从实的鲜明执政风格。

在江西，省委书记强卫认为，"三严三实"是党章要求的具体化，抓住了修身做人的根本，明确了干事创业的准则，划定了为官用权的红线，体现了内在自律与外在约束的有机统一，给党员干部提供了一面镜子、一把标尺。

在湖北，省委书记李鸿忠认为，"三严三实"明确了新的历史条件下领导干部的修身之本、为政之道、成事之要。

回顾历史，在省（区、市）委书记们看来，"三严三实"是对党的优良作风的忠实传承。党史上许多熠熠生辉的名字，正是今天"三严三实"专题教育所应当学习的楷模。

北京市委书记郭金龙就号召，学习焦裕禄，任何时候不搞特殊化；学习谷文昌，大事小情想到群众心底里；学习杨善洲，尽心竭力为群众干实事办好事；学习沈浩，始终以共产党员标准严格要求自己；等等。

榜样的力量，让各地学习起来有了方向。湖南就要求，对照焦裕禄、谷文昌等先贤先进，认真学、仔细查，查深入、查具体，一个一个问题查到位，切忌见事不见人，更不能手电筒只照别人不照自己。

也因此，吉林省委书记巴音朝鲁认为，"三严三实"贯穿着马克思主义政党建设的基本原则和内在要求。

既观照历史，又瞄准现实。

正如陕西省委书记赵正永所说，中央开展"三严三实"专题教育，就是要抓住思想政治建设这个根本、领导干部这个"关键少数"、作风建设无止境这个基本规律，再添把火、加把力，拓展教育实践活动成果，把党的伟大精神牢固地立起来。

湖南省委书记徐守盛将"三严三实"总结为党的建设的最新思想成果，以及协调推进"四个全面"战略布局的坚实保障。他认为，这是领导干部从政处事的根本标尺，是新一届中央领导集体从严从实执政治国品格的集中体现。

在这堂特殊的课上，广西壮族自治区党委书记彭清华认为，"三严三实"是新常态下推进作风建设的重要抓手，是对党的十八大以来作风建设实践的科学总结，为今后加强作风建设指明了前进方向。

"不严不实"是什么样

"三严三实"所反对的，是"不严不实"。省（区、市）委书记们对"严"和"实"两个字的理解至关重要。

"严"是什么？北京市委书记郭金龙觉得，这个字蕴含的是严肃的政治追求、严格的组织原则和严明的纪律要求。"实"是什么？郭金龙认为，这个字蕴含的是思想路线、工作方法和处世态度。

理解了这两个字的抽象含义，在课堂上把"不严不实"的问题具体化，尤其是结合党员干部身边违反"八项规定"及沾染"四风"的行为作出归纳展示，成为省（区、市）委书记们授课时的通用方式。

"要在解决问题、讲求实效上用力""边查边改，立行立改""使专题教育的过程成为校正'不严不实'问题的过程。"课上，新疆维吾尔自治区党委书记张春贤、安徽省委书记张宝顺都提到了类似看法。

"'不严不实'不仅使党员干部个人丧失了应有的本色，更严重危害党的肌体健康，损害党群干群关系，影响党的事业发展"，"必须引起高度警觉，时刻保持警醒，防微杜渐、未雨绸缪，切实防止和克服'不严不实'问题的发生"，翻开各地"讲义"，这些话随处可见。

在众多"不严不实"的表现中，省（区、市）委书记们"讲义"第一条中，所反对的往往是"理想信念不坚定、信仰迷茫"。不论是吉林省委书记巴音朝鲁具体说明的"解决一些干部对共产主义远大理想、对坚持走中国特色社会主义道路信心不足的问题"，还是广东省委书记胡春华概述的"理想信念动摇"，还是湖南省委书记徐守盛归纳的"信仰迷茫、精神'缺钙'"，都是其中的代表。

"有的（领导干部）政绩观存在偏差，没有真正弄清'为谁干事'和'追求什么政绩'的问题；有的精神不振，成了'太平官'，遇到困难绕着走，成了'平庸官'"，在北京，郭金龙对"为官不为"现象提出批评。这与徐守盛在湖南点出的"好大喜功、沽名钓誉，为官不为、不敢担当"是同类问题。

用权不当同样是各省希望极力解决的问题。在吉林，巴音朝鲁表示，"主要是解决一些干部公器私用、以权谋私的问题"。

为什么讲"三严三实"

"开展'三严三实'专题教育，是党的群众路线教育实践活动的延展深化，是持续深入推进党的思想政治建设和作风建设的重要举措，是严肃党内政治生活、严明党的政治纪律和政治规矩的重要抓手"。

5 月 11 日，江西省委书记强卫在课上，开宗明义提到了讲授"三严三实"的原因。类似表述也出现在了宁夏、吉林、四川、湖南、新疆、上海、内蒙古、云南等省份的专题党课里。

同样出现在"讲义"中的，还有"三严三实"对"四个全面"的意义。山东省委书记姜异康、湖北省委书记李鸿忠、贵州省委书记赵克志都提到，推进"三严三实"是协调推进"四个全面"战略布局的重要部署，对加强党的建设尤其是作风建设具有重要意义。

除了国家层面的意义，省（区、市）委书记们的"讲义"中，还会根据本地区的特殊情况点明"三严三实"专题教育的背景。事实上，在中共中央办公厅印发的专题教育《方案》中，就要求做到专题教育与日常工作有机融合、相互促进，两手抓、两不误。

在新疆，面对复杂的民族、宗教问题及严峻的反恐形势，自治区党委书记张春贤认为，"三严三实"专题教育是"深入贯彻落实第二次中央新疆工作座谈会精神，维护新疆社会稳定和长治久安的内在要求"；在江苏，面对建设新江苏的战略目标，省委书记罗志军把"三严三实"专题教育与"深入贯彻落实习近平总书记视察江苏重要讲话精神""努力建设经济强、百姓富、环境美、社会文明程度高的新江苏"结合起来讲。

在四川、江西、云南等省份，省（区、市）委书记们在讲课中，都提到"三严三实"专题教育要与"反腐""重建良好政治生态"等结合起来。例如，四川省委书记王东明提到要"坚决把一定时期遭到破坏的从政环境彻底扭转过来"；而江西省委书记强卫则直言，当前开展"三严三实"专题教育的背景是"我省正处在建设风清气正政治生态的节骨眼上"。

"三严三实"与经济社会发展的关系也被频繁提及。例如，云南省委书记李纪恒认为，"三严三实"教育和"忠诚干净担当"教育一道，是"云南闯出一条跨越式发展路子的必然要求，是保持和发展作风建设良好态势的具体行动，是重建清明干净政治生态的关键之举"。

各省如何开"药方"

纸上得来终觉浅，如何践行"三严三实"，各省的课上，都开出了"药方"。有放之四海而皆准者，例如，各省（区、市）基本都有坚定信念、廉洁自律、联系群众、注重实干等共同内容。

更多的是省（区、市）委书记们在讲课前做足功课、对症下药，把"三严三实"的基本内容与各地情况相结合，提出具有针对性的做法。

在北京，市委书记郭金龙在讲到践行"三严三实"时提到，在落实首都城市战略定位、推动京津冀协同发展、推进非首都功能疏解上进一步增强自觉，增强干事创业的热情激情、直面矛盾的进取意识、锲而不舍的奋斗精神，切实担负起责任。

"在北京这样的超大型首都城市，无论是疏解非首都功能，还是控制人口、治理城市病，哪一样都不是容易做的事情。"课堂上，郭金龙表示，对于这些问题，中央有明确要求，人民群众有殷切盼望，所以作为领导干部绕不开也躲不过，要"明知山有虎，偏向虎山行"，在克服困难、化解矛盾、解决问题中抓落实、促发展、出实绩。

在上海，市委书记韩正认为，当前重中之重，就是用"三严三实"的要求，加快向具有全球影响力的科技创新中心进军，全力推进自由贸易试验区建设，有序推进各项改革工作。具体到如何把"三严三实"落实到立规执纪、强化制度建设上来时，韩正表示，当前重点是抓好《关于进一步规范本市领导干部配偶、子女及其配偶经商办企业行为的规定（试行）》。事实上，上海率先推行的这一规定，早已引起全国瞩目。

在宁夏，自治区党委书记李建华用《自觉践行"三严三实"，以优良的作风推动"四个宁夏"建设》做了专题党课题目，其中"四个宁夏"即为"开放宁夏、富裕宁夏、和谐宁夏、美丽宁夏"的地区性发展目标。

"要执行和落实好《宁夏空间发展战略规划》""要千方百计惠民生，认真落实10项民生计划和30件为民实事"，李建华的课上，有很多直接体现宁夏当地发展规划的内容。

此外，贵州的"既保护绿水青山、空气土壤，又坐山养山、蓄水用水，走出一条不同于东部、有别于西部其他省份的绿色低碳循环发展道路"；新疆的"在反恐怖、反分裂、反渗透的斗争中，必须旗帜鲜明、立场坚定、行动自觉，绝不做'两面人''老好人'"；四川的结合"省委治蜀兴川总体部署""全面落实省委推进领导班子思想政治建设'十项重点任务'"都体现出了"药方"的各具特色。

（原文标题：《省委书记们的党课》；作者：刘少华、柴逸扉；原载《人民日报·海外版》
2015 年 5 月 15 日第 10 版）

☆评论

只有"三严三实"，才能"四个全面"

如果一个外国人在 2015 年来到中国，想尽快读懂中国的治国理政特色，那他就不能不知道两个词："三严三实"和"四个全面"。这两个词，都诞生于 2014 年，都由中国最高领导人习近平提出，一个是在当年的"两会"上，一个是在年底的调研里。

前者，是对党员干部作风建设的 6 个词要求，"严以修身、严以用权、严以律己，谋事要实、创业要实、做人要实"；后者则是 4 个词的治国方略，包括一个目标三个举措，"全面建成小康社会、全面深化改革、全面依法治国、全面从严治党"。

它们在习近平心中，事实上酝酿很久，而显然 2014 年是正式提出的成熟时机。在这个"全面深化改革元年"，中共事关作风建设的群众路线教育实践活动进入第二批并"收尾不收场"，铁腕反腐也取得关键性突破；十八届四中全会上，中共专题研究全面推进依法治国话题。这为提出"三严三实"和"四个全面"做了必要准备。

到了 2015 年，这两个词很快上升为整个中国最热门的时政词汇。从最高领导人的讲话，到各项统筹部署，都显示着它们的分量。当下，一个以"三严三实"为主题的专题教育，正在中共全党县处级以上干部中展开，各省份的党委书记用上党课的形式作为此项教育的标准"开局动作"。而协调推进

"四个全面"战略布局，在今年"两会"前夕由中国权威的媒体《人民日报》对它们的内涵首次进行了定义，"两会"上又第一次写进了中国的政府工作报告，成为各地工作的重要指南。

很多人自然地会想到一个问题："三严三实"和"四个全面"是什么关系？在"四个全面"战略布局中，全面从严治党是其中一环，也是关键环节。而开展"三严三实"专题教育，则是中共推进全面从严治党的重大举措。显然，"三严三实"是"四个全面"战略布局的有机组成。

除了被包含与包含关系，"三严三实"还是"四个全面"的保障。作为领导干部从政处事的根本标尺，"三严三实"既是新一届中央领导集体从严从实执政治国品格的集中体现，也是协调推进"四个全面"战略布局的坚实保障。只有做到"三严三实"，才算全面从严治党，而全面从严治党是"四个全面"的根本政治保障。

具体操作中，两者的推进也应并行不悖，互相结合。把"三严三实"专题教育放到"四个全面"战略布局中推进，与做好当前改革发展稳定各项工作结合起来，与完成本地区、本部门、本单位重点工作结合起来，做到专题教育与日常工作有机融合、相互促进，这也是中央对各地的要求。

（作者：正楷；原载《人民日报·海外版》2015年5月15日第10版）

省级纪委拍"苍蝇"的招式

导语

在中央巡视组定期开展巡视之际，各省份也多点出击，密集开展面向更基层的巡视。尽管省级巡视不会像中央巡视那样能揪出"大老虎"，但县乡村的腐败问题更加事关老百姓的切身利益，如果不解决，老百姓身边的"苍蝇""蛀虫"没人管，那么不管打多少"老虎"，人民群众也照样不满意。

自 2015 年 1 月以来，全国 31 个省区市和新疆生产建设兵团均已启动省级巡视工作，有的甚至开展了第二轮。

那么，与中纪委的巡视相比，省级纪委的巡视工作有着什么样的特点？横向对比来看，各地省级巡视相互间又有什么异同点？对此，记者就相关问题进行了梳理与采访。

两种形式 不定期回访

2015 年 1 月至 2 月，天津、黑龙江、内蒙古、安徽、浙江、福建等省（区、市）较早地启动了省级巡视。而在 3 月全国"两会"结束后，各地巡视工作的推进显得更为紧锣密鼓。

3 月中旬，吉林、河南、湖南、广东、广西、甘肃、宁夏、新疆及新疆生产建设兵团等开始了省级巡视组进驻巡视单位的工作；3 月底，上海、江苏、河北、青海等地也部署了省级巡视的有关安排。在较早地完成了第一轮巡视之后，重庆、山西、内蒙古、安徽、浙江、福建 6 个省（区、市）稍作休整便开展 2015 年的第二轮巡视。

在巡视的形式上，今年的省级巡视除了常规巡视还增加了专项巡视。其中部分省份在同一轮巡视中采取了"双管齐下"的方式。

例如今年 3 月，四川省第一轮巡视安排 6 个省委巡视组对 12 个县（市、区）开展常规巡视，4 个巡视组对 8 个省直单位开展专项巡视；今年 4 月，北京市首轮巡视总共设置 6 个巡视组，其中 5 个组对 5 家国企开展专项巡视，1 个对怀柔区进行常规巡视；广西、云南等地 2015 年的首轮巡视，内蒙古、福建等省区的第二轮巡视也都采取类似安排。

此外，像天津、黑龙江、江西、河南、重庆、西藏等一半以上省（区、市）今年首轮巡视全部采用专项巡视，不少地区在动员时特别提到对有关"一件事、一个人、一个下属单位、一个工程项目或一笔专项经费"问题的线索挖掘；而湖南、宁夏的首轮巡视，山西的第二轮巡视则继续实行常规巡视。

"常规巡视与专项巡视各有特点。常规巡视在事前不受领域、问题的限制，而专项巡视则是有意挑选利益关系复杂、意见集中的事件和领域。两者相互配合有助于巡视效果的提升。"中国人民大学政治学教授周淑真这样总结道。

不仅如此，一些省区的巡视组并不停留于对被巡视单位"看过就好"的状态，而是有选择地进行"再次光临"。比如贵州在今年首轮巡视中对黔南州进行"回头看"，内蒙古在今年第二轮巡视中安排了对乌兰察布市的"回访"。而山西省则在 2014 年第二轮巡视反馈结束后 6 天即开展今年的常规巡视。专家认为，这一时段被巡视单位正处于整改期，有助于巡视组查看整改进程与效果。

关注基层　突出国企

"与中央层面的巡视相比，省级巡视则是将这种监督职能进一步向下延伸。"周淑真告诉记者，中国幅员辽阔、人口众多，因而问题也会错综复杂。所以中央的巡视只能集中于重大问题和关键领域，对于微观层面的问题，尤其是来自基层的问题需要省级巡视组来完成。

周淑真的这个看法在记者梳理资料时得到了印证。记者发现，不少省份的巡视组都直接入驻县（区、市）一级，关注基层单位的运行情况与干部作风。

例如江西省的 6 个巡视组已分成若干个巡视小组，首批进驻 26 个县（市、区）开展巡视；山西省今年第二轮巡视涉及 5 个地市的 44 个县；湖北省安排对 11 个市州所属的 86 个县、市、区（开发区、功能区）展开巡视，实现对所有县、市、区巡视的全覆盖。

"县乡村的腐败问题不解决，老百姓身边的'苍蝇'没人管，甚至满天飞，我们打多少'老虎'，人民群众也不会满意。"在前不久的山西忻州座谈会上，针对省级巡视为何如此关注基层状况，山西省委书记王儒林给出了答案。

王儒林在讲话中表示，2014 年，山西省、市两级纪委的立案数大大超过了县、乡两级，但事实上县乡两级的问题十分严重。去年山西省纪委受理信访举报 61222 件次，其中举报县处级以下干部的信访量占全部信访量的 63.5%。在越级信访举报中，接近七成举报集中在县处级以下干部。

另外，根据中央要求，中央巡视组今年要分领域、分类别完成对中管国有重要骨干企业和中管金融企业的巡视全覆盖。作为中央巡视工作的延伸，记者发现不少省份今年也将巡视重点放在了国有企业，甚至有的巡视只盯国企。

举例来说，安徽省今年第二轮巡视中包括对 6 家省属企业的专项巡视，河北省 2015 年第一轮巡视中涵盖有针对河北钢铁集团、河北广电网络集团、河北融投担保集团等 9 家国有企业的专项巡视。

而广东首轮巡视的全部 13 个巡视组"一对一"做安排，就 13 个省属国企和事业单位开展为期 1 个月的专项巡视。河南今年第一轮巡视总共安排 10 个巡视组，实行"一托二"的形式，对中国平煤神马能源化工集团有限责任公司、河南铁路投资有限公司等 20 家省管国有骨干企业进行巡视。

敏感领域　重点聚焦

在多个省份的巡视工作部署中，重点事项、重点问题、重点领域成为这次省级巡视工作的核心。其中与经济利益相关、容易滋生腐败的"敏感地带"备受关注。

例如湖北把"矿产资源、土地出让、房地产开发、工程项目、惠民资金和专项经费以及选人用人等"列为巡视的重点领域，重庆将"与行政审批权、执法权、人事权、国有资产处置权等相关联的权力腐败问题"当作重点问题，"领导干部利益冲突、利益输送以及执行财经纪律等"则被浙江视为重点事件。

此外，山西、江苏、福建、江西、甘肃等省在巡视部署中也都不同程度提到对省内国有企业关注"资金管理、资产处置、资源配置、资本运作和工程项目等方面反映突出的具体事项，着重发现'三重一大'方面的腐败问题以及'靠什么吃什么'的问题"。

"省内国有企业往往对促进当地经济发展及保障百姓的正常生活方面具有重要意义。但在实际运行中，国有资产往往沦为管理者们谋取利益的工具。如果不能及时严肃处理，恐怕会造成国有资产在无形中的流失。"周淑真这样说到。

"加强对落实'两个责任'、执行政治纪律和政治规矩情况的监督检查""执行政治纪律、政治规矩方面，着力发现是否存在对涉及党的理论和路线方针政策等重大政治问题公开发表反对意见，对党的方针政策和中央、省委重大决策部署搞阳奉阴违等问题""严明政治纪律以及执行民主集中制和选拔任用干部等方面的问题，对组织纪律、政治纪律和政治规矩执行情况开展巡视监督"……

在 2015 年省级巡视中，加强落实"两个责任"、对政治纪律和政治规矩执行情况进行监督检查成为经济领域之外的又一重点。分析人士认为，这样的做法表明各地紧扣全面从严治党各项要求，进一步强化各级党组织和党员领导干部全面从严治党的政治意识、大局意识和责任意识。

"只有增强政治纪律和政治规矩的监督约束，才能够提高党员领导干部的廉洁从政意识，才能够从根本上遏制腐败。"北京科技大学廉政研究中心副主任宋伟表示，突出政治纪律和政治规矩的监督是从中央到地方巡视工作与时俱进的具体体现，也是按照十八届中央纪委五次全会精神重构政治生态的必然要求。

抓"关键少数"　盯"一把手"

"重点发现'被巡视地方和单位省管干部、特别是"一把手"以及群众反映强烈，十八大以来不收手、不收敛，现在重要岗位且可能还要提拔使用的领导干部'存在的违纪违法线索。"面对媒体的采访，吉林省委巡视办负责人这样表示。

记者发现，除了吉林省外，许多省份也将"抓住领导干部这个'关键少数'，紧盯'一把手'"作为巡视工作需要聚焦的"重点人物"。

例如贵州在今年首轮巡视中提到"重点发现'被巡视地方和单位省管干部、特别是'一把手'，以及群众反映强烈，十八大以来不收手、不收敛，现在重要岗位且可能还要提拔使用的领导干部'存在的违纪违法线索"；浙江也要求"把被巡视市、县（市、区）'四套班子'及其成员，特别是党政'一把手'等省管干部作为巡视监督的重点对象"；河南、广西、山西、福建等地也都提到了"一把手"这个关键词。

回顾十八大以来中央及各省区市的巡视反馈情况，不少地方确实都凸显了"一把手"腐败现象；而另一些涉及"公款大吃大喝、公款送礼、发节日费、转嫁接待费用等"严重违反八项规定的问题，即便"一把手"没有直接参与，但也因为其不作为的状态而让下属钻空子肆意妄为。

"'一把手'往往责任重大，权力也相对集中，如果自身要求不严，组织上监督不到位，就容易出问题。"周淑真认为，现在很多地方出现腐败问题、违反八项规定的问题、庸官懒政的问题，关键是缺少权力与责任的相互匹配。

事实上，近期各级纪检部门在处理违反八项规定等问题时，已经开始向

"违规者"们的"直接上司"追责。例如 2013 年至 2014 年期间，江西上饶市纪委在监督检查中发现上饶市质监局存在诸多违反八项规定的问题。有关人员分别受到党纪政纪处分后，该局党委书记、局长胡平也因履行主体责任不力，受到党内严重警告处分。这样的例子不胜枚举。

"习近平总书记强调，'要落实党委的主体责任和纪委的监督责任，强化责任追究，不能让制度成为纸老虎、稻草人'。这就是要领导干部尤其是'一把手'担起责任，成为解决问题的'抓手'。"周淑真这样表示。

（原文标题：《2015 各地密集开展省级巡视多点出击：让苍蝇蛀虫无处遁形》；作者：柴逸扉；

原载《人民日报·海外版》2015 年 4 月 24 日第 7 版）

☆评论

"老虎"要打 "苍蝇"更得灭

前几日赴沪采访，火车上旁边几位乘客兴致很高地聊着中央反腐的新战绩，既啧啧称赞中央拿下一批"老虎"，又对小官巨贪的现象愤恨不已。其中有人还讲起自己家乡的一些地方官员如何收钱才办事儿的掌故。

"老虎"要打，"苍蝇"更得灭。基层官员，他们与百姓的接触最多，与百姓的日常生活也更为密切，最能影响群众对执政党的直接认识。因此，即便上面政策再好，作风要求再严，如果基层的"中梗阻"一直存在，还是无法让百姓真正感受到福祉。

所以在中央巡视组马不停蹄奔赴各省的同时，各省也开弓引箭，深入市、县、区进行地方巡视，配合中央巡视打好组合拳、形成共振，实现横向全覆盖、纵向全链接、全国一盘棋，既震慑了腐败分子，又解决了一批实际的问题。

冰冻三尺，非一日之寒！当下被拿下的"老虎"，不少人出问题恰恰是在当基层官员的时候。而地方巡视既可以广覆盖，又可以根据具体情况实现专项巡视，与中央巡视配合，有利于形成反腐无死角的局面。"不能让有问题的人心存侥幸，不能让腐败分子有立足之地。"地方巡视在借鉴中央巡视的基础上，采取了更加机动灵活的方法，让腐败分子无处可遁。

地方巡视的震慑作用颇为明显。巡视工作人员炼就了一副火眼金睛，在与地方官员接触时，能发现诸如手发抖、步履沉重、心事重重等线索之外的细节，让问题官员免不了诚惶诚恐。

去政府办事，服务态度好多了。在老百姓的评头品足中，我们越来越多地听到这样的感叹，曾经"吃、拿、卡、要"的恶劣风气正逐渐退去。

有破还需有立。贪官要不得，庸官、怠政同样不足取。

近日，中办印发了《关于在县处级以上领导干部中开展"三严三实"专题教育方案》的通知。如果说巡视是从外部机制上震慑官员，使之"不敢腐"，那么"三严三实"的专题教育则是从内部建设起一个官员该有的品质、态度与作风，使之从内心不腐、不怠，真正成为廉政、勤政的好干部。

（作者：尹晓宇；原载《人民日报·海外版》2015 年 4 月 24 日第 7 版）

七常委不参加的民主生活会

导语

　　各省（区、市）的党委班子民主生活会，为了让大家"自由发挥"，七常委是不在场的。但这样的省委民主生活会可不是走过场，会上要做深刻的自我批评，面对面提意见的批评力度更不能减。还得有针对性地学习"政治规矩"，纠正"政绩观"的偏差。

　　2014 年年底至 2015 年年初，全国各省、自治区、市陆续召开了省级党委班子民主生活会。其时间节点的标志意义在于，这是两批次群众路线教育实践活动结束之后的首次省委民主生活会，也是没有中央政治局常委坐镇指导的省级党委班子民主生活会。

　　虽然没有中央政治局常委参与指导，但这种"不在场"，事实上却带来了更大的"压力"，也体现出与此前不同的四个特点。换句话说，这不仅是考验省委是否落实习近平"作风建设永远在路上"要求的一次会议，也是观察中国当下政治生态与政治走向的一个绝佳样本。

直面腐败，突出政治规矩

　　最直观的突出特点，就是这次各省区市的党委班子民主生活会上，查摆问题时，大家都开始直面"身边的腐败"。

在陕西，省政协前副主席祝作利也已被"双开"。省委书记赵正永在对照检查时，首先自我批评道："祝作利是组织上多年关注并列为后备干部培养的，过去从没有听到任何有关线索和反映，2013年年初换届，经过多道关口，他的'两面人'问题始终没有被组织发现，这使我对如何全面有效地了解和考察干部产生了困惑。"

在云南，常委们则开门见山地指出："白恩培、张田欣、沈培平这些身边的腐败警示我们：当前全省党风廉政建设和反腐败斗争形势依然严峻复杂，管党治党须臾不可放松。"

而在发生了"塌方式腐败"的山西，对照检查时，省委书记王儒林直言不讳地说，山西"在执行政治纪律上教训深刻"，"特别是中央对省委班子进行重大调整以前，全省政治生态严重恶化，'7个有之'的问题不同程度地存在，有的还相当严重"。

"感同身受"的还有山东。就在当地省委常委班子民主生活会召开前几天，山东省委原常委、济南市委原书记王敏因涉嫌严重违纪违法被组织调查。

虽然这是王敏的个人问题，但省委常委们剖析认为，"深刻反映出常委班子履行主体责任还不到位，在思想政治建设上存在差距和不足，深刻反映出常委班子在自身建设上管理不严和监督缺失，深刻反映出常委班子在严肃政治纪律、政治规矩上的漏洞和薄弱环节"。

正是因为"身边的腐败"严重而"切肤"，本轮省委民主生活会，中央要求，将主题定调为"严格党内生活，严守党的纪律，深化作风建设"。

主题定调，学习内容精确

为了开好这次民主生活会，各省（区、市）党委也是"蛮拼的"。

按照民主生活会的流程，开会前，首先要做好"学习"工作，给省委常委班子统一思想基础。

学什么？和上一次民主生活会相比，本轮，各省（区、市）的学习内容更有针对性。共同的特点，是在学习中央重大会议精神的同时，学习"习近平总书记系列重要讲话精神"。

比如，在河北，省委班子的学习是有"课本"的——"精心研读《习近平总书记系列重要讲话读本》《习近平谈治国理政》"，同时"认真学习党章和中央关于严格党内生活的有关规定、《中国共产党党员领导干部廉洁从政若干准则》《关于领导干部报告个人事项的规定》等"。

陕西的学习方式更加多样，除了学讲话、学文件之外，还组织省委班子结合周永康、薄熙来、徐才厚、令计划、苏荣等严重违纪违法典型案件，开展"思想上的正本清源"，并且集体观看展现延安整风时期做法的电影《黄克功案件》，认识到"共产党员必须执行比一般公民更严纪律的必要性、必然性"。

湖北、河南、安徽、江苏等地的省委，则尤其突出学习了习近平在群众路线教育实践总结大会上的讲话，河南和江苏还根据本地情况，分别学习了习近平对于弘扬焦裕禄精神的提倡和"全面从严治党"的论断。

"净化政治生态任务艰巨"的山西，省委班子还学习了习近平就"营造良好从政环境"而对领导干部提出的要求——"坚守正道、弘扬正气""襟怀坦白、光明磊落""坚持原则、恪守规矩""严肃纲纪、嫉恶如仇""艰苦奋斗、清正廉洁"。

"严格党内生活，严守党的纪律，深化作风建设"。在这样的会议主题之下，河北、云南、山西、陕西、吉林、四川等地的省委民主生活会上，还不约而同地提到了一个概念——对照学习"7个有之"。

所谓"7个有之"，是习近平在十八届四中全会第二次会议上的讲话，是对党内"不守政治纪律和政治规矩"情形的定义："搞任人唯亲、排斥异己的有之；搞团团伙伙、拉帮结派的有之；搞匿名诬告、制造谣言的有之；搞收买人心、拉动选票的有之；搞封官许愿、弹冠相庆的有之；搞自行其是、阳奉阴违的有之；搞尾大不掉、妄议中央的有之。"

总体来看，这些学习，中心词都是"政治规矩"——当下中国最热的"政治关键词"。

面对面提意见，批评力度不减

民主生活会，最大的"看点"之一就是常委之间的批评与自我批评。上一次，让全国人民印象最深的，或许就是习近平参加指导的河北省委民主生活会的场景——面对媒体的镜头，河北省委的常委们将自我批评全盘托出，并且指出其他常委的缺点和不足。

只有经过这样的程序，才能达到"红红脸、出出汗、排排毒"的效果。

今年，中央政治局常委虽然没有出席各省党委的民主生活会，但是中央督导组全程参与会议。在江苏、广东等地，还有中央纪委、中组部的人员参会。

河北省委常委们批评省长张庆伟："政府部门服务效能、服务态度明显改善，但'小鬼挡门'、为官不为、懒政怠政等问题还时有发生"。

类似的场景也发生在吉林——省委常委批评省委书记巴音朝鲁，"过去长时间在发达地区工作，在指导工作的时候有些思路和想法，同吉林的基层实际'水土不服'"；批评省长蒋超良，"来吉林虽然时间不长，已经跑了一圈，但是真正吃透一个地方还需要下一点功夫"。

在云南，列席会议的省政协主席罗正富则建言省委书记李纪恒："省委书记一定要在转方式、调结构上下功夫。如果转方式转不好，云南出现雾霾，我们会愧对子孙后代。"

而诸如"'一把手'与'一言堂'有时如影随形，需要时刻警惕""劲头不如以前，抓落实的狠劲不足，党性修养还没有锤炼到位""对下级表扬多，批评少，存在好人主义现象""进一步肃清有些分管领域腐败问题""认真解决'为官不为'和县乡村干部'走读'等突出问题"之类的批评，也在许多省（区、市）的民主生活会上成为常委间互相批评和鼓励的话语。

批评不是为了"结梁子"，更不是为了"个人恩怨"，而是为了更好地指出缺点、做好未来的工作。中国共产党人历来信奉"团结—批评—团结"的原则。

一岗双责，摆脱"显绩焦虑"

常委班子，是带领一省一地发展的领导集体，是"操盘手"，也是"火车头"。因此，在今年的省级党委班子民主生活会上，"一岗双责"也成为一个高频词，在河北、广西、江西、北京、四川、广东等省区市的民主生活会上多次出现。

何谓"一岗双责"？就是说，一个单位的领导干部，既要对本单位的业务工作负责，又要对本单位的党风廉政建设负责。这种"双重负责制"，也是新形势下对"主体责任"的承担和落实。

对一个词汇的强调，背后反映出的是现实工作中的重视不足。有的省委常委就指出，以往总是对分管业务工作抓得多、对党风廉政建设抓得不足，认为那是省委书记或者是纪委的主要职责，自己只要把工作重心放在经济建设和业务发展上就可以了。

归根结底，背后反映出的是"政绩观"的偏差。

广西壮族自治区党委书记彭清华则自我反省道，在抓"四风"、清退领导干部违规多占住房等廉政问题上，"一度存在畏难情绪"，并且是因为政绩观出现了偏差："特别是在经济下行压力加大的情况下，思想深处没有摆脱'速度情结'和'排位纠结'，担心惯性下滑、发展掉队。"

对于错误政绩观，河北省委常委、秦皇岛市委书记田向利的一个表述颇具代表性——"显绩的焦虑"。

在这种焦虑下，新到河北不久的省纪委书记陈超英说，存在"想尽快熟悉情况、进入角色、干出成绩，让领导和同志们认可的迫切愿望"，"过于关注重点工作，对打基础利长远工作落实不够"。

在这种焦虑下，田向利本人也坦承，"面对考核指标有一种'好面子'的冲动""面对转型升级的发展要求，有一种政绩的矛盾"。

说到底，对"一岗双责"的强调，更是要让省委常委们认识到，如习近平所言，"抓好党建是最大的政绩"。

在山东，省委书记姜异康说，今后，省委要把党建工作与经济社会发展各项工作一同谋划、一同部署、一同考核。他们还制定了一项制度：常委同志每年至少为分管部门或联系点单位讲一次党课，每年至少带队对党的建设情况督导一次，推动党建工作各项任务落实。

（本文内容综合本报、各省党报等报道）

（原文标题：《七常委不在场　省委民主生活会怎么开》；作者：申孟哲；

原载《人民日报·海外版》2015年2月27日第11版）

☆评论

尖锐　紧张　务实

陆陆续续地，各省省委常委班子年度民主生活会纪实，经由媒体展示在了人们面前。与引起广泛瞩目的2013年那次相比，这次的"火药味"并没有下降。展现在人们面前的各省省委常委，依然紧张。

2013年那次的"紧张"是可以理解的。第一个出场的河北，由习近平总书记亲自坐镇，在繁忙的工作之余，抽出四个半天，全程参加和指导，可见对这一问题的重视。而七常委分别坐镇一个省的力度，也让民主生活会这一具有悠久历史的制度，重新焕发了生机。

这次，七常委并没有坐镇任何一省的民主生活会，但我认为，各省其实更为紧张。

领导人在场时，考验非常直接，"辣味"足不足，批评与自我批评给不给力，是可以直接反馈的。就像2013年河北一位省委常委所言，"在总书记面前用半小时时间讲自己的不足，这需要很大的勇气"。

让一个制度真正成熟起来，必然不能指望每年都有领导人亲自坐镇。因为归根结底，批评与自我批评，所针对的是当地状况，其主角是当地的省委常委班子。

虽说万事开头难，但开过头之后，我们还应当给予当下的民主生活会足够的重视。毋庸讳言的是，过去，民主生活会也曾开成过"神仙会""茶话会"，"一把手"定调子，下面人跟着唱和，把一项历史悠久的传统，生生办成了不得不走的"过场"。

如今，站在新的起点上，民主生活会传出的"辣味"，让人倍感欣喜。我们知道，一项制度的生命力在于执行，即使条文订得天花乱坠，若是敷衍了事，那制度也形同虚设。

其实，十八大后，不少重新焕发生机的制度都在表现出强劲的生命力。比如巡视制度，虽然自十八大以来先后经过了五轮，但依然具有随时"抢头条"的舆论影响力，何也？就是因为执行到位，抓住真问题，赢得了人民的期待与信任。

而作为"围观者"，无论媒体还是群众，需要做的就是睁大眼睛，既看民主生活会够不够"辣"，也别忘了看事后对查摆出的问题有没有一个一个加以整改。我们的"围观"，也是这项制度生命力的重要组成部分。

（作者：刘少华；原载《人民日报·海外版》2015年2月27日第11版）

离任省领导的真心话

导语

　　细究"两会"后离任的省委书记、省长的具体言谈可以发现，他们既怀有对当地人民的感念，又饱含故土难离的不舍，还存有对峥嵘岁月的回忆。

　　全国"两会"后，新一轮中央和地方省部级人事调整全面展开。在此次调整中，多位地方领导赴京出任要职。回顾在地方工作的日子，这些省委书记、省长在离任时吐露心声，感念当地人民，眷恋故乡或"第二故乡"。

感念当地人民：这里有最可爱的人民

　　本轮离任的地方干部，在地方任职时间大都在 3 年以上。他们与地方人民朝夕相处，离别之时，充满感念。

　　赴京履新前，张庆黎任河北省委书记，他说："河北人民具有光荣的革命传统，勤劳、智慧、勇敢、真诚，对党、对伟大祖国、对社会主义无比热爱。这些都深深地感动着我、激励着我。"

　　曾任黑龙江省委书记的吉炳轩，则记住了当地人的勤劳。他说："黑龙江有肥沃的土地，秀丽的山水，丰厚的资源，更有勤劳的人民，伟大的精神。"

　　当了 5 年山东省长的姜大明，对故乡父老也有着深刻的认识："山东人民爱党爱国，重情重义，勤劳淳朴，可亲可爱；山东干部素质高，能力强，干事创业，奋发有为，可信可交。山东人的优秀品格和齐鲁大地所体现的中华符号已深深融入我的血脉。"

"在新的工作岗位上我会一如既往关心和支持河南，会继续认认真真去做八种形象的河南人。"在河南工作 3 年多的原省委书记卢展工坚定地说。这八种形象是"普普通通、踏踏实实、不畏艰险、侠肝义胆、包容宽厚、忍辱负重、自尊自强、能拼会赢"的河南人形象。

安徽原省长李斌，在安徽时间不长，"2011 年 12 月，我来到安徽工作，转眼已经一年多时间。"她对安徽人的勤劳和创新印象深刻："我深深地爱上了这片历史悠久、人杰地灵的热土，爱上了这里热情勤劳、敢于创新的人民，也全身心地融入了建设美好安徽的宏伟事业。"

离任省部级干部对当地的感情，借用王正伟离开宁夏时的一句话概括——当地的山山水水滋养了他们，当地的人民教育培养了他们，当地的事业锻炼成就了他们。

难离"故乡"热土：祝福"永远的第二故乡"

故土难离。这些官员离开的履职地，不少是自己的家乡。

在山东工作了 15 年的姜大明，生于斯，长于斯。在他眼里，家乡"岱青海蓝，物华天宝，人文荟萃，历史厚重"，离别之时，他引用诗人艾青的诗句："为什么我的眼里常含泪水？因为我对这土地爱得深沉！"据报道，话到此处，姜大明几度哽咽，数次拭泪。

当选国家民族事务委员会主任的王正伟，是宁夏人，原为宁夏回族自治区政府主席，在宁夏工作几十年。告别宁夏到中央任职时，他说："宁夏是我的根，是我永远的家乡。今后无论走到哪里，无论在什么工作岗位上，我身上都流动着宁夏血脉，充满着宁夏情结。"

"只要有利于广西发展的，只要有利于广西各族人民群众的事，我都义不容辞、全力以赴。"广西人马飚在家乡工作 20 余年，到京履新前任广西壮族自治区政府主席，他表示，到全国政协工作后，一定要发挥人民政协的作用，为广西加快经济社会发展和改善民生全力做好服务；一定要尽心尽力地关心广西、支持广西、帮助广西。更多官员离开的是"第二故乡"。

生于江苏的强卫，从北京调任青海工作 6 年，离别感言中，这位前青海省委书记，多次赞美"大美青海"，并感叹："从今而后，我永远都是青海人，青海永远是我的第二故乡，我要深情地祝福青海，热切地关注青海，忠贞地爱恋青海！"

"今天的湖南，犹如一艘加足马力的巨轮，正在乘风破浪、加速前行。"在老家湖北的原湖南省委书记周强看来，湖南蕴藏着巨大的发展潜力，他坚信湖南的明天必将更加美好。

老家浙江的卢展工，离开河南时鼓舞当地："中华民族的伟大复兴河南要担当，中部崛起的伟业河南要担当，河南 1 亿人口的全面小康河南更要担当。"

回忆峥嵘岁月：有努力有欣慰也有遗憾

过往岁月，或匆匆，或从容，总令人难忘。

李斌说："安徽的确是一个令人向往而又令人留恋的好地方，这里有多姿多彩的秀美山水，有勤劳务实的干部群众，有创新、开放、包容的文化积淀，在这里工作的每一天，我都受到教育和滋养。"

对于在山东的 15 年，姜大明说，15 年来，他勤勉工作，深入基层，在山东这些年是他人生最难忘的岁月，也是收获最大的时期。

吉炳轩饱含深情地说，黑龙江的所有成就，都归功于黑龙江人民。"到了黑龙江，中央给了我一个十分广阔的舞台。我看到了中国农业现代化的希望，看到了消灭'三大差别'的可能，看到了城乡一体化发展的前景，看到了农民改变自己命运的康庄大道，更看到了中国特色社会主义的灿烂曙光。"

"我在黑龙江工作的这 5 年很充实，有探索、有欢乐、有遗憾，但不后悔。"吉炳轩的离别演说洋洋洒洒几千言，他说，自己曾经做过公社社员，拿过工分，还担任过生产队长、大队干部，后来走上领导岗位。多年与土地打交道，与农民打交道，让他能急农民之所急，想农民之所想，而他在黑龙江工作的 5 年，农业方面也取得了许多新成绩。

"我同大家一道努力做了一些事情，但也自知还有许多事情要做，也有一些事情想做而力不从心，有一些事情本来应该做得更好，由于种种原因，而没有达到理想要求。"工作中有探索也有遗憾，而遗憾背后，更多的是对这片黑土地未来发展的期待。

卢展工对自己工作的评价多了一些反思。他说，自己在河南工作 3 年多，很努力，但缺点、不足很多；有成效，但很多事情没有做好。他用简短的两句话对自己 3 年的努力作出了评价，并感谢大家对他工作的支持，对他的缺点、不足给予了很多谅解和包容。

（原文标题：《省委书记省长离任吐心声》；作者：李一、陈振凯；

原载《人民日报·海外版》2013 年 3 月 28 日第 5 版）

☆评论

感言可动容　惠民能动心

"为什么我的眼里常含泪水？因为我对这土地爱得深沉！"调任国土资源部的姜大明，在离别山东时，几度哽咽、数次拭泪。当下多位省级官员转任他职，其离职感言引发人们的回味与品评。

相对于任职表态，离职感言凝结着履职全过程中的酸甜苦辣，既有理性总结，又有强烈的感情色彩，因而最容易触动在场听众和外界社会的敏感神经。

但是，有的离职感言真切感人，有的离职感言则激不起人心的波澜。感言欲感人，必须务实而不尚虚。当初履新承诺当有高瞻远瞩、高屋建瓴之势，在问政于民的基础上确定若干目标；在履职过程中依法行政，勇于作为，敢于担当，建树人民期盼的政绩。在如今离职之时，即应针对承诺，简要回答践诺的结果。哪些目标实现了，哪些目标没有实现或实现得不甚完满，原因是什么，自己承担多少责任，其经验教训又有哪些。落到实处的感言，才能落到人民的心坎里。

感言追求务实，但要有"实"可务。执政期间为人民带来哪些实实在在的好处，这是感动一方百姓的最大资本。这一资本是在执政期间所履行的一种民生大于天的责任，是为民、务实、高效、廉洁的行动，是社会公共产品基础夯实、后续发展有力的成果。真正的感言是写在田野里的收成，是改革开放成果的广覆盖和共享，是洋溢在老百姓的炕头上、饭桌上、菜篮里、脸庞上、心灵里的可喜变化。有了这些做底气，即使三言两语作结离去，人民也会感动。

"政声人去后，民意闲谈中"。一位干部离去后，人民会用心中的那杆秤对其考量，而人民的标尺是最精确、最中肯的。走下一方政治舞台的干部，抒发感慨、自我评定固然重要，而最重要的是走进"观众"，听听他们的议论。人民的声音让干部们或许欣慰、或许懊恼，但必定受益匪浅。

总之，把离职感言的"感动点"前移到任职中，说成绩时最好让"羞答答的玫瑰静悄悄地开"，说问题时从大处着眼，本着对工作、对人民、对继任者负责的态度，这恐怕才是干部离职感言的最高境界。

全国政协主席俞正声在政协闭幕会上说："用恪尽职守来诠释责任，用奋发有为来回应期望。"干部若常怀恪尽职守、奋发有为的情怀，则一言一行皆动人。

（作者：李生明；原载《人民日报·海外版》2013年3月28日第5版）

后记

中国的表情时代的封面

严 冰

新闻是明天的历史，历史是昨天的新闻。从出报到出书的过程，就是从新闻走进历史的过程。透过一段历史，我们可以感受中国的表情、时代的封面。

这部沉甸甸、洋洋洒洒、不乏名篇佳作的新闻作品背后，是新闻情怀的坚守。同事们的志向是，一年的《人民日报·海外版·焦点关注》版在手，便可阅尽一年的中国大事，于是有了《中国反腐震慑官场——半年反腐呈现四大新特点》《周一拍"苍蝇"周末打"老虎" 中央纪委反腐时间感很强》《省委书记们的党课》《官场生态正重塑》等作品。

这部沉甸甸、洋洋洒洒、不乏名篇佳作的新闻作品背后，是新闻理念的创新。做有味道、有文化、有故事的时政一直是我们努力追求的方向，于是有了《七常委与七个村庄的故事》《教育实践中的省委书记们》《七常委不在场，省委民主生活会怎么开》《当落马贪官回首人生——权力任性酿就苦果》等登上各大网站头条的新闻力作。

这部沉甸甸、洋洋洒洒、不乏名篇佳作的新闻作品背后，是新闻甘苦的品尝。2011年，人民日报海外版记者部接受了编委会的一个任务，创办一个崭新的版面——《焦点关注》，安排在每周四的五版，彩色刊发。1月6日，第一个《焦点关注》版《走进网络小岗村》见报，从那以后，我们的工作常态，就是白班夜班连轴转：下午策划，然后马不停蹄地采写，凌晨两三点钟将版面付印。

2012年，人民日报海外版创办海外网；2014年，人民日报海外版创办了时政微信公号"学习小组"和"侠客岛"，如今的《焦点关注》版已经插上新媒体的翅膀，与她们比翼齐飞，成为更加受到读者喜爱的新闻品牌。

《人民日报·海外版·焦点关注》版于今出版已逾350期。还记得创办时的开版语："它是望远镜，把千山万水外的人物、故事拉至您的身边；它是放大镜，把青萍之末中的因缘、路径陈列在您的眼前；它是显微镜，把大千世界里值得回味的东西条分缕析、纤细毕现——在这里，看中国。看中国的大江大海，看中国的阡陌纵横。在这里，读中国。读中国的街议巷闻，读中国发展的精彩故事。我们将用力呈现。"

四年来，我们确实把中国的故事尽心、用力、真实、生动地讲给世界听。中国的故事还在上演，焦点更在继续，我们仍在路上。

（作者为《人民日报·海外版》记者部主任）

出　品　人：赵卜慧
总　策　划：胡孝文
责任编辑：陈侠仁　王世勇

图书在版编目（CIP）数据

安天下：十八大以来治国理政新方略 / 人民日报海外版记者部著；
严冰主编 . -- 北京：研究出版社：人民出版社，2017.9
ISBN 978-7-5199-0175-2

Ⅰ.①安… Ⅱ.①人… ②严… Ⅲ.①中国共产党—
执政—研究 Ⅳ.①D630.1

中国版本图书馆 CIP 数据核字 (2017) 第 197308 号

安天下——十八大以来治国理政新方略
AN TIANXIA ——SHIBADA YILAI ZHIGUO LIZHENG XIN FANGLUE

人民出版社　研究出版社　出版发行
（100706　北京市东城区隆福寺街 99 号）

涿州市星河印刷有限公司印刷　新华书店经销

2017 年 9 月第 1 版　2017 年 9 月北京第 1 次印刷
开本：710 毫米 ×1000 毫米 1/16　印张：23
字数：330 千字　印数：00,001 - 20,000 册

ISBN 978 - 7 - 5199 - 0175 - 2　定价：50.00 元

邮购地址 100706　北京市东城区隆福寺街 99 号
人民东方图书销售中心　电话（010）65250042　65289539